W0012697

Dawid Danilo Bartelt
Copacabana
Biographie eines Sehnsuchtsortes

Dawid Danilo Bartelt

Copacabana
Biographie eines Sehnsuchtsortes

Verlag Klaus Wagenbach   Berlin

Bildnachweis: Arquivo G. Ermakoff: S. 18, 62, 72, 77, 80, 84, 124; © Carlos Perez: S. 86, 92 f.; © Getty Images: S. 152, 161, 189, 205; picture-alliance/EFE/Antonio Lacerda: S. 12; ullstein bild-adoc-photos: S. 31; ullstein bild-Rainer Thomas: S. 55.

Wagenbachs Taschenbuch 709
Originalausgabe

© 2013 Verlag Klaus Wagenbach, Emser Straße 40/41, 10719 Berlin
Umschlaggestaltung Julie August. Das Karnickel auf Seite 1 zeichnete Horst Rudolph. Gesetzt aus der Sabon und Akzidenz Grotesk. Vorsatzpapier: peyer graphic, Leonberg. Gedruckt und gebunden bei Pustet, Regensburg. Printed in Germany. Alle Rechte vorbehalten.

ISBN 978 3 8031 2709 9

Inhalt

Einleitung: Copacabana urbi et orbi

Vielleicht ist es der Klang. Copacabana, das ist Musik in Farbe. Copacabana, das klingt wie ein überdimensionierter Frucht-Eisbecher, wie Freizeit und Erfrischung, wie Trommeln im Tropenwind. Co-pa-ca-ba-na, das ist Rhythmus pur, die Aussprache ist fast zwangsläufig perkussiv. Copacabana ist eine Exotismus-Bezeichnung, wie sie kein Werbefachmann besser hätte erfinden können. Copacabana, das klingt wie die Kitsch-Version seiner selbst.

Überall auf der Erde ist Menschen dieser Klang vertraut. Wenn sie »Copacabana« hören, gehen ihnen Worte und Bilder auf, viele assoziieren Brasilien oder Rio de Janeiro oder beides, und viele einen Strand. Das hat sich auch nach mehreren Jahrzehnten nicht geändert. Copacabana ist ein imaginäres Einfallstor nach Brasilien und zur modernen Freizeitwelt. Dieses Stückchen Erde mit gerade mal viereinhalb Kilometern Strand und weniger als acht Quadratkilometern Fläche verdichtet sich zu einem wirksamen Bild, das ein in Deutschland erschienener *Strandführer Brasilien* so formuliert: »Über ganz Brasilien, so scheint es, klebt eine schwere Wolke aus Erotik, Hitze, Abenteuer und Musik.«

Doch als bloßes Klischee ist Copacabana missverstanden. Copacabana ist zwar ein Strand, ein Badeort und ein Teil Rios – und doch viel mehr als das. Die Copacabana gehört zum Kreis weltweit bekannter und nach allen Seiten anschlussfähiger Erhabenheiten. Sie ist eben nicht nur Touristenmagnet, sondern eine Ikone der brasilianischen Eigen- wie Fremddarstellung. In Copacabana haben sich Idealvorstellungen von schönen Körpern und einem guten Leben verdichtet, es ist, um es kurz zu machen: ein Sehnsuchtsort.

Die Entwicklung Copacabanas dient als Erzählung von einer Moderne, die ihrer Welt einmal voraus zu sein schien. Copacabana ist der narrative Quell, aus dem die *cariocas* (Einwohner von Rio) und die Brasilianer Sinnhaftes über sich selbst schöpfen, und zwar unabhängig davon, ob alle Fakten stimmen. Mehr noch: Die elegante Kurve der Bucht, die nicht nur Oscar Niemeyers Architektur inspirierte, hat schon früh ihren verheißungsvollen Schwung über die Landesgrenzen hinaus fortgesetzt.

In diesem Sinne ist Copacabana gleichzeitig ein lokaler, nationaler und universaler Mythos. Copacabana gibt der Stadt Bedeutung und dem Erdkreis eine Sehnsucht. Copacabana urbi et orbi.

Solche mythischen Orte haben ein Werden, Reifen und manchmal auch ein Vergehen. Sie haben eine Biographie. Und so versammeln sich hier Geschichte und Gegenwart eines Strandes und des gleichnamigen Viertels. Wie wurde aus einem fast unbeschriebenen Gestade ein Strand, eine Stadt und in der Verbindung dieser beiden ein weltweiter Sehnsuchtsort, der heranwuchs, blühte und verblühte, aber nie ganz verging?

Vor kaum mehr als hundert Jahren war Rio de Janeiro schon weltweit bewunderte Hauptstadt, Copacabana aber nur zu Fuß und unter Mühen zu erreichen; eine Wildnis hinterm Berg, ein Fischerdorf. Eine Felsenkette trennte Copacabana von der Stadt, die große Angst der Europäer vor dem Meer versagte den Menschen die Lust am Strand. Mit einem Tunnel als Geburtshelfer gebar der Fels den Mythos. Das Meer verlor seinen Schrecken und zog Copacabana in kurzer Kindheit zum Anziehungspunkt einer selbsternannten »Neuen Aristokratie« groß, begeistert beklatscht von den ausländischen Reisenden, die immer öfter auf Besuch kamen und ab 1923 im Copacabana Palace eine Bleibe fanden. Während die Stadtväter Rios das alte koloniale Zentrum niederrissen, entstanden die ersten Favelas, auch auf den Hügeln Copacabanas. Fast so häufig wie die mondänen Badegäste wechselte Copacabana nun seine Garderobe aus Stein, Marmor und immer mehr Beton. Ab 1950 wurde der Platz knapp zwischen Meer und Fels, Preise und Gebäude gingen immer mehr in die Höhe. In Kunst und Architektur entwickelte Brasilien eine »andere Moderne«, die sich von ihrer europäischen Herkunft und deren Einfluss immer mehr löste. Kein anderer Ort hat dies so konsequent umgesetzt wie Copacabana.

In den späten 1930er Jahren schienen bereits Bretter auf dem Sand auszuliegen: Der Strand wurde zum Laufsteg und zur Bühne, auf der die Elite Copacabanas den gebräunten Teint und den trainierten Körper zum gesellschaftlichen Wert und Distinktionskriterium erhob.

In seiner Reife brachte Copacabana eine neue Musik und eine neue Körperkultur hervor. Bikini und Bossa Nova sind in ihrem weltweiten Siegeszug aufs Engste mit Copacabana und dem Flair seines Viertels verknüpft.

Doch der Strand ist ein eminent politischer Raum, durchzogen von sichtbaren und weniger sichtbaren Beziehungen und Konflikten, ein wahrer sozialer Mikrokosmos. Zum Bild des Sehnsuchtsorts gehört, dass sich am Strand Demokratie und Gleichheit verwirklichen – in einem Land, dessen Einkommens- und Chancenverteilung zu den ungerechtesten der Welt gehört. Der begüterte Bankier liegt neben dem Straßenjungen im Sand, wirft sich in dieselbe Welle wie seine Hausangestellte, die hinter seiner Küche in einem fensterlosen Verschlag wohnt und, wenn überhaupt, 250 Euro Mindestlohn bezieht. Der Strand von Copacabana ist in jedem Fall nicht nur Arbeitsplatz für Hunderte.

Der Sehnsuchtsort ist gealtert, und sein makelloses Bild hat Falten bekommen. Wirklich jung sind vor allem die Prostituierten beider- oder dreierlei Geschlechts, die auf der Avenida Atlântica anschaffen. Die Dichte von Geschäften für orthopädischen Bedarf und Tiernahrung verrät viel über die Altersstruktur des Viertels, das heute – Ironie der Geschichte – zu den traditionellen Quartieren der Stadt gezählt wird.

Die Zukunft des Viertels liegt wohl in den Favelas, wo Zehntausende auf den Hügeln rings um die berühmte Konkave der Bucht wohnen. Der Drogenhandel ist dort durch die neuen »Befriedungseinheiten« der Polizei vorläufig vertrieben worden. Schon haben die ersten Jugendherbergen und Pensionen eröffnet. Und so mancher der Favela-Bewohner hat mehr Einkommen als die da unten in den winzigen Apartments von Copacabana – und mehr Platz. Und wird dennoch vermutlich bald den explodierenden Immobilienpreisen weichen müssen. Denn wer weiß, wie lange noch in Rio die Armen auf der Höhe wohnen, mit dem besten Ausblick?

1934 schrieb der Musiker André Filho für den bevorstehenden Karneval einen Marsch: *Rio, Cidade Maravilhosa* – Rio, Wunderbare Stadt. Der Marsch wurde ein Hit und zählt bis heute zu den meistgespielten Karnevalsliedern in der Stadt. Als 1960 die Hauptstadt von Rio de Janeiro ins nagelneue Brasília verlegt wurde, wurde *Rio, Cidade Maravilhosa* zur offiziellen Hymne der Stadt erklärt. »Wunderbare Stadt, tausendfach entzückst du uns, Wunderbare Stadt, Herz meines Brasiliens!«, lautet der Refrain. Zusammen mit der Christusstatue auf dem Corcovado und dem Postkartenmotiv Zuckerhut bildet Copacabana eine Art Dreigestirn des Wunderbaren. Sehnsüchte von Touristen aus aller Welt richten sich an ihm aus, und die Tourismusindustrie der Stadt an ihm auf.

Wo anders als am Strand von Copacabana hätten also Anfang Oktober 2009 zwei Tage lang die größten Jubelfeiern stattfinden können, nachdem Rio de Janeiro den Zuschlag für die Olympischen Spiele 2016 erhielt? Tausende verfolgten die Entscheidung auf einer Riesenleinwand. Wo gaben die *Rolling Stones* 2006 das größte kostenlose Open-Air-Konzert der Geschichte vor rund 1,5 Millionen Menschen? Copacabana feiert für das Land.

Copacabana ist Rio, und Rio ist Brasilien, diese Gleichung gilt bis heute. Copacabana war immer gleichzeitig Utopie und belebtes Nationaldenkmal in einem. Auch wenn es schon goldenere Zeiten gab: Brasilien, insofern es sich als moderne, lebendige, dem Meer und damit der Außenwelt zugewandte Nation versteht, kommt in Copacabana zu sich selbst. »Rio 2016, eine andere Zukunft hat begonnen«, versprachen Transparente bei den Feiern. In ihren besten Zeiten war Copacabana – *das* Copacabana – die Zukunft selbst.

Eine Heilige mit Migrationshintergrund
Sacopenapan und die portugiesische Kolonie

Einmal im Jahr ist die Copacabana weiß, baumwoll- und lilienweiß. Am letzten Tag des Jahres verwandelt sich der Strand nicht nur in die größte Volksfestmeile der Welt mit etwa zwei Millionen Besuchern und einem gigantischen Feuerwerk, das seinen Platz in der *Tagesschau* und auf CNN sicher hat. Copacabana wird an diesem Tag auch zu einem überdimensionierten Wallfahrtsort für die Göttin Iemanjá.

Priesterinnen und Priester dieser Göttin des Meeres in der afro-brasilianischen Religion des *candomblé* halten Göttinnendienst am Strand. Am Ende der Zeremonien empfängt Iemanjá ihre Opfergaben. Noch Tage später ist der Strand von Blumenstängeln und Blütenblättern bedeckt, die die Menschen an Silvester den Wellen übergaben. An Silvester haben die Brasilianer einen Wunsch frei. Er kostet eine weiße Blume für Iemanjá. Manche legen etwas drauf.

Wer am Silvestertag über den Strand wandert, muss achtgeben, nicht in eines der vielen, 40–60 Zentimeter tief in den Sand gegrabenen Löcher zu treten, damit er die kleinen Kerzen nicht löscht und die Opfergaben – eine Flasche Schnaps, ein wenig Obst und immer wieder Blumen, weiße Lilien vor allem – ihr Richtiges bewirken können.

Weiß ist die Farbe des Tages, und auch die meisten derer, die nur zur Silvesterfeier an die Copacabana kommen, kleiden sich weiß. Die Religiosität ist den Brasilianern nicht abhandengekommen, nur weil sie sich – nimmt man die ebenso prosperierenden wie lautstarken evangelikalen Kirchen aus – aus der Öffentlichkeit zurückzieht. Und ein guter Katholik hat in Brasilien allemal ein Eckchen in seiner Seele reserviert für eine Gottheit des Candomblé,

Prozession am Strand von Copacabana zu Ehren Iemanjás

umbanda oder einer anderen Spielart der afrobrasilianischen Religion. Iemanjá ist besonders beliebt. Und die Aufgeklärten holen das weiße Hemd aus dem Schrank getreu dem Motto: Ich glaube zwar nicht dran, aber wer weiß schon genau, was wird? Die gesamte diensthabende Redaktion der größten Tageszeitung Rios, *O Globo*, arbeitet am 31. Dezember in Weiß.

Dass Iemanjá hier in diesem Umfang gehuldigt wird, ist naheliegend, oder besser: folgerichtig. Denn der Strand Copacabanas ist sozusagen als Wallfahrtsort geboren worden.

Überseefahrten und die Landnahme in der »Neuen Welt«

Man könnte sich den Beginn der Geschichte Copacabanas als Begegnung zweier Linien vorstellen, die sich in dem später so berühmten weißen Halbrund treffen. Die eine nimmt ihren Anfang 1492 beziehungsweise 1500 in der portugiesischen Hauptstadt Lissabon; die andere ein paar Jahrzehnte später am bolivianischen Ufer des Titicaca-Sees.

Die geologische Formation von Fels, Vegetation, Lagunen, Sediment und Sand, auf der der Stadtteil »Copacabana« im Süden der Stadt Rio de Janeiro entstehen wird, ist jedenfalls sehr alt. Und natürlich war hier, als die Europäer landeten, schon lange jemand zu Hause.

Der Spezialist John Hemming schätzt die indigene Bevölkerung auf dem Gebiet des heutigen Brasilien um 1500 auf 2,4 Millionen Menschen: Jäger, Fischer und Sammler, deren Herkunft im Dunkeln liegt, da sie anders als die mittelamerikanischen indigenen Hochkulturen weder Schriften noch Bauten hinterließen. An der Küste Rio de Janeiros siedelten vor allem die der Tupí-Guaraní-Sprachfamilie zugehörigen Tamoio und Tupinambá. Als zu Jahresbeginn 1502 in der Bucht von Guanabara eine portugiesische Karavelle aufkreuzte, machten sie, um ein treffendes Wort Georg Christoph Lichtenbergs zu verwenden, eine »böse Entdeckung«. Die Annalen lassen im Unklaren, wer das Kommando hatte über die kleine Flotte von vermutlich sechs Schiffen, ob es André Gonçalves, Gaspar de Lemos oder D. Nuno Manuel war, der den ersten europäischen Blick auf Rio de Janeiro warf. Sehr wahrscheinlich war es der Matrose im Ausguck, während Gonçalves, Manuel und de Lemos in der Offiziersmesse zu Abend aßen. Für den Ausguck und die anderen Mannschaftsmitglieder interessieren sich die Annalen gewöhnlich nicht. Dies völlig zu Unrecht, denn die Pionierleistungen des Kolumbus, von Pedro Álvares Cabral oder Gonçalves wären ohne die Namenlosen nicht denkbar. Und nicht zuletzt zählen jene vom Schicksal Verschlagenen und Ausgespuckten – Abenteurer, Glücksspieler, Habenichtse sowie zahlreiche Verbannte und zum Tode Verurteilte – zu den Stammvätern des heutigen brasilianischen Volkes.

Zwei Jahre zuvor, am 22. April 1500, war der portugiesische Kommandant Pedro Álvares Cabral in der Bucht von Cabrália an Land gegangen, nördlich des heutigen bekannten Badeorts Porto Seguro im Bundesstaat Bahia. Brasilien war »entdeckt«. Zunächst im Glauben, eine Insel gefunden zu haben, nannte Cabral sie Terra da Vera Cruz (Land des Wahren Kreuzes). Die Kontaktaufnahme mit den unbekleideten Indios gestaltete sich friedlich, und man tauschte Geschenke aus. Cabral blieb neun Tage, ließ einen Gottesdienst abhalten, den die Hausherren weidlich bestaunten, und stellte erste Erkundungen der Gegend und astronomische Berechnungen über deren Lage an. Nunmehr gewiss, doch eine Landmasse entdeckt zu haben, ergriff Cabral im Namen seines Königs und in souveräner Überzeugung, hierzu von höchster – sprich göttlicher – Stelle berechtigt zu sein, von dem Land formell Besitz. Wie Cabral wusste, war Kolumbus am 12. Oktober 1492 auf der kleinen Insel Guanahani von Bord gegangen, hatte das Banner seiner Könige in den ihm völlig unbekannten Strand gerammt und – auf Spanisch – eine Erklärung verlesen. Darin sprach er das Land der spanischen Krone zu und erklärte die anwesenden (und nicht anwesenden) Bewohner zu Untertanen der Krone. In einem Bericht merkte er an: »Y no me fue contradicho« – »Man widersprach mir nicht«.

Spät, aber heftig brach im Zuge der Feiern zur 500. Wiederkehr des 12. Oktober 1492 in der iberoamerikanischen Welt ein öffentlicher Streit aus. Es ging – und geht – um die Frage, ob die Landnahme der Europäer in Lateinamerika eher als Entdeckung oder Eroberung, als Begegnung der Kulturen oder als Massaker, als frühkapitalistische Ausbeuterunternehmung oder Erweckung moderner Nationen aus ihrer finsteren Vorgeschichte zu werten seien. Lange sind in der offiziellen Geschichtsschreibung beiderseits des Atlantiks die kalkulierten Grausamkeiten, die europäischen Taktiken und Praktiken von Macht und Herrschaft, die Menschen, Kultur und Natur vernichteten, verschwiegen oder kleingeschrieben worden. Eine Geschichte Lateinamerikas ist aber ohne sie nicht zu erzählen. Die Tupinambá machten am 1. Januar 1502 wirklich eine »böse Entdeckung«, denn sie wurden in Rio de Janeiro, wie auch weiter im Norden, in einem großangelegten Feldzug zwischen 1564 und 1574 nahezu vernichtet. Bereits 1570 war die indigene Bevölkerung Brasiliens um etwa zwei Drittel auf 80.000 gesunken. Eingangs des 16. Jahrhunderts waren in Rio de Janeiro vielleicht noch 1.000 Tupinambá am Leben.

Doch die (Kolonial-)Geschichte Lateinamerikas ist nicht nur eine Geschichte des Feuers, sondern auch eine Erzählung vom Wasser und von der Erde. Eine Erzählung von denen, die die Angst überwanden, die dem Fluch des Raumes, dem kulturellen Ballast eines jahrhundertelangen Schreckens vor dem Meer trotzten und sich den trügerischen Planken der Wellen verschrieben.

Die Fahrt hinaus auf das offene Meer, dessen Weite unabsehbar und dessen Tiefe nicht zu erahnen war, war schon bei aller Vernunft betrachtet ein Wagnis. Ihr ging jedoch ein Sieg voraus, den es zu erringen galt, bevor das erste Segel gehisst war: der Sieg über den Mythos, die eigene Tradition und Geschichte. Im Wagnis, hinaus auf den Atlantik zu fahren, auf der Suche nach einem Hinüber, mischten sich die widersprüchlichsten Motive: großer Mut und Machthunger, Entdeckergeist und unermessliche Gier, kühne Spekulation und berechnende Planung, Sendungsbewusstsein und missionarischer Eifer.

Ohne die vor allem ökonomischen Rationalitäten der großen Seereisen kleinzureden, die als risikokalkulierte Großinvestitionen die Staatskassen füllen sollten, setzt wohl genau jene Mischung im menschlichen Kollektiv die großen Kräfte frei. Vor allem die Überwindung des Atlantiks war ungeheuer folgenreich. Für viele beginnt 1492 eine neue historische Epoche. Die Nautiker des 15. Jahrhunderts waren das »operative Agens der Globalisierung« (Peter Sloterdijk). Kolumbus' Reise war ein wichtiger Schritt von der mittelalterlichen Pilgerfahrt zur modernen Reiseunternehmung: vom kreisförmig geschlossenen christlichen Bewusstsein, das jedem Menschen seinen Weg schon bei Geburt vorzeichnete, zum Aufbruch ins Unbekannte und Ungewisse; vom Nachlaufen der Pfade aller Vorfahren, von einer Reiseerfahrung, die sich in wundersamer Form mit dem Bekannten und Gewussten deckt (die deshalb in den Tropen überall das »Paradies« vorfindet und die neuen Territorien auf den Karten entsprechend bebildert), zur Ent-Deckung des Fremden und seiner Vereinnahmung für eigene, ganz irdische Zwecke; vom Finden zum Suchen.

Lange bevor die Europäer Brasilien entdeckten, war »Brasil« Teil der atlantischen Mythologie. Jahrhundertelang wurde nach einer »Brazil« genannten Insel gesucht. Hierbei handelt es sich wahrscheinlich um eine altirische Legende: Wer es schaffe, auf diese paradiesische Geisterinsel ein Stück Eisen zu werfen, könne sie betreten und dort, mitten unter strahlend schönen Jungfrauen, ein wunderbares Leben führen. Der irische Name lautet »Hy Breasail« (Land der Auserwählten). Sie wurde stets im atlantischen Raum westlich von Irland gesucht und war auf zahlreichen Atlantikkarten des Mittelalters verzeichnet.

Der Mythos, schreibt der Historiker Holger Afflerbach, »weitete sich auf überraschende Weise aus: In den romanischen Ländern wurde die Herkunft des Namens auf brasile = feuerfarbig zurückgeführt, und es wurde vermutet, dass es auf der Insel einen roten Farbstoff oder vielleicht ein rotfarbiges Holz, aus dem Färbemittel gewonnen werden könnten, gab.«

Womit der Mythos ganz richtig lag. Bezeichnungen wie *brasile*, *brisilli* oder *Brasil* tauchen bereits in italienischen Handelskarten des 12. und 13. Jahrhunderts auf. Sie bezeichneten ein rotfarbiges Holz, das aus dem Orient bekannt war, aber auch sesamähnliche Pflanzen aus dem Jemen. Und genau dieses Holz fanden die Portugiesen an der brasilianischen Küste reichlich vor. Nachdem sie ihre Enttäuschung über den Mangel an Edelmetall überwunden hatten, hielten sie sich daran, wertvolle Güter wie eben das Brasil-Holz nach Europa zu verschiffen.

Anders als die Spanier wollten die Portugiesen ihre amerikanische Eroberung zunächst nicht besiedeln, und noch weniger das Hinterland systematisch erkunden. Die *feitorias*, die Handelsstationen an der Küste, entstanden als lange Zeit einzig sichtbare Zeichen der portugiesischen Kolonisation. Mit dem Anbau von Zuckerrohr auf Plantagen, auf denen afrikanische Sklaven schufteten, begann aber nur wenige Jahrzehnte später der atlantische Dreieckshandel. Er sollte Portugal für zwei Jahrhunderte hohe Einnahmen einbringen.

Ob Gonçalves und seine Männer bei der Einfahrt in die Bucht von Guanabara so überwältigt waren von dem, was ganze Generationen nachfolgender Europäer als einzigartiges Natur-schauspiel begreifen sollten, wissen wir nicht. Die Seefahrer hatten wohl andere Sorgen, und ihr Blick wird wohl vor allem den natürli-chen Schutz geschätzt haben, der sich hinter den wie hingewürfel-ten Kegelfelsen und Übermauern bot: ein ganzes Konkav-Ensem-ble, Buchten in wählbarer Größe und Krümmung und Richtung. Hinzu kamen die großartigen Verteidigungsmöglichkeiten durch eine Hafenfestung, zu deren Bau kein Mensch eine Hand hätte rühren müssen. Die 140 Kilometer Durchmesser der Guanabara-Bucht weiten sich nach einer Einfahrt von lediglich 1.600 Metern Enge zwischen dem Zuckerhut und dem Santa-Cruz-Felsen.

Die Portugiesen zogen zunächst wieder ab, nicht ohne einen kleinen, aber folgenreichen Irrtum zu begehen. Im Glauben, die Guanabara-Bucht sei die Mündung eines großen Flusses, und mit Blick auf den Kalender – 1. Januar 1502 – nannten sie den Ort Rio de Janeiro (Januarfluss). 1565 gründete der Kommandant Estácio de Sá am Strand zwischen dem Zuckerhut und dem São-João-Hügel offiziell die »Cidade de São Sebastião do Rio de Janeiro« (Stadt des Heiligen Sebastian vom Januarfluss). Doch die Portu-giesen erkannten, dass die Topographie zahlreiche Möglichkeiten einer Akropolis, also einer erhöht gelegenen Siedlung, bot, und siedelten sich auf dem Castelo-Hügel an. Heute befinden sich auf Rios Anhöhen ironischerweise vor allem die Elendsviertel. Der Castelo-Hügel wurde 1922 bei umfangreichen Stadtmodernisie-rungen komplett abgetragen.

Copacabana am Titicaca-See und die Schifffahrt einer Heiligen nach Rio de Janeiro

Copacabana lag zwar offiziell innerhalb des Stadtgebiets, aber noch weit außerhalb aller Wahrnehmung. Es hieß auch gar nicht Copa-cabana, sondern Sacopenapan. Das Wort ist, dem brasilianischen

Das Kirchlein der Nossa Senhora de Copacabana (1905)

Gelehrten Teodoro Sampaio zufolge, eine Abwandlung von *çooco-apê-nupan* und bedeutet soviel wie »Der Weg der Socós«, einem Raubvogel aus der Familie der Reiher, der in den Sümpfen lebte.

Sümpfe, Sand, Dünen, Lagunen und Felsenketten – das war das Copacabana des 16. Jahrhunderts. Das Land gehörte der portugiesischen Krone und wurde nach und nach in zumeist riesigen Lehen vergeben – der Ursprung des Großgrundbesitzes, der der brasilianischen Gesellschaft bis heute viele Probleme bereitet. Einem Versuch, nahe der großen Lagune Zucker zu produzieren, war gegen Ende des 16. Jahrhunderts wenig Erfolg beschieden. Sacopenapan hatte ab 1606 mit Afonso Fernandes wohl einen Besitzer, aber kaum neue Nutzer, und diente vornehmlich einer Viehherde als Weide.

Viele denken, dass Copacabana eine Bezeichnung aus dem Tupí-Guaraní sei, genauso wie *carioca*. Diese Bezeichnung für die Einwohner der Stadt (von *kara'iwa*: »weißer Mann« und *oka*:

»Haus«) setzte sich im 18. Jahrhundert durch. Es könnte sogar Portugiesisch sein, wenn jemand einfach *copa* (Pokal, Kelch, Baumwipfel, auch Anrichte) und *cabana* (Hütte) zusammengefügt hätte. Doch das ist linguistischer Zufall. Tatsächlich ist »Copacabana« ein Wort aus einer indigenen Sprache. Aus einer allerdings, die auf der anderen Seite des Kontinents gesprochen wurde, von Rio so weit entfernt wie Moskau von Sizilien.

Der Name Copacabana ist vom Titicaca-See im Anden-Hochland aus nach Brasilien gelangt. Auf der bolivianischen Seite des Sees liegt eine Halbinsel: Copacabana. Copacabana war und ist heiliges Gebiet sowohl der alten Aymaras als auch ihrer Besatzer, der Inkas. Als die christlichen Spanier das Inkareich eroberten, knüpften sie an die religiöse Tradition an und errichteten ihrerseits ein Heiligtum. Hausherrin war *Nuestra Señora de Copacabana* (Unsere Liebe Frau von Copacabana).

Die schönste Bucht des auf knapp 4.000 Metern Höhe gelegenen Titicaca-Sees liegt auf der Westseite der Halbinsel, überragt von zwei Hügeln aus Basaltgestein. Dort hatten schon die Aymaras ein Dorf gebaut, das die Inkas nach 1320 zu einem blühenden Zentrum ausbauten. Die Hügel waren wie natürliche Wachtürme des Sees, und daher der Name *kjopac kahuaña* im Aymara. *Kjopac* bedeutet »See« oder auch »blau«; *kahuaña* heißt »Aussichtspunkt«, »Ausguck«. Im Quechua, das die Inkas sprachen, wurde daraus *qopa qhawana* (*qopa*: »türkisblau«, »Edelstein«; *qhawana*: »Ausguck«, »Hügel«). Die Spanier schliffen und transkribierten: Copacabana. Es hieß also soviel wie »Wacht über den See«, »Aussicht ins Blaue« oder auch »Ausblick zur blauen Perle«.

Der Titicaca-See ist der größte See Südamerikas und die nasse Naht zwischen Peru und Bolivien. Er gehört zu den wichtigen heiligen Orten Lateinamerikas. Die Bolivianer nennen ihn schlicht Lago Sagrado (Heiliger See). Copacabana ist ein religiöses Zentrum der ganzen Andenregion. Die Mythologie der Andenvölker vor der Herrschaft der Inkas nennt den See als einen der Orte der Schöpfung. Noch höhere Bedeutung verliehen der Gegend die

Inkas, die dort ab dem 14. Jahrhundert herrschten. Ihnen galten die »Sonneninsel« und die benachbarte »Mondinsel« im See als Zentrum der Welt; der Tempel für den Sonnengott Wiraqocha auf der Sonneninsel war ihr heiligstes Heiligtum – ihr Jerusalem, ihr Mekka, ihr Rom.

Den Berichten zufolge, in denen Legenden und Fakten sich unauflöslich verweben, befand sich einige Jahrzehnte nach Eroberung des Inkareiches das heruntergekommene Örtchen Copacabana auf der Suche nach einem (katholischen) Schutzheiligen. Man konnte sich nicht zwischen dem Heiligen Sebastian und der Jungfrau von Candelária entscheiden. Da passte es, dass dem Indio Francisco Tito Yupanqui, vermutlich ein Nachfahr des letzten Inka-Gouverneurs von Copacabana, eine Vision zuteilwurde. Am See sitzend, blitzte vor ihm auf dem Wasser das Bild einer diademgeschmückten Frau auf. Die Jungfrau trug die Züge einer Einheimischen und das Jesuskind auf dem Arm. Yupanqui wollte das Bild künstlerisch festhalten, doch mangels Fähigkeit und Kenntnis scheiterte der erste Versuch. Er ging in die Silberminenstadt Villa Imperial (Potosí), brachte sich das Bildhauerhandwerk bei und schuf eine Holzstatue. Am 2. Februar 1582, dem Tag der Jungfrau von Candelária, wurde das Bildnis in der Kapelle von Copacabana aufgestellt.

Einige Wundergeschichten später hatte sich die »Jungfrau von Copacabana«, wie sie alsbald hieß, ersten Ruhm erworben. Insgesamt werden ihr 132 Wunder zugeschrieben. Der Synkretismus in Yupanquis Vision verfehlte seine integrierende Wirkung nicht. Die Pilger strömten nur so nach Copacabana, um der katholischen Heiligen mit sonnenkultischer Vergangenheit zu huldigen. Die meisten entstammten der indigenen Bevölkerung. Die Jungfrau leistete so einen wichtigen Beitrag zur kolonialen Mission. Schon 1614 musste eine größere Kapelle gebaut werden. Sie wich um 1670 einer Kirche, der noch heute bestehenden Basilika von Copacabana. Der 1650 gebaute Altar zeigt auf seinem Sockel Sonnenjungfrauen des Inka-Kults sowie eine Gestalt der Aymara-Mythologie, einen Menschenkopf mit leuchtend türkisblauen Augen, Schlangenhaaren und einem Raubkatzenschnurrbart: *kjopac kahuaña*, der »Blaue Seher«.

Nuestra Señora de Copacabana wird vor allem von Bolivianern und Peruanern verehrt, aber sie hat Gläubige in anderen Ländern Lateinamerikas sowie in Spanien, Portugal und Italien. Neben der vor allem in Mexiko und Mittelamerika verehrten Jungfrau von Guadalupe ist sie die bedeutendste Mariengestalt Amerikas.

Wann genau ein Bildnis der Jungfrau von Copacabana Rio erreichte, ist unklar. Es sollen peruanische Schmuggler gewesen sein, die sie von den Silberminen Potosís über Buenos Aires und übers Meer nach Rio mitbrachten und dort ließen, bevor sie ihre gegen das Silber eingetauschten Waren einschifften. Darunter waren auch die Sklaven, die dann ab Buenos Aires das Schmuggelgut nach Bolivien zu tragen hatten.

Ebenso wenig wissen wir, wann Fischer die kleine Kapelle ganz im Süden des Strandes auf einer abgeflachten Felsspitze errichteten, wo heute das Fort von Copacabana die zuweilen aufrührerischen Wellen bewacht. Doch der erste Aufenthaltsort der Heiligen mit Migrationshintergrund war eine Kirche in der Stadt. Dort erhielt eine Kopie der berühmten Statue vom Titicaca-See einen Altar in der Igreja da Santa Casa. Wir wissen das, weil Skandale schon im 17. Jahrhundert Schlagzeilen machten. 1637 musste die Jungfrau einer Nebenbuhlerin weichen. Nossa Senhora do Bonsucesso, nach der die Kirche auch bis heute benannt ist, nahm den Platz der Migrantin ein. Mitte des 17. Jahrhunderts wird die Jungfrau in der Landpfarrei Suruhy, unweit des anderen Endes der Bucht von Guanabara gelegen, aktenkundig. Dann verschwand sie im historischen Untergrund und tauchte erst 1732 wieder auf, in der ersten Nachricht von ebenjener Kapelle am Strand.

Auch hier wusste die Heilige für sich zu sorgen: Als das Kirchlein aus Lehm und Stroh über ihr zusammenzubrechen drohte, trug sie durch die Rettung eines anderen zu ihrer eigenen bei. Bischof Dom Antônio do Desterro war 1746 von Angola in die Erzdiözese Rio de Janeiro abgeordnet worden. Die Reise über den

Atlantik verlief gut, und fast war der neue Bischof am Ziel, als er auf Höhe des Südendes von Sacopenapan in Seenot geriet. Gefährlich nahe ans Ufer abgetrieben, sah er auf der Felsspitze die Kapelle. In seiner Not gelobte Dom Antônio, sie zu restaurieren, sollte er den Wellen entkommen. Der Bischof überlebte und hielt sein Gelöbnis. Und die Heilige entfaltete ihren Charme weiter derart, dass alsbald ihr Name auf jenen Strand überging. Aus Sacopenapan wurde Copacabana.

Hauptstadt Portugals, Hauptstadt des Sklavenhandels: Rio im 19. Jahrhundert

1763 wurde Rio Hauptstadt des Vizekönigreiches Brasilien, einer der größten Kolonien der »Neuen Welt«. Um 1800 hatte diese Hauptstadt etwa 43.000 Einwohner. Die Gestalt der alten Kolonialstadt veränderte sich. Die wehrhafte Festung ohne Planung und mit wenig Siedlungsraum begann dem Modell der offenen Barockstadt zu weichen. Es entstanden Gebäude und Plätze, die der Repräsentation dienten statt einem merkantilen oder militärischen Zweck, sowie Parkanlagen, Gärten, breite Straßen und Villen. Das Geld dazu kam vom Meer und aus den Bergen. Über den Atlantik kamen die Handels- und Sklavenschiffe. Der Hafen war der Umschlagplatz einer Wirtschaft, die auf dem Export beruhte: Holz und Zuckerrohr zunächst, dann Edelmetalle und Kaffee. Basis des wirtschaftlichen Fortschritts war aber ebenso der Import Hunderttausender von Menschen schwarzer Hautfarbe, die nicht freiwillig kamen und ihr Menschsein schon verloren hatten, als sie an der Westküste Afrikas in den Schiffsbauch gestoßen wurden. Die afrikanische Beute blieb nur zu einem kleinen Teil vor Ort – als Haussklaven, Hilfsarbeiter in Hafen und Gewerbe oder in den Zuckerrohrplantagen der Region. Die meisten wurden weiterverkauft in die nach 1720 entdeckten Goldlager in den Bergen des heutigen Minas Gerais, was nichts anderes bezeichnet als die »Allgemeinen Minen«. Politische Dynamik ging von dort aus, wie durch die erste – alsbald niedergeschlagene – Unabhängigkeitsbewegung, die sich unter dem »Zahnzieher« Tiradentes 1789 in Vila Rica, dem heutigen Ouro Preto, formierte. Am Goldhandel verdiente Rio aber kräftig mit.

Die 43.000 Cariocas nahmen es weitgehend überrascht zur Kenntnis, dass sich im Januar 1808 der portugiesische Hofstaat nach Brasilien verfügte. Wohl niemand hätte sich vorstellen können, dass er 13 Jahre bleiben würde. Im März traf Prinzregent João mit seiner Entourage in Rio ein – und mit was für einer: Die Bevölkerung wuchs schlagartig um ein Drittel! Allen Schönredereien zum Trotz waren João und die Seinen vor den Truppen Napoleons, der in jener Zeit im Zenit seiner Macht stand, geflohen. Rio de Janeiro wurde so übergangsweise Hauptstadt des portugiesischen Weltreiches – das es noch immer war, wenn auch eines im freien Fall. Doch erst 1815 wurde dies amtlich, als Brasilien zum gleichberechtigten Teil des Vereinigten Königreiches von Portugal, Brasilien und den Algarven erhoben wurde. 1818 ließ sich der Prinzregent in Rio als João VI. zum König dieses Reiches krönen. Ein Jahr vorher hatte Prinz Pedro die Habsburgerin Leopoldine geehelicht. Nach der Rückkehr des Hofes nach Portugal sagte sich Pedro 1822 von seinem Vater los, und Brasilien von Portugal. Als Statthalter in Rio verblieben, erklärte er die Unabhängigkeit und sich selbst zum ersten Kaiser von Brasilien.

Daran war João VI. sicher nicht unschuldig, und vielleicht schlug er bereits den ersten Nagel in den Sarg der alten Zustände, als er eine Druckerpresse nach Brasilien mitbrachte und – absurd spät – das Totalverbot für Druckerzeugnisse aufhob. Nun konnten auch in Brasilien Zeitungen erscheinen, und damit potenzierte sich nicht nur die Menge an verfügbarer Information, sondern auch die Umschlagzeit von Austausch und Diskussion unter Intellektuellen. Ebenfalls neu war, dass Brasilien nun eine zentralisierte Verwaltung erhielt. Es entstanden Vorläuferinstitutionen des nationalen kulturellen Gedächtnisses, wie die Königliche Bibliothek (später die Nationalbibliothek), ein Botanischer Garten, ein erstes Museum. Das ließ – wieder ungewollt – bei einheimischen Geschäftsleuten, Literaten, Angehörigen freier Berufe und hohen Beamten das Bewusstsein keimen, dass Brasilien tatsächlich eine Einheit, vielleicht sogar eine Nation sei. Der Anstoß zur Unabhängigkeit ging aber von Portugal aus: Auf Druck einer liberalen Bewegung in Portugal, die eine Verfassung für die Monarchie forderte, musste João VI. 1821 nach Lissabon zurückkehren. Als die dortige Ständeversammlung auch Kronprinz Pedro zurückbeorderte und zugleich den Freihandel, die neuen zentralen Institutionen in Brasilien abschaffen und die einzelnen Provinzen wieder direkt portugiesischer Autorität unterstellen wollte, wurden in Rio Rufe nach Unabhängigkeit laut. Letztlich auch, um Brasilien für die Bragança-Dynastie zu sichern, entschloss sich Pedro, in Brasilien zu bleiben und sich selbst als Oberhaupt eines formal unabhängigen Gebiets auf den Kaiserthron zu setzen.

Die wirtschaftlichen Erwägungen der Pflanzeraristokratie und einheimischer Geschäftsleute und das politische Kalkül eines Teils der brasilianischen königlichen Beamten hatten damit die brasilianische »Nation« aus der Taufe gehoben. Eine Nation, die gleichsam auf dem Verwaltungswege begründet wurde: Der neue Kaiser löste die verfassungsgebende Versammlung alsbald auf und verfügte eine Verfassung nach seinem Gusto, die bis 1889 gelten sollte. So blieb das junge Brasilien eine Nation der Wenigen. Wählen, wo es nichts zu wählen gab, durften nur Männer über 25 Jahren mit einem bestimmten Mindestjahreseinkommen. Das waren 1872 fünf Prozent der Bevölkerung.

Während die Frauen und die ärmeren Freien sich immerhin als Brasilianer fühlen durften, so traf das für die größte gesellschaftliche Gruppe nicht zu. Zu jener Zeit hatte Rio etwa 112.000 Einwohner. Fast die Hälfte davon waren Sklaven. Der Sklavenmarkt lag bis 1824 gleich am Hafen, mitten im Zentrum. Doch auch der Valongo, der neue Sklavenmarkt, war eine der belebteren Gegenden Rios und alsbald Pflichtstation für Stadtrundgänge ausländischer Touristen. In keiner anderen brasilianischen Stadt gab es im 19. Jahrhundert »mehr Afrika«. Sklaven, in bunten Gewändern oder halbnackt, aneinandergekettet oder mit einem Korb auf dem Kopf, Sklaven, die sich als Tagelöhner verdingten, Sklavinnen, die am Straßenrand Essen verkauften, und vor allem Sklaven, die Lasten trugen: »Durch diese nützliche Menschen-Klasse werden alle Kaufmannsgüter vom Hafen in die Stadt geschafft; sie tragen vereint zu zehn und zwölf, durch Gesang oder vielmehr Geheul sich im Tacte haltend, schwere Lasten an großen Stangen«, beobachtete 1815 der deutsche Ethnologe Prinz Maximilian zu Wied-Neuwied. Sklaven trugen Wasser für die Haushalte oder Exkremente aus den Haushalten, die zusammen mit dem Müll ins Meer gekippt wurden, oder schleppten ihre Herrinnen in Sänften. Es gab kein Haus, keinen Garten, kein städtisches Handwerk und keine Manufaktur, wo nicht Sklaven tätig waren – als Hilfs-, aber auch als Facharbeiter. Sklaven liefen ausschließlich barfuß, fertigten aber Schuhe nach Maß an. Sklaven schmiedeten jene dornenbewehrten Halsbänder, die zu ihrer Bestrafung dienten. Sklaven backten das französische Weißbrot, das in Mode gekommen war und das sie selbst nie aßen. Ohne Sklaven hätte es, wirtschaftlich gesprochen, kein Rio de Janeiro des 19. Jahrhunderts gegeben.

Erst 1888, als zweitletztes Land Amerikas, schaffte Brasilien die Sklaverei offiziell ab. Sie hat vier Fünftel der bisherigen Geschichte Brasiliens nach der Eroberung von 1500 geprägt. Und sie wirkt in allen gesellschaftlichen Beziehungen nach – auch am Strand von Copacabana, wie wir noch sehen werden. Konservativen Berechnungen zufolge wurden während der Kolonialzeit, also bis etwa Beginn des 19. Jahrhunderts, zwei Millionen Afrikaner zwangsweise nach Brasilien verfrachtet und verkauft. Andere Schätzungen liegen bei fünf Millionen, und dabei muss man sich klarmachen, dass viele weitere zwar die Schiffe lebend betraten, aber während der Reise an den unglaublichen Zuständen unter Deck zugrunde gingen. Ein Grund für die hohen Zahlen lag in der wirtschaftlichen Logik des Sklavenhandels und -gebrauchs: Die Preise für einen jungen männlichen Afrikaner waren derart, dass sich die »Sklavenzucht« nicht lohnte. Wenn der Sklave nach durchschnittlich 15 Jahren Arbeit verbraucht war und starb, war es billiger und somit rationaler, einen neuen zu kaufen, als Sklaven Kinder haben zu lassen, die dann über Jahre zu versorgen waren, bis sie denselben Nutzen brachten, zumal die Frauen als Schwangere, Wöchnerinnen und Mütter nicht die volle Arbeitsleistung bringen konnten. Es gab Sklavenfamilien, aber viele Frauen erlitten Aborte oder Totgeburten, und für die Lebendgeborenen lag die Aussicht, das Erwachsenenalter zu erreichen, bei fünf Prozent. Viele Sklavenkinder wurden ihren Eltern weggenommen und in kirchliche Findelhäuser abgeschoben. Weniger als ein Drittel von ihnen überlebte.

Natürlich hat es persönliche Beziehungen zwischen Sklaven und ihren Herren oder Herrinnen gegeben. Das gilt insbesondere für die, die im Haus tätig waren. Aber ein Sklave war, rechtlich wie faktisch, ein Wegwerfartikel. Die Sklavin Isaura, die 1986/1987 in der gleichnamigen Telenovela das Thema auf deutsche TV-Bildschirme brachte, war daher denkbar untypisch: Sie war weiß, sie kam frei und sie wurde nicht nur geliebt, sondern sogar von einem Plantagenbesitzer geheiratet.

So fußte die Gesellschaft des Kaiserreichs weiter auf einem offenen Gewaltverhältnis. Nicht nur deshalb waren die Menschen in der Stadt Rio de Janeiro ständig in Sorge um ihre Sicherheit. So etwas wie einen vertraglich gesicherten Arbeitsplatz gab es bis weit ins 20. Jahrhundert kaum. Auch der Staat hatte einem freien, aber armen Untertanen keinen Schutz zu bieten. In den nur ausnahmsweise gepflasterten Straßen bedrohten schlingernde Karren, ausschlagende Pferde, faulender Unrat und Kot das Wohlbefinden von Knochen und Nase. Und nach Einbruch der Dunkelheit, in Rio also etwa nach 18 Uhr, konnte es tatsächlich gefährlich werden. Denn »diese Stadt ist des Nachts miserabel beleuchtet«, wie 1833 der Engländer Charles Bunbury feststellte. »Viele der kleinen Straßen liegen in vollständiger Dunkelheit, in den anderen die Laternen derart weit auseinander, dass sie ihren

Zweck verfehlen.« Die Klage über fehlende Straßenbeleuchtung durchzieht die Akten der Stadtverwaltung Jahrzehnt um Jahrzehnt. Gute Bedingungen für die *capoeira*. Capoeira bezeichnete schon im 19. und frühen 20. Jahrhundert die ritualisierten und von Musik begleiteten Kampftechniken, die heute junge Menschen in jeder europäischen Großstadt praktizieren. In der Hauptsache bildeten schwarze *capoeiristas* aber organisierte Gruppen, die sich der Polizei widersetzten, Passanten angriffen und Diebstähle begingen.

Die öffentliche Hand blieb nicht nur unsichtbar, sondern auch untätig. Das änderte sich zur Jahrhundertmitte. 1838 verkehrte der erste Pferdebus, ab 1850 erhielten die Straßen im Kommerzviertel Candelária flächendeckend Pflaster, 1854 brachten die ersten Gaslaternen mehr Licht in das beklagte nächtliche Dunkel. Für die 1860er Jahre konstatierte der Schweizer Johann Jakob von Tschudi bereits eine »ausgezeichnete Gasbeleuchtung: Die Flammen leuchten vorzüglich rein und klar und sind bis in die entferntesten Stadttheile in fast verschwenderischer Menge angebracht«. 1862 begann der Bau einer Kanalisation. Aber mit Ausnahme einiger Prachtstraßen wie der Rua do Ouvidor, deren Läden importierte Luxuswaren feilboten, war um die Jahrhundertmitte das Zentrum Rios, des alten kolonialen Rios, ein intensiv genutzter, kleiner Raum; eng, stickig und stinkig. Den größten Platz, den Campo de Sant'Ana, sah Tschudi 1858 so: »Man glaubt sich daselbst weit eher in einer Wasenmeisterei [Abdeckerei, D.B.], als im Mittelpunkte einer Residenz zu befinden. Verwüstete Grasplätze, ekelhafte Unrathhaufen, Leinen mit Wäsche behangen, alte, kranke Pferde und Maulthiere, die die letzten Tage ihres mühevollen Daseins hier noch so lange kümmerlich fristen, bis sie endlich todt zusammenstürzen und dann oft tagelang unverscharrt liegen bleiben.«

Die Oberen haben niemals im Stadtzentrum Rios Wohnung bezogen. Wer konnte, wohnte eher außerhalb und erhöht und überließ die Stadtstraßen den Händlern, den Wasserträgern und anderen Haussklaven, dem Markttreiben, den Mücken, dem Müll und dem Gestank.

Prinzregent João und die portugiesischen Adeligen bezogen *chácaras*, wie die herrschaftlichen Landhäuser genannt wurden, im kühleren São Cristóvão; die Niederen der Entourage suchten sich im benachbarten Rio Comprido eine Unterkunft. Catete, damals südlicher Stadtrand, wuchs um 1820 zum ersten Diplomatenviertel heran. Die französischen Künstler bevorzugten Tijuca, die zahlreichen englischen Geschäftsleute hingegen die strandnahen Glória, Flamengo und Botafogo, dazu etwas landeinwärts Laranjeiras, wo edle Residenzen langsam die Wochenendhäuser ablösten und Straßen die Gemüsefelder einebneten.

Und dann war in Richtung Süden Schluss. Eine Abfolge von Felsmassiven, beginnend mit dem Morro Cara de Cão, auf dem das Sankt-Johann-Fort die Einfahrt in die Bucht überwachte, weiter über den Zuckerhut, Urca, den Telegraphenhügel Babilônia, São João, Cabritos … Wie eine Wand ragten sie auf. Dahinter lagen Leme, Copacabana, Ipanema, Leblon, die zwar bekannt, aber nur auf beschwerlichem Wege zu erreichen waren. Doch schon damals lohnten sie sich für eine Landpartie.

Die zweite Eroberung Brasiliens
Naturforscher und Rio-Reisende im Dienste ihrer Zivilisation

Nichts von dem, was ich bisher gesehen habe, kann sich in sei-
ner Schönheit mit dieser Bucht vergleichen. Neapel, die Firth of
Forth [in Schottland], den Hafen von Bombay und Trincomalee
[im heutigen Sri Lanka] hielt ich alle für perfekt, aber alle müs-
sen hier zurückstehen; die Bucht übertrifft sie alle in je eigener
Weise. Erhabene Berge, Felsen, die sich zu Säulen auftürmen,
edle Hölzer, helle Blumeninseln, grüne Ufer, dazwischen weiße
Häuser; jede kleine Erhebung krönt eine Kirche oder ein Fort;
Schiffe vor Anker oder auf Kurs; und unzählige flinke Boote,
dazu das angenehmste Klima – all dies zusammen macht Rio
de Janeiro zur bezauberndsten Szenerie, die die Einbildungskraft
nur hervorbringen kann.

Hätten wir daneben gestanden, wir hätten wohl die Feder vibrieren
gesehen, mit der die Engländerin Maria Graham am 15. Dezember
1821 dies notierte. Dieser Augenblick hatte über drei Jahrhunderte
den Charakter einer Grenzerfahrung: »Für jeden Menschen stellt
die erste Einfahrt in die Bucht von Rio de Janeiro einen prägenden
Einschnitt in sein Leben dar«, war sich Reverend Daniel Parish
Kidder sicher, der ihn etwa 20 Jahre später erlebte. Der Anblick der
Bucht habe die Kraft, einen Menschen zur Einsicht in die Göttlich-
keit der Schöpfung zu bewegen. Die Inselkette an der Buchtein-
fahrt erinnerte den Geistlichen an die Säulen vor dem Tempel von
Luxor, die Bergkette im Hintergrund rief in ihm Alpenbilder wach.
Viele Autoren bemühten Analogien aus der Weltgeschichte; der
Engländer William Scully sah die Stadt »hingestreckt, wie das alte
Rom über das Amphitheater seiner sieben Hügel und der dazwi-
schenliegenden Täler«. Der englische Tuchhändler John Luccock

vermutete wenige Jahre nach der Ankunft des portugiesischen Hofstaats in diesem Stück Natur-Kultur gar politisch relevante Kräfte: »Der kalte und phlegmatische Politiker des Nordens hat selten die Wirkung einer schönen Gegend auf die menschliche Seele berechnet; sonst würde er wohl nicht erwartet haben, daß der portugiesische Hof seinen neuen Aufenthaltsort verlassen sollte. Dies ist ein stiller, aber mächtiger Sachwalter; seine Wirkung ist allgemein und immerwährend; sie wird bei jedem Aufgang der Sonne erneuert und von jedem Strahl des Mondes unterstützt.«

Und noch gut einhundert Jahre später empfanden viele die Landung in Rio wie Stefan Zweig als »einen der mächtigsten Eindrücke, den ich zeitlebens empfangen«, waren »fasziniert und gleichzeitig erschüttert«.

Zweifelsohne bot und bietet die Bucht von Guanabara ein besonderes Schauspiel: ein Ensemble von Wasser, Inseln, schroffem Bergfels, üppiger Flora und Barockarchitektur, im Panoramablick vom Oberdeck aus zu erfassen. Schönheit, Erhabenheit, Panorama – das sind Schlüsselkategorien des Pittoresken, das die europäische Ästhetik seit dem späten 18. Jahrhundert bestimmte. Zwischen Französischer Revolution und Zweitem Weltkrieg war Brasilien neben Mexiko für Europäer und US-Amerikaner das beliebteste Reiseland Iberoamerikas. Das galt nicht zuletzt für solche Reisende, die ihre Erfahrungen verschriftlichen wollten. Das wohl beste Verzeichnis *Bibliografia do Rio de Janeiro de Viajantes e Autores Estrangeiros* von Paulo Berger nennt rund 2000 gedruckte Ausgaben von Reiseberichten (Übersetzungen eingeschlossen) zwischen 1531 und 1900, die Betrachtungen zu Rio de Janeiro enthalten. Das 19. Jahrhundert lieferte die reichhaltigste Produktion. Nach 1800 hörte das Fernreisen auf, ein aristokratisches Privileg zu sein. Es war vielleicht *das* Jahrhundert der Entdeckungsreisen, in dem Menschen des Nordens die Länder des Südens naturwissenschaftlich vermaßen und kartographierten. Fast alle Brasilien-Reisenden, ob sie dem Amazonas, dem dürren Hinterland des Sertão, den deutschen Siedlungen im Süden oder dem noch weitgehend unbekannten brasilianischen Zentralplateau zustrebten, wählten Rio als Start- und Zielort ihrer Exkursionen und Feldforschungen, von den in Geschäften und im Dienst der Diplomatie Reisenden einmal ganz abgesehen. Rio de Janeiro diente ihnen als Schleuse, Übergangszone zwischen Vertrautem und Fremdem; als Ort der langsamen Gewöhnung ans Klima wie an die Kultur. Zentral für die Erkundung der Neuen Welt durch diese Reisenden aber war etwas, was sich in der Bucht von Guanabara in schönster Verklärung zeigte: die Natur.

Kleingeschrieben: Wirkungen europäischer Wissenschaft

»Der allgemeine Eindruck ist wahrhaft erhaben. Aber als der Segler sich der kahlen Küste nähert, sehen wir die besonderen hellblättrigen Bäume Brasiliens, hier und da einen purpurblühenden Quaresma-Baum, wir beobachten die schlangenartigen cacti, wir sehen, wie die reich wuchernden Parasitenpflanzen sogar von den steilen und schroffen Wänden des Zuckerhuts herunterhängen…«

Pfarrer Kidder war durchaus keiner der vielen Botaniker, die Brasilien auf der Suche nach Katalogisier- und Benennbarem durchkämmen, wie die Deutschen Prinz zu Wied-Neuwied, Johann Baptist von Spix und Carl Friedrich von Martius, der Schweizer Louis Agassiz oder der Brite George Gardner, um nur einige der

Blick auf die Bucht von Guanabara (um 1880)

bekannteren zu nennen. Dennoch war die tropische Flora und Fauna ihm besondere Aufmerksamkeit wert, denn in ihr spiegelte sich die Seele dieser Neuen Welt und zugleich ihre Unterlegenheit. Die Lehre des französischen Naturforschers Georges-Louis Leclerc de Buffon, wonach Amerika als feuchter ein ungesunder, seine Fauna degenerierender Kontinent sei, war im Europa des 19. Jahrhunderts noch weithin akzeptiert. Für viele andere Autoren war die Bevölkerung des neuen Kontinents zivilisatorisch notwendig unterlegen. Wenige Seiten in Henry Thomas Buckles voluminöser *History of Civilization in England* über ein Land, das der Autor nie gesehen hatte, stürzten brasilianische Intellektuelle in Verzweiflung. Buckle, der in »Klima, Boden, Nahrung und dem allgemeinen Aspekt der Natur« die wichtigsten Einflussfaktoren auf die menschliche Rasse sah, zählte Brasiliens Natur in ihrer unvergleichlichen Fruchtbarkeit und Üppigkeit zu den Weltwundern. Doch das übermäßige Zusammentreffen von Hitze und Feuchtigkeit überfordere eine unfähige Bevölkerung, so der 1862 verstorbene Brite:

»Wie alle Menschen in der Kindheit ihrer gesellschaftlichen Entwicklung stehen die Einheimischen der Unternehmung ablehnend gegenüber ... Entlang der Küste Brasiliens hat europäischer Einfluss zu einem gewissen Grad von Zivilisation geführt, den die Einheimischen aus eigener Kraft nie erlangt hätten. Aber diese sehr unzulängliche Form von Zivilisation hat hintere Winkel des Landes nie erreicht ... In ganz Brasilien lassen sich keine Monumente einer Zivilisation auffinden, nicht einmal einer niedrigen; es gibt keinerlei Anzeichen dafür, dass die Menschen sich jemals über den Stand erhoben hätten, in dem sie sich befanden, als man ihr Land entdeckte.«

Buckles vernichtendes Urteil ist in Brasilien mehrfach übersetzt und weithin gelesen worden. Das gilt auch für die Reisebeschreibung des bekannten Naturforschers Louis Agassiz. Anders als Buckle oder auch Buffon hatte sich Agassiz immerhin in Brasilien aufgehalten – und dort eine paradigmatische Bestätigung der Rassentheorien europäischer Wissenschaft vorgefunden:

»Ein jeder, der an der schädlichen Wirkung der Rassenmischung zweifelt, und aus falsch verstandener Philanthropie die Schranken zwischen den Rassen niederreißen will, sollte nach Brasilien kommen. Dann wird er die üblen Folgen nicht mehr leugnen, die aus der Verschmelzung der Rassen entstehen, einer Verschmelzung, die hier weiter reicht als in jedem anderen Land der Welt, und die die besten Qualitäten des weißen Mannes, des Negers und des Indio auslöscht, um sie durch einen undefinierbaren Bastard-Typus zu ersetzen, dem es an körperlicher wie seelischer Energie gebricht.«

Die Natur ringt mit der Kultur oder, wie man damals eher sagte, mit der Zivilisation. Europäer und US-Amerikaner sahen darin den Urkonflikt jener überseeischen Länder und Völker, und einen, den sie nur verlieren konnten. So erhaben sich die Natur präsentierte, so unzulänglich zeigt sich den Reisenden das, was an Zivilisatorischem, wie beispielsweise in der nachlässigen Pflege der Kaffeeplantagen, erkennbar ist.

Beständig konstatieren Europäer in ihren Texten über Rio einen Mangel: Rio ist kaum herrschaftlich, als Kaiserresidenz nicht erkennbar, hat kaum Straßen, die den Namen verdienen, und die Abwasserentsorgung ist ein Gräuel.

Brasilien war nicht nur der zu erwartenden Fülle von Eindrücken wegen als Reise- und Forschungsland besonders beliebt. In den meisten der jungen hispanoamerikanischen Republiken herrschte politische Unrast. Im Ringen um die Macht war die Waffe schnell bei der Hand. Das Kaiserreich Brasilien wartete hingegen mit politischer Stabilität und mehr Sicherheit auf. Das große Territorium versprach vielfältige Erfahrungen in ganz unterschiedlichen Klimazonen, ohne die Unbill von Grenz- und Zollschranken fürchten zu müssen.

Das lange 19. Jahrhundert ist als das »Jahrhundert der Wissenschaften« gekennzeichnet worden, und diesem Trend hatte sich auch Brasiliens Kaiser Pedro II. verschrieben. »Die Wissenschaft bin ich«, soll er einmal gesagt haben, wohl mit Augenzwinkern in Richtung eines berühmteren Amtskollegen im Frankreich des 17. Jahrhunderts. Im Zuge der Aufklärung differenzierten sich Natur- und Gesellschaftswissenschaften im 19. Jahrhundert aus, Voraussagen anhand empirisch ermittelter Fakten wurden zum neuen Glauben der Zeit, und der Wissenschaftler zur gesellschaftlich relevanten Figur. Nach Brasilien gelangten die vielen neuen Ideen mit Verspätung und fanden nur selektive Aufnahme: Bei den Intellektuellen einer postkolonialen, »rassisch gemischten« Gesellschaft standen Positivismus, Sozialdarwinismus und rassistische Theorien hoch im Kurs. Unter Pedro II. entstehen die ersten rechtswissenschaftlichen und medizinischen Fakultäten, historisch-geographische Institute und naturwissenschaftliche Forschungs- und Bewahrungseinrichtungen. Mit Ausnahme des von Pedros Großvater João VI. gegründeten Nationalmuseums in Rio werden Naturkundemuseen und Botanische Gärten allerdings erst im letzten Drittel des Jahrhunderts verwirklicht. Bis dahin war das Sammeln und Bezeichnen der brasilianischen Flora und Fauna ausschließlich Sache der ausländischen Experten, und Pedro II. unterstützte sie kräftig dabei.

In ihrem Hochzeitsgefolge brachte die Habsburgerin Leopoldine von Österreich im Juli 1817 zahlreiche deutschsprachige Künstler und Wissenschaftler mit nach Rio. Die bekanntesten waren wohl die Deutschen, darunter die bereits erwähnten von Spix und von Martius, die neben Gesteins- und Mineralienproben 85 Säugetiere, 350 Vogelarten, 130 Amphibien, 116 Fische, 2.700 Insekten und 6.500 Pflanzenarten sammelten. Ihre dreibändige *Reise nach Brasilien in den Jahren 1817–1820* wurde auf Jahrzehnte hin zum Standardwerk für naturwissenschaftliche Forschung zu Brasilien. Die Sammlung wurde vollständig in den Botanischen Garten von München verfrachtet, und an Pflanzen hatten beide alsbald geadelten Forscher so viel Dubletten dabei, dass auch Herbarien in Berlin, Leipzig, Wien, Petersburg, Leiden, Genf und das British Museum in London bedacht werden konnten. In Brasilien verblieb nichts – oder doch: das von den Europäern freundlicherweise vermittelte

Wissen, wie die vielen Arten, die schon immer da waren und auch schon einmal Namen gehabt hatten, denn nun *hießen*.

Die Botaniker und Zoologen beschränkten sich in ihren Texten keineswegs auf ihren Forschungsgegenstand im engeren Sinne. Wie die anderen Autoren traten sie auch an, die Geschichte und Gesellschaft, Ökonomie und Politik Brasiliens systematisch und vor allem so »wahrhafftig« zu beschreiben, wie es schon frühe Reisende des 16. Jahrhunderts betonten. Beispiele hierfür sind der hessische Landsknecht Hans Staden und seine *Wahrhafftige Historia und beschreibung eyner Landtschafft der Wilden Nacketen, Grimmigen Menschfresser-Leuthen in der Newenwelt America gelegen* von 1557 oder wenig später der Bayer Ulrich Schmidel, der die *Wahrhafftige und liebliche Beschreibung etlicher fürnemen Indianischen Landtschaften und Insulen…* vorlegte.

Die Autorinnen und Autoren des 19. Jahrhunderts hielten sich ausnahmslos für berufen und befähigt, Brasilien »als solches« mit Autorität und Wahrhaftigkeit zu beurteilen. Ihr unauflösliches Amalgam aus individuellen Erfahrungen, Gefühlen und vorgeprägten Vorstellungen verwandelte sich in kollektives Wissen mit Echtheitssiegel. Aus heutiger Sicht vereinigen die Reiseberichte jener Zeit oft verschiedene Textarten in sich: Forschungsbericht, Reportage, Roman, Geschichtsschreibung, Manifest und Drama.

»Der Reisende ist zwar aus seiner Heimat gefahren, aber nicht aus seiner Haut«, wie Friedrich Katz in seinen *Begegnungen in Rio* 1945 feststellt. Wenn sie über Fernes und Fremdes schreiben, berichten Reisende auch immer über sich selbst, und manchmal mehr als über ihren Gegenstand. Das Fremde in ihren Texten entsteht, indem sie den anderen Europäern daheim von dem erzählen, was ihnen bekannt vorkommt, und das Gesehene so bewerten, wie sie und die Leser es gewohnt sind. Das ist kaum anders möglich und bedeutet doch, dass die Neue Welt, wie sie in diesen Texten erscheint, auch eine Erfindung durch den spezifisch europäischen Blick ist. Dieser ist geprägt von der tiefen Überzeugung zivilisatorischer Überlegenheit, von Jahrhunderten selbstverständlicher kolonialer Praxis und dem unerschütterlichen Glauben an einen Determinismus, nach dem »Rasse«, »Natur« und »Klima« Faktoren sind, die die Tropen und ihre Bewohner im Wettstreit der Nationen unrettbar hintanstellen.

Man könnte auch sagen: Die Reiseliteratur trägt dazu bei, die globale Peripherie zu produzieren; das, was später »Dritte Welt« genannt werden sollte. Daher sind die europäischen und US-amerikanischen Reiseberichte wichtiger und fortwirkender Teil der lateinamerikanischen Wirklichkeit zwischen dem 18. und dem frühen 20. Jahrhundert. Sie setzen Wahrheiten, mit denen sich die also Beschriebenen auseinandersetzen müssen. Mit Blick auf die Reisenden, die Geschäftsleute, Maler und Zeichner, Naturwissenschaftler, Söldner und auch die vielen Einwanderer aus Europa hat der brasilianische Historiker Sérgio Buarque de Holanda von einer »zweiten

Das Bild von Johann Moritz Rugendas, »Praya Rodriguez: près de Rio de Janeiro« (1835), zeigt Copacabana als unberührtes, palmenbestandenes Areal mit einem einzigen sichtbaren Haus

Entdeckung Brasiliens« gesprochen. Die Schriften und ihre Folgen für die Entstehung einer brasilianischen Literatur und Wissenschaft, aber auch für die Auseinandersetzung um nationale Identität und die richtige Gesellschaftspolitik könnte man auch als eine zweite, semantische Eroberung bezeichnen. Der europäische Spiegel steht weiterhin im brasilianischen Schlafzimmer, und er wird uns noch mehrmals begegnen.

Sandbank und Fels – Copacabana wird noch nicht entdeckt

Zurück in die Bucht von Guanabara: Es gibt eine große Gemeinsamkeit der Rio-Reisenden des 18. und 19. Jahrhunderts. Sie verschwenden bei ihrem Erstkontakt keinen eigenen Blick auf die Vielzahl der Strände, die die Fächer der Bucht zu bieten haben. Und auch im Zweitkontakt vermögen die Strände Rios wenig zu beeindrucken. Maria Graham, in Rio bald Zofe der späteren portugiesischen Königin Dona Maria, besuchte in der Umgebung von Rio nicht nur Kaffeeplantagen. Bei ihrem zweiten Rio-Aufenthalt zwei Jahre später stattete sie auch Copacabana einen Besuch ab:

»Ich schloß mich einem angenehmen Ausritt nach Copacabana an, einem kleinen Fort, das eine der kleinen Buchten hinter der Praia Vermelha verteidigt. Von dort hat man eine der schönsten Aussichten hier. Die Wälder der näheren Umgebung sind wunderschön und bringen eine exzellente Frucht in großen Mengen hervor, die Cambucá genannt wird; und zwischen den Hügeln finden sich Opossums und Gürteltiere in großer Zahl.«

Zehn Jahre später erlebte der Franzose Jean-Baptiste Debret Copacabana so:

»Mitten im Sand erblickt man die kleine Kirche, die sich auf einem kleinen Plateau erhebt. Rechts davon bildet eine Berggruppe eine zweite Ebene. Sie fällt zum Meer ab und verdeckt den Bogen dieser Sandbank. Dahinter taucht ihr äußerstes Ende auf mit seinen Feldern, geschätzt für ihre köstlichen Ananas-Früchte…«

Auf der Suche nach dem Pittoresken schweift der Blick auch über die »Sandbank« hinweg. Maria Graham erlebte den Strand von Gamboa sogar als »einen der angenehmsten Orte, die ich je betrachtet habe, mit einem wunderschönen Panorama, das alle Richtungen beherrscht«. Gamboa wurde im 20. Jahrhundert erst vom Hafen absorbiert, dann ganz eingedeicht und ist heute ein Stadtteil im Zentrum Rios.

Doch nicht einmal John Luccock, wiewohl als Brite aus dem Land der Seebadpioniere, war beim Anblick eines wahrhaftigen Badeparadieses der Gedanke an ein Eintauchen zu entlocken: Mit seinen Begleitern gelangte er zu einer »Bai, die unserer Beachtung wert schien. Sie wird auf der einen Seite vom festen Lande begrenzt, auf der anderen durch eine Restinga oder Sandbank, welche die See als Grenze sich gebildet hat. Diese Bank besteht aus weißem Sand, erhebt sich 20 Fuß über die Oberfläche der See und ist im Durchschnitt 400 Ruten breit und 20 englische Meilen lang. Größtenteils, besonders in der Mitte, ist sie ganz kahl, an andern Seiten ist sie mit verschiedenen Flechtenarten bedeckt, welche den Boden zusammenhalten, auf dem Gipfel wachsen ein wenig Unterholz und am nördlichen Ende etwas Mangle [Mangrovenbäume, D.B.]. Nach der See zu ist sie steil und die Brandung heftig; nach der Bai zu ist sie eben und sanft abhängig.«

Der Blick geht immer weg vom Strand. Der Sand hat keinen Wert, so weiß er auch ist. Weder Wellen noch ruhiges (und sicher angenehm warmes) Wasser wecken Lust auf ein Bad. Copacabana besticht durch das Panorama, interessiert aber vor allem unter militärischen Gesichtspunkten:

»Wer die Mühe nicht scheut und eine mannigfache Aussicht liebt, wird sich reichlich belohnt finden, wenn er den Telegraphen besteigt. [Dort] steht auf einem vorspringenden Felsen ein kleines Fort, welches sehr fest durch seine Lage ist, aber in jämmerlich zerfallenem Zustande sich befindet, und ohne eine einzige brauchbare Kanone, obgleich es eine Korporalwache hat. Diese Vernachlässigung ist indeß verzeihlich, indem es zu weit abliegt, um die

Küste zu bestreichen, wo überdies auch die heftige Brandung die sicherste Vertheidigung ist, an den beiden äußersten Punkten der Bai ausgenommen. Der südlichste wird durch die runde, fast verfallene Kapelle Copo Cabano [sic!] verschönert. Diesen Ort sollen Schleichhändler sehr oft benutzen, indem die Wege ins Innere schmal und schwer zu passiren sind.«

Berufsspezifisch ist der Blick, den der Franzose Francis de Laporte de Castelnau um 1850 über Copacabana schweifen lässt. Auch er kommt über den Telegraphenhügel, den heutigen Babilônia, und findet sich nach steilem Abstieg »inmitten einer weißen Sandzunge, und das registriert man mit Interesse in diesen großen Ebenen: man findet keinen höheren Baum, nur hier und da einige Büsche, die wie Oasen aus dem Sand wachsen und sich aus sehr unterschiedlichen Pflanzen zusammensetzen, offenbar vor allem den Familien der Myrtazeen, der Guttiferen und der Leguminosen zugehörig ...«

Es folgen lange Ausführungen über Beschaffen- und Besonderheiten von Früchten, Kakteen und anderen, diesen Familien zugehörigen Pflanzen, über welchen der Botaniker gänzlich vergisst, dass er sich an einem sanft geschwungenen weißen Sandstrand befindet, der ihn auch anders entzücken könnte.

Auch das Buch des Deutschen Carl Schlichthorst über *Rio de Janeiro, wie es ist* legt vor allem Zeugnis ab über Schlichthorst und wie es ihm geht: schlecht natürlich, ist er doch ein arbeitsloser Soldat, der in Brasilien auf Reichtum und eine steile Karriere in der Kaiserlichen Armee hoffte und sich nun stattdessen, vor Heimweh krank, als Fremdenlegionär niedrigeren Patents und als Dolmetscher durchschlagen muss. Das Selbstbewusstsein, mit dem er seine mehr visionären als beobachtenden Beschreibungen dem Leser präsentiert, verhält sich proportional zum Mangel an Portugiesischkenntnissen. Das verschafft uns Einsichten von unfreiwilliger Komik. So sei die außerordentliche Fruchtbarkeit der Brasilianerinnen, die angeblich nicht selten zwölf bis 16 Kinder gebären, dem Zusammentreffen dreier Umstände zu verdanken: Die Frauen sitzen mit untergeschlagenen Beinen, sie schnüren sich nicht die Brüste ab, wie in Europa üblich, und sie baden sehr häufig. Die örtliche Geographie erfährt bei Schlichthorst eine einzigartige Benennung, und so wird aus Copacabana »Punto da Cabana«. Aus seinen Träumen von einer baldigen Heimreise weckt ihn sanft ein »liebliches Negermädchen«, das eine in Brasilien ansonsten unbekannte »Marimba« spielt und dieses schwere Standinstrument aus Holz und Kalebassen überraschend zwischen den Fingern hält; ein Mädchen »in der Blüthe ihrer Jahre, von herrlichstem Gliederbau, Augen wie Sterne, einem Mund, frisch wie eine eben aufgebrochene Rosenknospe, und Zähnen, welche Perlen an Glanz und Weiße übertreffen«. Sie übergibt das Instrument einer zweiten Frau, »dem Gewichte nach auch eine wahre afrikanische Schönheit«, und beginnt einen »Faddo« zu tanzen, womit der Fado gemeint sein dürfte, der im 18. Jahrhundert immerhin in einer brasilianischen tanzbaren Variante bekannt war. Das Ganze schaut sich Schlichthorst nach eigener Auskunft »mit aller Behaglichkeit eines westindischen Pflanzers« an, gemütlich auf einer Bank vor der Kirche ausgestreckt und eine Zigarre rauchend. Das »schöne Mohrenkind« singt zum Tanze dem Deutschen zufolge dieses Lied: »Auf Erden giebt's kein Paradies! / Doch wär' am Cariocanerstrand / Mein heißgeliebtes Vaterland, / Ich träumt', ich wär' im Paradies!«

Es ist hier nicht die Absicht, sich über den Autor lustig zu machen, sondern zu belegen, wie die Reisenden des 19. Jahrhunderts auch reisten: auf dem Eisbrecher ihrer Vorstellungen, der noch jedes Gestade erreicht hat. Indem sich in und an Copacabana seine erotischen Phantasien entzünden, macht Carl Schlichthorst allerdings eine für den Ort zukunftsweisende Vorläufererfahrung.

Der König geht baden

Die späte Lust am Strand in Rio de Janeiro

Der Sand dieses Strandes ist weiß, wie die Schaumkronen der Wellen, die sich auf ihm brechen. Wer es liebt, vom tiefen, starken Grollen der Wellen unterhalten zu werden, die vom grünen Atlantik heraufrollen, wird kaum einen besseren Ort dafür finden. Und wer einmal die erhabene Herrschaft der Wellen genossen hat, die sich hier beeilen, ihm zu Füßen zu liegen, wird sich danach sehnen, diese Szene wieder und wieder zu erleben.

Reverend Kidder, der Methodist aus Darien, New York, hat unter den Reisenden seiner Zeit wohl den zärtlichsten und zukunftsträchtigsten Blick auf Copacabana. Man ahnt, welch pure, intime und trotzdem verdrängte Lust am Strand in diesen Worten mitschwingt. Doch die niedergeschriebene Geschichte des Meerbades in Brasilien beginnt nicht mit dem Seufzer des Ästheten angesichts der ihn umgebenden Erhabenheiten. Ihr Anfang ist weitaus nüchterner, man möchte fast sagen: klinisch. Zepter und Äskulapstab gingen eine prägende Verbindung ein, als den Herrscher des portugiesischen Weltreiches João VI. um 1817 – der Berichterstatter Calmon gibt kein genaues Datum an – im brasilianischen Exil eine Zecke biss.

Der Biss entzündete sich, den König warf ein hohes Fieber darnieder, der Hof fürchtete um sein Leben. Die Ärzte verordneten ein Salzwasserbad, was – wie wir noch sehen werden – keineswegs ein altbewährtes Heilverfahren war. König João VI. hatte das Meer vor der Tür, also ließ er eine große Holzkiste – vermutlich eher eine Art Holzkäfig – fertigen und sich darin am Strand von Cajú von einigen starken Seeleuten ins Wasser tragen, sodass er sich gesichert und etwa hüfthoch dem therapeutischen Fluidum aussetzen konnte.

Der König stieg also nicht freiwillig ins Wasser. Und in der Tat kam selbst in der positiv wahrgenommenen Landschaft Rios im 19. Jahrhundert der Badestrand praktisch nicht vor.

Der Strand, den wir mit »Copacabana« assoziieren, ist ganz jung. Die »Traumstrände« waren zwar schon immer da, nur träumte niemand von ihnen.

Kaum einer der großen Seefahrer aus Portugal wäre wohl auf die Idee gekommen, freiwillig im Meer zu baden. Cabral, Gonçalves und Co. konnten nicht verstehen, dass die brasilianischen Indios so oft und offenbar mit Vergnügen in die Flüsse sprangen und sich ausgiebig reinigten, aber auch gerne in der Brandung ihres Ozeans plantschten.

Die Angst des Europäers vor dem Meer

Über Jahrhunderte hinweg ging den Europäern ein Bad im Meer wider alle Vernunft, aber auch wider allen Mythos. Denn das Meer war offen, noch nicht von Menschen durch- und vermessen und geprägt von einem unberechenbaren Chaos, das in der Vorstellungswelt der Zeitgenossen unter seiner Oberfläche tobte. Die mythologische Meeresfauna kennt gewaltige Schlangen, Wale oder den Leviathan, den biblischen Drachen. Überhaupt prägt die Bibel das Bild vom Meer als Hort von Unordnung und Instrument göttlicher Strafe, so zum Beispiel durch die Sintflut.

»Sein Brausen, sein Brüllen, die tosenden Ausbrüche seines Zorns können immer aufs neue als Erinnerung an die Sündhaftigkeit der ersten Menschen verstanden werden, die in den Fluten untergehen mußten«, wie es der Kulturhistoriker Alain Corbin in *Meereslust. Das Abendland und die Entdeckung der Küste 1750–1840* (im französischen Original: *Le territoire du vide*) beschreibt.

Man darf nicht vergessen, dass die Mythologie höchst realen Verlusterfahrungen entsprach. Seefahrt war ein äußerst riskantes Unternehmen. Piraten, vor allem aber Stürme lauerten auf die Mutigen. Im Zeitalter der Entdeckungsreisen hatte sich die

Schiffstechnik verbessert, doch zugleich nahmen Entfernungen und Wagnis zu. Die Flotte unter dem Kommando Pedro Álvares Cabrals, die im April 1500 Brasilien »entdeckte« und dann nach Indien weitersegelte, startete in Lissabon am 9. März 1500 mit 13 Schiffen. Am 23. Juni 1501 hatten es sechs, möglicherweise gar nur vier Schiffe geschafft, nach Lissabon zurückzukehren.

Noch bis etwa 1840 standen die Meereskatastrophen im Zentrum der Naturgeschichte der Erde und dann der Geologie. Im Angesicht des Meeres bleibt die Naturbetrachtung nicht bei der Naturwissenschaft stehen; Meer ist im Wortsinn Metaphysik. Erst die Expeditionen der Frühen Neuzeit, die ein ganzes Weltbild umstoßen, weil ihr Entdeckergeist das grenzenlose Meer einhegt, und die Ordnungsleistungen der Kartographie (wie die Erfindung der Längengrade im 18. Jahrhundert) machen den Ozean für das aufgeklärte Individuum beherrschbar.

»Küste«, »Ufer« und »Strand« hingegen scheinen fest umrissene und abgrenzbare Fix- und Orientierungspunkte zu sein. Doch auch die Küste ist ein Raum mit unscharfen Rändern, an denen sich die Elemente in unterschiedlicher Weise durchdringen.

Die Definition des Strandes im *Duden* trägt dieser Unsicherheit Rechnung: »Das flache und sanft ansteigende Ufer des Meeres, seltener eines Flusses oder Sees, das beim höchsten Wasserstand gewöhnlich noch überflutet wird; im allgemeinen besteht es aus Sand und kann von unterschiedlicher Länge und Breite sein; wird häufig mit dem Wort ›Küste‹ gleichgesetzt, bezeichnet aber nicht so sehr das rein sachlich Festgestellte und Gegebene, sondern beschreibt das dem Sprecher in irgendeiner Weise freundlich oder belebt erscheinende Ufer.«

Der Strand ist also weniger ein Faktum oder eine topographische Gegebenheit, sondern eher das Ergebnis einer Haltung. Der Strand ist ein kulturelles Produkt mit einer eigenen veränderlichen Materialität, jenseits von Sand, Salzluft, Sonnenschein und Brandung – und in Europa galt die Küstenlinie, das Grenzgebiet des monströsen Meeres, eben lange als ein Panoptikum

Badekarren in Brighthelmstone um 1790 – Stich von Samuel Alken

der Katastrophen, an dem Wrackteile und Leichen einzusammeln waren. Und noch im 17. und 18. Jahrhundert glaubten Mediziner fest daran, dass das Meer Fäulnis errege.

Es wäre allerdings falsch zu sagen, dass die späte Sympathie für den Strand eine originäre Erfindung der Neuzeit wäre. Selbst wenn wir uns auf die europäische Kultur beschränken und bekennen, dass wir nicht wissen, ob die Tupinambá-Jugend, der Polynesier »als solcher« und die Hawaiianerinnen nicht seit jeher die Freuden des Strandes genossen haben: Schon die alten Römer hatten eine Art, sich zur Küste zu verhalten, die uns sehr bekannt vorkommt. Dieses Konzept nannte sich *otium* und meinte einen der römischen Oberschicht vorbehaltenen Zeitvertreib von Niveau, wie zum Beispiel Lektüre, philosophisches Gespräch, Spaziergänge und andere körperliche Ertüchtigungen. Diese Form der Selbstfindung brauchte besondere Orte. Gegen Ende der Republik kamen bei Cicero, Cäsar, Mark Anton und vielen anderen Villen in

44

der Umgebung des kampanischen Küstenortes Pozzuoli in Mode. Dort standen Lustfahrten über das Meer, Wassersport, Bankette im Freien und Musik an.

Mit dem Untergang des Römischen Reiches aber schwand die Lust am Strand in Europa, und das Interesse an der Küste als »Landschaft« wich der mittelalterlichen Angst und Abscheu vor Ufer und Meer.

Dass Einzelne immer Vergnügen darin gefunden haben, sich am Strand aufzuhalten, dürfen wir annehmen. Doch von einer Konvention des Strandbesuchs oder einer ästhetisch verarbeiteten Naturanschauung der Küste kann erst im 18. Jahrhundert die Rede sein. Dafür brauchte es, so Corbin, das Ineinander von drei Entwicklungen, um Abscheu in Bewunderung zu verwandeln. Eine neue theologische Naturauffassung rechnete Meer und Küste nun dem Gesamtwerk der göttlichen Schöpfung zu, und die *Grand Tourists* entdeckten in Italien auf der Suche nach der Antike die Schönheiten der Strände. Doch vor allem war eines ausschlaggebend: Ärzte schickten ihre Patienten ans Meer, als sie die Heilkraft seines Wassers wie seiner Luft für Lungenkranke und Nervenleidende erkannten.

Die Europäer bedurften also der strengen Aufforderung jener Autorität, der sich auch João VI. unterwarf: der Medizin. Mitte des 18. Jahrhunderts folgten Lords und Earls dem Anraten britischer Hofärzte und ließen vorsichtig die See an ihre Haut heran. Der Landarzt Richard Russell hatte im Fischerdorf Brighthelmstone die spätere Thalassotherapie entwickelt, die Drüsenkranken Meerwasser verordnet. Der Gedanke war wirklich revolutionär: Das todbringende Meer konzentrierte nun in sich die Lebenskraft, die Meerluft kräftigte den Körper. Brighthelmstone wurde zu Brighton, dem bis heute wohl berühmtesten Seebad.

In vielen Seebädern entstanden auch Krankenhäuser, die die Badetherapie medizinisch flankierten, der Reichtum an Salzen, dazu Plankton, Algen und anderes aquatisches Kleingetier machten Meerwasser zum Multivitamin-Powerdrink des 18. Jahrhunderts.

Für die Entwicklung in Deutschland machte Georg Christoph Lichtenberg mit dem Besuch der englischen Seebäder eine »gute Entdeckung«, die er 1793 im Göttinger Taschen-Calender kundtat. Lichtenberg spielte die bereits etablierten Kur- gegen die neuen Seebäder aus, indem er erstere lobte, jedoch auf die noch heilsamere Wirkung des Meerblicks hinwies. Der Umweg über das Spa erleichterte mit Rücksicht auf kulturelle Gewohnheiten den Weg zum Strand erheblich. Nach einem positiv verlaufenen Probebad des Herzogs von Mecklenburg-Schwerin in der Ostsee entstand 1794 in Heiligendamm das erste deutsche Seebad.

Doch von Sinnlichkeit war der Strandaufenthalt auch nach Entdeckung der Seebäder noch weit entfernt. In Europa kamen zunächst die sogenannten *bathing machines* zum Einsatz, die teils noch Anfang des 20. Jahrhunderts in Gebrauch waren. Das waren mobile Bretterverschläge mit angeschlossenem Zelt, die vier bis sechs Personen aufnahmen. Ein Fuhrmann leitete das einspännige Gefährt ins Wasser, und die Badegäste, die sich unterwegs entkleidet hatten, stiegen, vor den Blicken der Umwelt geschützt, über eine am Gefährt befestigte Treppe hinab in die heilenden Fluten. Das Wasser *musste* übrigens kalt sein. John Floyer, Autor des Standardwerks *History of Cold Bathing*, empfahl 1702 eine Badetemperatur von unter zehn Grad Celsius!

Der Strand selbst hatte als Kulisse der Seebäder lediglich funktionalen Charakter, da er den Übergang ins flache Therapeutikum ermöglichte. Die Lust am Strand stellte sich mit den Seebädern keineswegs sofort und zwingend ein, begegnete man dort einer aufkeimenden »Vergnügungssucht« doch mit rigiden Baderegeln und beschränkte so den Strandbesuch auf das medizinisch notwendige Minimum. Da die Mediziner auch für die Seebäder von Anbeginn das Nacktbaden forderten, wird man leicht einsehen, dass jede Kulturgeschichte des Strandes zugleich auch seine Sittengeschichte ist. Seitdem die Lust am Meer erwacht war, hatten Behörden mit der Regelung der Geschlechter- und Textilienfrage zu tun. Historikern zufolge war Nacktbaden an englischen Küsten im 18. Jahrhundert die Norm, bei Männern noch weit ins 19. Jahrhundert verbreitet. In deutschen Seebädern war der ärztliche Rat nur mit Hilfe der Badekarren, also individuell und bei vollem Sichtschutz, umzusetzen. Am Strand trennten sich die Geschlechter und verhüllten sich in Ganzkörperwolle, die die Zeitläufte dann von Knöcheln und Handgelenken aufwärts Zentimeter für Zentimeter auflöste – bis zum Tanga und dem *fio dental* (»Zahnseide«), jenem textilen Nichts aus drei kleinen Nylondreiecken und etwas dünner Schnur, das die Brasilianerinnen in den 1970er Jahren zu tragen begannen. Wir kommen darauf zurück.

Lange waren die Bäder der (englischen) Aristokratie vorbehalten und damit tatsächlich so »exklusiv«, wie es in Zeiten des Massentourismus in der unnachahmlichen Paradoxie der Werbesprache heißt. Doch dann folgten die *nouveaux riches* nach, und damit war, in den Augen der Aristokraten, Snobismus und Vulgarität die Tür geöffnet. Um 1850 befand sich die britische Oberklasse in freiem Rückzug aus den heimischen Bädern und überließ die englische Küste der Mittelklasse und, später, von der Eisenbahn herbeigekarrt, den tuberkulösen Industriearbeitern aus den ungelüfteten Proletarierquartieren Manchesters oder Londons. So gewann die Meeresluft gesamtgesellschaftlich sanatorischen Wert. Den hatte sie auch für João VI.

»Das Bad tat ihm gut«, vermerkt der Berichterstatter knapp, und noch knapper: »Das Salzwasserbad machte Mode.« Der erleichterte Monarch ließ am Ort ein Badehaus errichten, das noch heute steht und das Museum der Stadtreinigung beherbergt.

Das Baden beginnt

Dass das königliche Bad schnell Nachahmer fand, ist leicht vorstellbar. Denn dank Telegraph und den immer dichter aufeinanderfolgenden Reisenden aus Europa kam die Kunde von der so erfolgreichen Thalassotherapie über den Atlantik. Und es war leicht zu erkennen, dass in Rio ideale Bedingungen für das Meerbad bestanden.

Hinzu kommt eine grundsätzlich andere Einstellung zum Bad. Kulturhistorisch neutralisierten sich in einem Durchschnittsbrasilianer gewissermaßen die indianische Badeleidenschaft auf der einen, das Erbe der wasserscheuen europäischen Vorfahren sowie das aus dem Mittelalter herübergerettete katholische Misstrauen gegenüber (gemeinsamen) Vollbädern auf der anderen Seite. Ganz praktisch wird unter der Tropenhitze die Abkühlung und Reinigung zum dringlichen Bedürfnis. Der junge deutsche Fremdenlegionär Schlichthorst will bereits in den 1820ern wissen, dass »jedes Frauenzimmer in der Regel vor dem Schlafengehen ein warmes Bad nimmt und in den Sommermonaten häufig vor Sonnenaufgang in der See badet«. Er findet selbst großen Gefallen am Seebad, denn er leidet an der ortsüblichen Hitze und Fauna. Ein Ausflug hat ihn zur Festung an der Praia Vermelha am Urca-Hügel geführt, von dem heute die Seilbahn zum Zuckerhut abfährt. Der Ort lag zu Schlichthorsts Zeiten zwei Wegstunden außerhalb der Stadt. Von der Festung schlängelt sich ein steiler Pfad den Telegraphen-Hügel hinauf. Schlichthorst befindet sich an der Nordspitze Copacabanas, auf dem Leme-Hügel.

Im Süden überblickt der Betrachter die Bucht von Copacabana und kann das Auge auf das weite Meer hinausschweifen lassen, wenn es nicht am Leuchtturm der kleinen, der Bucht vorgelagerten Insel hängen bleibt. Schlichthorst zieht es nach unten, denn »das Meer lockt mit süßen Schmeicheltönen zu sich herab … Blühende Myrthenwälder bekränzen das schneeweiße Gestade. Schnell sind die Kleider abgeworfen, der balsamische Hauch der See weht der brennenden Haut eine wohlthätige Kühlung entgegen.«

Sofern Schlichthorst hier um 1825 berichtet und nicht fabuliert hat, war er sicher einer der ersten Europäer, die in Copacabana – genauer: in Leme – den Sprung ins Meer wagten. Für Schlichthorst allerdings weniger Wagnis als Wohltat und Anlass für eine Theorie über die Textillosigkeit der Indios:

»Diese belebende Frische, womit das Wasser den Körper durchdringt, dieser sanfte Gegenreiz, der die verbrannte Haut erneuert

Strandgäste in Copacabana (1918)

und gegen den Stich von Millionen Insecten undurchdringlich macht – man muß beides erfahren haben: die Genüsse und die Beschwerden der tropischen Natur, um begreifen zu können, wie wohlthätig ein Bad unter diesem Himmelsstriche wirkt. Wie wäre es sonst auch möglich gewesen, daß dieser Theil der Erde von Menschen bewohnt wurde, die nackend gingen, wie die Natur sie schuf, hier, wo Alles zur Plage der Menschen lebt ... Aber das Meer, die Flüsse, jeder Bach schützen gegen diese rastlosen Verfolgungen und so sehen wir die Urvölker, welche unter den Wendezirkeln wohnen, mehr im Wasser lebend als auf der Erde, und Kleider gänzlich verschmähend, weil sie wohl wissen, daß diese keine Sicherheit gewähren.«

Medizinische Erfordernis und freiwillig-lustvolles Erleben begegnen sich in der Folgezeit jeden Morgen am Strand, und der Zwang hebt sich im Vergnügen auf. 1838 werben Schulen für höhere Töchter in Glória und Botafogo mit der »frischen und reinen Luft« und dem therapeutischen Meeresbad für die Mädchen. »Herrliche Bademöglichkeiten bot Botafogo«, erinnert sich der britische Diplomat William Gore Ouseley an seinen Rio-Aufenthalt in den 1830er Jahren:

»Auch bei schlechtestem Wetter keine zu hohen Wellen, der Strand sanft abfallend, das Wasser seicht. Bestens geeignet vor allem für die Damen. Daher reihte sich im Sommer Badezelt an Badezelt, für die Familien, die sich in diesen sicheren und vor allem fischreichen und für die Kleinschiffahrt geeigneten Wassern tummelten, da sie vor Strömungen geschützt waren.«

König João und seine Familie haben später, ohne Käfig, in den ruhigeren Wassern von Botafogo gebadet. Sein Sohn Pedro zog Flamengo vor und nahm die Gastfreundschaft des englischen Botschafters in Anspruch, um sich in dessen Villa umzuziehen. Kidder und sein Mitreisender James Cooley Fletcher beschreiben zwei Jahrzehnte später den südlich benachbarten Strand von Flamengo als »beliebteste Badeanstalt« Rios. Sie legen ihren Fokus auf die Organisation des Bades, die im europäischen Seebad im Vordergrund steht. Den Badestrand als Sehnsuchtsort hätten sie fast übersehen, wenn nicht Kinder und Sklaven sie mit Geschrei darauf gestoßen hätten. Das nach ärztlicher Vorschrift durchgeplante Bad kennt weiterhin Regeln, aber kaum noch Scheu. »Bevor die Sonne über die Bergrücken lugt, strömen Männer, Frauen und Kinder zum Strand, um ein Bad im klaren Salzwasser zu genießen.« Sklaven schlagen Zelte in den Sand, in denen die Damen ihre Badekleidung aus schwarzem Tuch anlegen. »Die Damen sind gut bekleidet«, urteilen die Pfarrer, »jedoch ohne die Koketterie, die wir aus französischen Bädern kennen, wo die Damen sich der passenden Garderobe ebenso hingebungsvoll widmen wie der für den Ballsaal. Für die Herren gelten polizeiliche Bekleidungsvorschriften, doch einige hindert dies nicht, sich im Badeanzug in die Wellen zu werfen.« Kinder rennen durch die Brandung und kreischen vor Vergnügen, wenn eine Welle sie auf den Sand wirft. Zuweilen ruft ein Spaßvogel

»Da! Ein Hai!« und lacht über die Frauen, die auf den Strand zurückhasten.

»Um sieben Uhr steht die Sonne schon hoch am Himmel, und das ganze weiße Getümmel ist fort. Doch hier und da sieht man einen lockigen Kopf zwischen den Wellen auftauchen, dessen wollige Bedeckung der Angst vor einem Sonnenstich trotzt. Die Negerinnen, die ihre Herrinnen begleiten, baden zur selben Zeit wie diese. In mondhellen Nächten ist die See schwarzgefleckt: Das sind die Köpfe der Sklaven aus der Nachbarschaft. Sie plantschen und kreischen und vergnügen sich nach Herzenslust. Sie alle können bemerkenswert gut schwimmen, und es erfreut, ihre juchzenden Stimmen zu vernehmen, so fröhlich, als kennten sie weder Sorge noch Leid.«

Kidders und Fletchers Beschreibung ist die vielleicht erste, die in Richtung der heutigen offiziellen brasilianischen Selbstwahrnehmung geht: der Strand als Ort der offenbar verwirklichten sozialen wie rassischen Demokratie. Der Strand ist sogar den Sklaven zugänglich, wenn auch vor allem nachts und vielleicht nicht völlig legal. Doch die schwarzen Dienerinnen dürfen offenbar morgens kurz ins Wasser, zeitgleich mit ihren Herrinnen. Die räumliche Segregation des Strandes ist strikt: Es gibt Abschnitte für die Dienerschaft, so wie es einen für die Lasttiere gibt. Unklar bleibt, ob der Gesellschaftsabschnitt nach Geschlechtern getrennt war, doch ist dies wahrscheinlich. »Gut gekleidet« waren die Damen, wenn das Badekostüm aus dunkelblauem Serge oder Wollflanell mit weißem Band (oder, gewagter, einem roten Saum) die Beine mindestens bis über das Knie, die Schultern und den Hals bedeckte und sie so vor Sonne, Wind und Skandalen schützte. Schuhe aus Segeltuch waren im Wasser üblich wie Hauben oder Hüte.

Und noch eines können wir schließen: Für einige, ja für viele war das Bad im Meer vermutlich schon lange ein Vergnügen. Zwar begegneten auch im brasilianischen Volk viele dem Meer mit Zurückhaltung oder Abscheu. Volkskundler wie Luís da Câmara Cascudo haben zusammengetragen, dass Fischer im Meer eine Persönlichkeit sahen, und zwar eine wankelmütige, außerdem sei das Meer »nicht getauft und daher heidnisch«. Andere wiederum betrachteten das Meer als Heiligtum, das nicht durch badende Frauen verunreinigt werden dürfe. Vor solchem Strand fange man keine Fische mehr. Im Umgangsbrasilianisch ist der Strand negativ konnotiert; »am Strand gestorben« ist ein wenig aussichtsreiches Geschäftsvorhaben, und wer sich verziehen soll, geht »am Strand singen«.

Dennoch dürfen wir vermuten, dass Sklaven und Arme zwar allen möglichen Zwängen unterworfen waren, aber nicht jenen gesellschaftlichen, die das Meeresbad lange zur reglementierten Veranstaltung unter ärztlichem Blick verengten. Einige können schwimmen, weil sie es schon als Kinder gelernt haben, und sie erfreuen sich an der Besonderheit des Meeres, der Bewegung der Wellen und den Kräften der Brandung. Für sie war der Strand schon geboren, als sein Embryo im Abendland noch im Schlick der mythischen Angst schlummerte. Für Küstenbewohner warmer Breiten dürften Meer und Strand immer schon alles gleichzeitig gewesen sein: Arbeitsplatz, an dem tödliche Unfälle nicht selten waren, und Quelle der Freude. Immerhin sind Strände, auch die schönen, in Brasilien immer (mehr oder weniger) öffentlich zugänglich gewesen. Vielleicht waren sie nicht im Wasser, aber ein paar Stunden am Strand konnten für die Armen schon des 18. und 19. Jahrhunderts zu den wenigen erreichbaren, da kostenlosen Vergnügungen gehören – wenn sie denn den Strand als Ort des Vergnügens erkannten.

Dass sich für bürgerliche Brasilianer der Kontakt mit den Wellen zur Lust ausbildete, erschwerten – aber verhinderten keineswegs – der Überfluss und Mangel zweier anderer Natureinflüsse: Sonne und Süßwasser. Die Frauen pflegten die Blässe, sich zu schminken widersprach dem damaligen Ehrbegriff einer Dame. Da die Sonne der Blässe entgegenwirkte, begegneten sie den Wellen im Ganzkörperschutz. Und ein Meeresbad verlangt eigentlich nach einer Dusche, da sonst das angetrocknete Salz auf der Haut, zumal mit frischem Schweiß vermischt, zu Juck- und anderen Hautreizungen führt. In der Stadt Rio de Janeiro fehlte es aber im Verlauf seiner Geschichte fast immer an Süßwasser. Seine Flüsse waren schnell verseucht und verödet, der Transport von Wasser aus den Bergen mühsam und prekär. Noch bis ins 20. Jahrhundert gehörten zum Straßenbild fahrbare Wassertanks, die ihr Gut nach Litern verkauften.

Rio kennt also um die Jahrhundertmitte bereits mehrere eingerichtete Badeorte. Eine Amtsmitteilung von 1850 empfahl der Bevölkerung dringend wiederholte Meeresbäder zum Schutz vor Epidemien. Einige Jahre lang ankerte im Hafenbecken nahe des von Ausländern bevorzugten Hotel Pharoux eine schwimmende Badeanstalt; in zwei Reihen standen darauf je 16 Individualkabinen, getrennt nach Damen und Herren. »Alle Kabinen haben eine eigene Tür, die rechteckigen Badewannen sind zwei Meter auf 1,20 Meter groß und sehr sauber«, schrieb der Diplomat José Maria da Silva Paranhos 1851 an einen Freund im Ausland.

»Jede Kabine bietet alles, was man zum An- und Entkleiden sowie zum Verschnaufen braucht: Strohstuhl, Fußmatte und Bügel. Das Wasser läuft beständig durch die Gitter an den Längsseiten; Licht und Luft kommen ausreichend hinein durch das Fenster, das auf das Meer hinaus geht. Jede Kabinenreihe verfügt über eine Toilette, die der Damen zusätzlich über ein Kosmetikkabinett.«

Man konnte natürlich auch einfach Badekleidung anlegen und von der Plattform ins Meer springen, auf der sich »Bankreihen befinden, die 300 Personen bequem Platz bieten, auf daß sie die gute Luft atmen, den Blick auf den Hafen genießen und die angenehmen Klänge eines Klaviers vernehmen können«. Solche Einrichtungen wie die Individualkabinen dienten allerdings weniger dazu, die Bequemlichkeit, als vielmehr die guten Sitten zu befördern. »Das Badeschiff steht Personen aller sozialen Schichten offen, solange sie die Regeln von Moral und Anstand beachten«, informierte das Hotel Pharoux seine Gäste.

Und deshalb ist es »Herren verboten, eine Kabine mit einer Dame zu betreten, solange ihre eheliche Verbindung nicht nachgewiesen ist. Das Betreten der Kabine einer Dame ist den Herren generell verboten, ebenso ein längerer Aufenthalt ohne besonderen Grund im Bereich der Kabinen für Damen.«

Damen ohne Herrenbegleitung durften eine Dienerin mitführen, dieser war das Baden aber nicht gestattet. Kidder und Fletcher zufolge bedurfte es allerdings wahren Muts, diese Badeanstalt zu nutzen, zumindest vor der Verbesserung des Abwassersystems der Stadt. Nach und nach entstanden entlang der Strände vom Stadtzentrum bis Botafogo Hotels, die auf Badegäste setzten; Antonio Francioni war 1828 wohl der Erste, der für sein neues Hotel mit dem belebenden Effekt des Meerwassers warb, und wo konnte sein Etablissement anders gelegen sein als am Strand von Cajú, den der königliche Kranke für solche Unternehmungen geadelt hatte. Einige Jahrzehnte später hat das Meerbad eine andere Referenz. »Ihr Meeresbad in Luxus und nach heutigem Kenntnisstand ist der Hauptzweck dieses wichtigen Hotels; unser System entspricht dabei dem der Seehotels in den USA, England, Frankreich und der Schweiz«, wirbt das Große Seehotel von Botafogo 1883. Die Parameter der großen Seebäder Europas – medizinische Wissenschaft und Regelhaftigkeit einerseits, soziale Exklusivität, Luxus und Komfort andererseits – sind bindend geworden für das organisierte Salzwasserbad in den Tropen. In dieser Zeit wirbt auch schon ein kleines Hotel in Copacabana mit medizinischen Meeresbädern.

Viele kleinere Strände des 19. Jahrhunderts liegen heute unter Hafenbeton, Geschäftsvierteln oder dem Asphalt der Avenida Beira-Mar, wie der Strand von São Cristóvão oder der Strand von Santa Luzia. Die gleichnamige Kirche stand damals direkt am Strand, vom Portal führte eine Treppe bis ans Wasser, und ausweislich eines Photos sprangen junge Kühne noch 1917 von hohen Holzgerüsten hinein. Santa Luzia war ein Strand für die einfachen Leute und nicht zuletzt deswegen so populär, weil dort, gegen ein paar Groschen, Holzkabinen zur Verfügung standen: anderthalb auf zwei Meter, eine Bank, ein Spiegelchen, aneinandergebaut in

Vor dem großen Ansturm: Copacabana und der Zuckerhut (um 1910),
in der Bildmitte der erst in den 1950ern gänzlich abgetragene Inhangá-Felsen

langen Reihen. Santa Luzia und Boqueirão – der etwas weiter westlich verlief, wo sich heute der Passeio Público befindet – hatten eingangs des 20. Jahrhunderts zusammen sieben solcher Badehäuser. Sie gehörten Franzosen und Italienern. Madame Dordeau, die 1870 mit 50 Kabinen in Santa Luzia anfing, hatte 1904 mit 400 Kabinen die größte *casa de banho.* »Die schmalen Korridore so dunkel, daß es Gaslaternen brauchte; überall hing nasse Badekleidung, und es roch beständig und gesund nach Algen, nach Meer«, so der Chronist und Flaneur Paulo Barreto alias João do Rio 1911.

»Es gab einen Moment, da nahm ganz Rio ein Bad im Meer«, beschreibt Barreto die Entwicklung zum Ende des Kaiserreichs. Und zwar vor allem am Boqueirão, einem Strand, der geographisch wie sozial mitten im Leben liegt. Einige Jahrzehnte lang führte dieser Strand die Cariocas zusammen, zu einer gemeinsamen, wenn auch subtil differenzierten und segmentierten Veranstaltung:

»Am Boqueirão, in jenem Winkel der Bucht, machten sich nun die gesellschaftlichen Schichten sichtbar. Die Ärmsten badeten noch im Dunkel, vor vier Uhr, gratis, denn sie zogen sich direkt im Sand um. Ab fünf wurde es voll: bleiche Damen im Mantel, den Korb mit der Kleidung in der Hand, ganze Familien vom Stöpsel bis zur kleinen schwarzen Amme, Herren, die noch nicht im Bette waren, Damen zweifelhafter Lebensführung, die Rheumatiker, die Ausgezehrten. Mit Sonnenaufgang trafen im Gefolge der Invasion der Handelsangestellten die Wohlhabenderen ein: Beamte, Familien mit großem Namen, Titelsträger. Einige kamen aus Botafogo mit dem Wagen ... Von acht bis neun Uhr die Apotheose, im Meer wie in den Kabinen und im Café. In den Umkleidebereichen herrschte ein geschäftiges Kommen und Gehen, noch Nasse liefen an schon Bekleideten vorbei, Grüße und Gelächter flogen hin und her, Hände wurden geschüttelt, die Herzlichkeit menschlicher Gruppenbildung, die durchaus zu dauerhafter Bindung, zu Liebe und zu emotionaler Verwirrung führen kann. Im Meer konnte man die Gruppen der verschiedenen Umkleidehäuser erkennen; die Gruppen begegneten sich nicht, außer am Sonntag.«

Dieses getrennte Miteinander mitten in der Stadt war ausgangs des Jahrhunderts schon wieder Geschichte. Die Damen der Gesellschaft und die Titelträger mieden den Boqueirão; sie waren an die standesgemäßeren Strände von Flamengo und Copacabana weitergezogen. Übrig blieben die Armen, die etwas zu Lauten und die jungen Ruderer mit ihren starken Muskeln, die sie den Mädchen vorführten, auch den leichten.

So näherte sich die Elite im Verlauf des 19. Jahrhunderts langsam dem Strand an, während das Volk schon längst vergnügt plantschte. Noch vor der großen urbanen Aufräumaktion eines Francisco Pereira Passos, dessen Reformen die Stadt buchstäblich umkrempelten, entwickelte sich der Strand Rio de Janeiros zu einem Praxisraum städtischer Hygiene, die medizinisch wie sozialpsychologisch aufgefasst wurde und daher das »Genau-Fünf-Minuten-Bad« vor Tagesanbruch auf nüchternen Magen, wie es der Arzt verschrieb, ebenso meinte wie das Sichtreibenlassen auf morgensonnenglitzernder Welle. Bürgermeister Pereira

Passos erließ 1906 die erste städtische Verordnung für die Bäder der Stadt. Danach musste jedes einen großen und gut belüfteten Raum vorweisen können, für die Ertrunkenen oder fast Ertrunkenen. Ebenso mussten sie über eine gut ausgestattete Apotheke verfügen, einschließlich Mundöffner und Mundsperren, Pinzetten, Spritzen, Verbänden und Klinikhandschuhen. Die Baderegeln des Doktor Debay von 1907 empfahlen dringend, nicht mehr als ein Bad täglich zu nehmen, nach einer Mahlzeit drei bis vier Stunden zu warten, beim Bad ganz einzutauchen, sich dabei zu bewegen und beim ersten Frieren das Wasser zu verlassen. Einen Skandal verursachte die französische Starschauspielerin Sarah Bernhardt 1886 nicht nur, weil sie sich bei ihrem ersten Rio-Aufenthalt zum Meerbad an den entlegenen, wilden und nur beschwerlich zu erreichenden Strand von Copacabana begab. Wie der Tourismushistoriker Marcelo Machado berichtet, verweilte sie außerdem noch Stunden im Badeanzug und schaute einfach hinaus bis zum Horizont. Und sie ging nach sieben Uhr morgens ins Wasser – schlichtweg undenkbar in jener Zeit.

Am Ende dieses Jahrhunderts finden wir zahlreiche für das Meerbad eingerichtete Strände vor, ein Netz von Badeanstalten, einen Sittenkodex mit vielen Artikeln und noch mehr Verstößen, eine Bademode, die noch keine ist, und Projekte für eine großartige Erweiterung des Raums wie des Konzepts von Strand in Rio de Janeiro. Der Durchstoß des Alten Tunnels 1892, von dem gleich die Rede sein wird, brach dem Mythos eine Bahn. Es begann, eher bescheiden, mit Picknicks an der Copacabana.

Die Geburt des Mythos aus dem Fels
Entstehung und Frühphase des modernen Copacabana

Im späten 18. und frühen 19. Jahrhundert war Copacabana ein ruhiges Plätzchen. Dünen und Palmen blieben weitgehend unter sich. Ein wenig Zuckerrohr und Ananas wurden angebaut, da man letztere einige Kilometer weiter in der Stadt sehr schätzte. Einer intensiveren Nutzung Copacabanas stand die Felsenkette im Wege. Es ging, wieder einmal, nur über das Wasser. Ein Schiff musste dazu aus der Bucht hinaus, den Zuckerhut umrunden und wegen gefährlicher Strömungen und Riffe ein ganzes Stück hinaussegeln, um dann auf den Strand zuzusteuern. Das war zu aufwendig, um einen Linienverkehr zu begründen.

Neben der Kirche hatte unter den gesellschaftlichen Institutionen eigentlich nur das Militär Interesse an dem Fleckchen Erde und baute nacheinander drei Festungen, zwei am nördlichen Ende des Terrains und eines auf der anderen Seite, nahe dem Kirchlein. Ansonsten wechselten die Besitzverhältnisse, aber kaum der Anblick. Hinter ihrer Granithecke verbrachte die Copacabana fast so etwas wie einen Dornröschenschlaf.

Wer wohnte unterdessen in Copacabana? Fischer, zweifelsfrei; die Stadt brauchte Fisch, das bot ein Auskommen, das paradoxerweise für die ursprünglichen Produzenten trotz der geringen Produktionskosten – der Fisch als solcher ist kostenlos – weltweit immer nur kärglich ausfällt. Bis heute hat sich ja an der Südspitze, nahe dem Ort, wo das Kirchlein stand, eine Fischerkolonie erhalten. Der englische Pfarrer Kidder sah in den 1840er Jahren »ein paar verstreute Fischerhütten und ein paar alte Wohnstätten, die den Landeigentümern gehören«, ansonsten waren da nur weißer Sand und Wellen. Der Deutsche Carl Schlichthorst fand um dieselbe Zeit in Leme »unabsehbare« Ananasfelder und baumlose Flächen, verstreut bestanden von einigen Landhäusern und den Hütten der Schwarzen, die vermutlich auf den Feldern arbeiteten, die sich »leicht und gefällig bewegen« und dazu »singen, pfeifen oder mit sich selbst sprechen«.

Von Zuckerproduktion ist früh die Rede; auf dem Land zwischen Meer, Fels und Lagune wuchsen die mannshohen mauerharten Stängel prächtig. Sie zu ernten und zu verarbeiten war Schwerarbeit, also Sklavenarbeit. Sklaven wohnten auch in Copacabana in Hütten aus Zweigen und Lehm, gedeckt mit Stroh oder Palmenblättern. Tagtäglich von Sonnenaufgang bis Sonnenuntergang säten, hegten, gossen sie, dann hauten, hoben, schleppten sie und führten den Mühlen das Rohr zu. Mensch oder Ochse oder beide drehten die großen Mühlsteine, die quietschten und quetschten, bis das hartfaserige Gewächs den letzten Tropfen süßen, grün-bräunlichen Safts herausgab. Der Saft kochte zu Melasse ein, die – in Blöcke gegossen – die harte *rapadura* ergab, oder – weiter gereinigt und verfeinert – je nach Intensität braunen, grauen oder annähernd weißen Zucker.

Städtebaulich bleibt Rio im 19. Jahrhundert dem kolonialen Konzept der Akropolis mit Hafen treu. Militär und Kirche besetzen die Erhebungen, die Ausdehnung geht dreidimensional voran: nach Norden und Nordwesten, also landeinwärts; nach unten, indem Hügel eingeebnet werden, um ihre Fläche besiedelbar zu machen; und nach vorne, denn zu den Konstanten der Stadtentwicklung gehört es, Sümpfe trockenzulegen, Lagunen zuzuschütten und vor allem dem Meer Land abzutrotzen – *aterro* im Portugiesischen. Nur im Süden ging es nicht voran. Die Felsenkette im Bündnis mit dem Mangel an Willen und Bedarf verhinderten, dass die südlicheren Bezirke erschlossen wurden.

Die ersten Siedler kamen deswegen nicht die Küste entlang, wie es der heutigen Verkehrsführung durch den Tunnel entspräche, sondern entweder über Botafogo und Jardim Botânico entlang des Ostufers der Lagune oder, sie westlich umrundend, über das heutige Leblon und Ipanema. Denn die Lagoa Rodrigo de Freitas, heute eine der nicht völlig zugeschütteten Lagunen Rios, war vom Stadtgebiet ohne Hügelhindernis zu erreichen. Zu überqueren waren nur kleine Bäche und der Kanal, der die Lagune mit dem offenen Meer verbindet. Das klingt verwirrend, so verwirrend, wie es das Straßengewirr in Rio häufig ist. Das Berg-Meer-Ensemble verlangt eine dreidimensionale Verkehrsführung: Da die Wege in der Länge und Breite immer wieder abrupt enden, müssen sie in der Höhe – oder Tiefe – überwunden werden.

Erst 1855 ergriff einer der Landeigner die Initiative und beantragte bei der Stadtverwaltung den Bau einer Zufahrtsstraße. Der Stadtrat genehmigte das Projekt und übernahm die Kosten für vier Bauarbeiter sowie acht Sklaven als Personal. Material und Werkzeug hatte der Antragsteller José Martins Barroso selbst zu stellen. So erhielt Rio eine Art innerstädtischen Pass, der von Botafogo hinauf- und zwischen den Felsen São João und Saudade hinunterführte nach Copacabana. Man darf sich, trotz etlicher Höhenmeter, die es zu überwinden galt, nichts Gepflastertes vorstellen. Noch 1929 krochen die Karren bei Regen durch den Schlamm, wenn sie überhaupt durchkamen. Ein zweiter Zugang, ebenfalls von Botafogo aus (der heutigen Rua da Passagem), verlief bergauf-bergab über den Leme-Pass, entlang des alten Forts. »1885 konnte ich Copacabana nur zu Pferd erreichen, um ein Klavier zu stimmen«, erinnert sich der Klavierbauer Carlos Wehrs. »Es ging den Hügel der Real Grandeza von Botafogo hinauf und hinunter. Damals gab es dort außer den Fischerhütten nur zwei gute Wohnhäuser: das der Niemeyers und das von Simon Duvivier.« Und schließlich konnte man Copacabana mit einem Kanu über die Lagoa erreichen und dann zu Fuß weiter über Ipanema und den Arpoador, der Copacabana von Ipanema trennt.

Ein Tunnel als Geburtshelfer

So, so oder so war es von der Stadt ein eher mühevoller Tagesausflug, den viele scheuten. 1858 sorgte die – falsche – Nachricht, zwei Wale seien in Copacabana gestrandet, drei Tage lang für einigen Auftrieb am Strand. Auf Sänften, Ochsenkarren und Kutschen kamen die Menschen herbei, um die vermeintliche Sensation zu betrachten. Aus dieser Zeit datieren die ersten öffentlichen Immobilienangebote für Copacabana. »Schöne Grundstücke nahe der Kapelle von Copacabana in Strandnähe zu verkaufen, Gartenanlage möglich«, wird im *Correio Mercantil* im Oktober 1858 geworben, oder auch: »Kleine Häuser auf Zeit zu vermieten, für Erholung, Meeres- und Luftbäder, wie man sie nahe des Hofes nicht erleben kann.« 1873 hielt der Fortschritt in Copacabana Einzug: Die britische »Telegraph Construction and Maintenance Company«, Lizenznehmer der brasilianischen Krone, ließ an diesem Strand ihr unterseeisches Telegraphenkabel wieder an Land kommen. Kaiser Pedro II. persönlich half am Weihnachtstag, die letzten Meter Kabel auf den Strand zu ziehen, die Rio erst mit entfernteren Teilen Brasiliens und im Folgejahr via Dover und Calais mit Europa verbinden sollten.

Über einen Wirrwarr von Lizenzen stolperte der Fortschritt freilich, als es darum ging, Copacabana an das Straßenbahnnetz anzuschließen. Eine der ersten Straßenbahnlinien Rios nahm 1868 als »Botanical Garden Rail Road Company« ihren Betrieb auf, doch den namensgebenden Botanischen Garten zu erreichen, blieb vorläufig ein fernes Ziel. Einmal mehr war in Botafogo Schluss, also vor der Copacabana-Felsschranke. Schon 1872 plante zwar der Herzog von Lages den Bau einer Linie nach Copacabana. 1874 erteilte die kaiserliche Verwaltung ihm die Genehmigung, für den Bau der Straßenbahnstrecke ebenso wie für ein Krankenhaus, zwei Schulen, ein Bade-Etablissement am Strand und sogar einen Zoo. Doch die »Botanical Garden« legte Klage ein: Die Pläne beeinträchtigten nach Auffassung der Gesellschaft die ihr verliehenen Rechte. Sie fürchtete Konkurrenz, weniger in Copacabana als im

Der Tunnel verbindet Copacabana und das Stadtzentrum Rios (1892)

aufstrebenden Botafogo, einem Villenbezirk mit ländlichem Charme. Die Garden Rail Road Company behauptete sich und kündigte schließlich 1890 an, einen Abzweig von Botafogo nach Copacabana zu bauen. Doch, wie sich der verantwortliche Ingenieur Coelho Cintra erinnert, »als endlich alle Verträge unter Dach und Fach waren, fielen die Kritiker über mich her: Ein Tunnel nach Copacabana? Was für ein Wahnsinn! Eine Straßenbahn, nur um Cajú und Sand zu holen!«

Um Sand zu holen, und nicht um sich im Sand zu erholen. Bis in das 19. Jahrhundert hinein fehlte es der Entfaltung Copacabanas zu seiner modernen Bestimmung nicht nur an Wille, Kapital oder schwerem Gerät. Es fehlte noch etwas Entscheidenderes: jener Blick, der beim Anblick von weißem Sand, auf dem sich Wellen brechen, und Dünen, die sich strandaufwärts ondulieren, etwas auslöst. Es mangelte an einem Begehren, einer Lust am Bad im Meer, am Aufenthalt am Strand, am Gefühl von Salz und Wind auf der Haut. Dazu brauchte es die Erlaubnis, am Strand Haut zu zeigen, eine gesellschaftliche Konvention von »Freizeit«. Dazu musste der Strand »Strand« werden, so wie er es uns heute selbstverständlich ist.

An jenem Maientag des Jahres 1892 sprengte ein letzter Satz Dynamit jener Copacabana, als die wir sie kennen, den Geburtskanal frei und machte die Straßenbahn zur Hebamme eines Mythos. Die Arbeiter selbst zogen den ersten Straßenbahnwagen durch das noch roh behauene schwarze Loch im Berg, durch Planken und Gesteinsbrocken hindurch. Coelho Cintra erinnert sich: »Als dieser erste Wagen, noch ohne Räder, in Copacabana auftauchte, beäugten die Engländer – Angestellte der Untersee-Telegraphenfirma, alte und geduldige Bewohner Copacabanas aus den wenigen Häusern, die es schon gab – zunächst das Gefährt, natürlich durch ihre Monokel, doch dann knallte ein Feuerwerk los, das gar nicht enden wollte. Einige Fischer kamen hinzugelaufen und reihten sich in die Festgemeinde ein, brachten Hochrufe aus, die die Stille jener Wüstenei durchbrachen.«

Offiziell eingeweiht wurde die Linie am 6. Juli 1892, nun mit Rädern und Eseln, mit Marschmusik und dem Präsidenten der jungen brasilianischen Republik, Floriano Peixoto, mitsamt Generalstab, dem Senatspräsidenten und späteren Staatspräsidenten Prudente de Morais sowie einigen Kabinettsmitgliedern. Die Tageszeitung *Jornal do Commercio* bemerkte in ihrer Ausgabe vom 7. Juli: »Mit der neuen Linie hat die Garden Rail Road Company der Bevölkerung dieser Stadt einen guten Dienst geleistet; sie bietet ihr nun ein weiteres angenehmes Ziel für Ausflüge und in Zukunft, wenn das Gelände so weit eingeebnet und konsolidiert sein wird, eine ebenso angenehme Wohnstatt.«

Die Selbstlosigkeit war natürlich begrenzt. Copacabana hatte erst dann eine Chance, sich zu einem Teil der Stadt zu entwickeln, als Unternehmer und Investoren eine rentable Anlagemöglichkeit sahen, die öffentliche Hand großzügig das Subventionssäckel öffnete und eigene Infrastrukturmaßnahmen ergriff. Ende des 19. Jahrhunderts waren die Entwicklung der Stadt und die Entwicklung des Blicks auf den Strand so weit gereift, dass sich das lohnte.

Der Tunnel blieb acht Jahre dem neuen Verkehrsmittel vorbehalten, Kutschen, Karren und Fußgänger durften erst 1900 hindurch. Die Endhaltestelle dieser ersten Straßenbahnlinie Zentrum–Copacabana mit einer Gesamtlänge von knapp vier Kilometern lag auf der Avenida Nossa Senhora de Copacabana Ecke Rua Siqueira Campos, wo heute Centro Comercial seinen Sitz hat. Für die Strecke brauchten die Esel ohne Halt anderthalb Stunden. Erst 1901 blieben die Esel im Stall, als die *bonde*, wie die Straßenbahn bis heute in Rio heißt, zur Elektrischen promoviert wurde.

1894 trieb die Bahnlinie den Ausbau im Viertel mit zwei Abzweigen gen Ipanema voran, einer davon bis zum Kirchlein auf dem Fels. Kurz darauf wurde der erste Abzweig nach Leme in Betrieb genommen. Doch trotz Tunnelöffnung und Bahnbau: Der bevorstehende Wachstumsschub des Gebiets war den Zeitgenossen nicht unmittelbar einsichtig. Floriano Peixoto gedachte, in Copacabana eine große Kaserne einzurichten; dazu bewog ihn die Nähe zu den drei Forts ebenso wie die niedrigen Grundstückspreise. Dem Projekt, die Straßenbahn vom Kirchlein in Richtung Ipanema zu verlängern – was der Baron von Ipanema aus naheliegenden Gründen stark befürwortete –, standen die Aktionäre der Bahngesellschaft ablehnend gegenüber und kritisierten, dass es »unvorsichtig ist, die Bahn in jene sandige, unbebaute Gegend zu verlängern, die sich nur ganz langsam entwickeln wird«.

Entsprechend lange zogen sich die Verhandlungen um einen zweiten Tunnel hin. Es dauerte erneut neun Jahre, bis 1904 die Arbeiten in Leme begannen. Jeder Spurt hat seinen ersten trägen Schritt, und so stellte die Bonde um halb fünf Uhr stets den Betrieb ein. Die wenigen Anwohner versorgten sich mit Brot und Fleisch noch in Botafogo, wie Dona Filó berichtet. Die war 1898 auf Anraten des Hausarztes mit ihrem kranken Mann aus der Stadtmitte nach Copacabana gezogen, was dem Mann noch acht Jahre bescherte, Dona Filó aber über 47 Jahre lang eine einzigartige Erfahrung. Hautnah wurde sie Zeugin einer von nun an rasenden Entwicklung.

Auf den 180 Metern Tunnel zwischen Botafogo und Copacabana vollzog sich eine dreifache Beschleunigung. Die Wegzeit von der Stadt verkürzte sich erheblich, mit dem Tunnel begann in Copacabana ein neues Verkehrszeitalter, und mit den Fahrgästen kamen neue Begehrlichkeiten hineingerollt. Straßen- und Eisenbahn strukturierten eine städtebauliche Konzeption, die den Norden der Industrie und den dafür benötigten Arbeitern zuwies, den Süden aber für die vermögenden Klassen erschloss. Neben den älteren Bezirken Flamengo, Botafogo und Laranjeiras im Südabschluss der Bucht von Guanabara entstand sukzessive das »Neue Rio«: die Viertel am offenen Atlantik wie Copacabana, Gávea, Ipanema, Leblon und São Conrado. Die Straßenbahn gab die Garantie, gleichzeitig stadt- und strandnah zu wohnen, denn Automobile waren noch eine Rarität. Mobilität und Modernität wurden in Copacabana zu den beiden Schlüsselressourcen, die die Schicht der sozialen Aufsteiger anzogen.

Die Straßenbahn fuhr in Copacabana auf leeres Gebiet vor, das nach vier Achsen vermessen war: Stadtentwicklung, Immobilienspekulation, Sozialhygiene und europäisches Seebad. Sehr im Unterschied zur alten Stadt hatte Copacabana Anschluss an Straßenbahn und Strom, bevor es nennenswert besiedelt war. Selbstverständlich sollte der Tunnel ein Geschäft beleben: Copacabanas Dünen wurden zu Objekten der Immobilienspekulation. Die Garden Rail Road Company selbst erwirkte bei den Behörden, dass einige Straßen angelegt würden, und begann im Verbund mit zwei Immobilienfirmen kräftig für den Kauf von Grundstücken zu werben. Denn auch die Fortführung der Straßenbahnlinie sollte sich ja rentieren.

Noch war Copacabana vorurbaner Stadtrand und nicht pulsierende Moderne. Dennoch – oder vielleicht gerade deswegen – war der Kontrast zum Zentrum Rio de Janeiros zu diesem Zeitpunkt so groß wie nie. Die alte koloniale Innenstadt Rios war heruntergekommen, weder für menschenwürdiges Wohnen noch für die galoppierende Industrialisierung ausgelegt. Wer konnte, zog weg und überließ die verfallenden Bauten den Armen.

Die Bevölkerung war explosionsartig gewachsen: von 522.651 Einwohnern im Jahr 1890 auf 1.157.873 im Jahr 1920 – durchschnittlich über sieben Prozent mehr pro Jahr. Und noch immer war mehr als die Hälfte von ihnen schwarz: Ex-Sklaven, Kinder von Sklaven, freigekaufte Sklaven, Kinder freigekaufter Sklaven und Ex-Sklaven aus anderen Gegenden Brasiliens. Sie bildeten den festen Kern der städtischen Armen, zu denen sich wechselnde Kontingente europäischer Einwanderer gesellten, in Rio vor allem solche aus Portugals Hinterland. Sie alle suchten Arbeit im Zentrum der Stadt, vor allem im Hafen, in den Manufakturen sowie im Handel. Und sie suchten eine Bleibe in der Nähe, um nach zehnstündiger Arbeit nicht noch zwei Stunden nach Hause fahren oder laufen zu müssen. Die alten Bauten aus der Kolonialzeit in den Quartieren des Zentrums und der Hafengegend boten diese Bleibe, wenn auch unter unsäglichen Umständen. Großfamilien wurden in Kleinsteinheiten parzelliert, ohne sanitäre Anlagen, ohne dass der Unrat abgeführt oder irgendeine öffentliche Versorgung zugeführt worden wäre.

Vor allem Erreger und Kakerlaken fühlten sich dort wohl. In der Stadt, und besonders in der Innenstadt, grassierten daher immer wieder Seuchen. Tuberkulose machte den großen jährlichen Schnitt, Malaria und Lepra traten ebenfalls dauernd auf. Das Gelbfieber, die Blattern und die Pest kamen übers Meer. 1849 schleppten Seeleute aus New Orleans das Gelbfieber nach Bahia ein: In Rio erkrankten innerhalb von sechs Monaten über 90.000, es starben 4.160. Das Gelbfieber kehrte danach nahezu jährlich wieder, ganz furchtbar 1889, als über 18.000 Menschen daran starben. Noch kurz vor der Wende zum 20. Jahrhundert, zwischen 1886 und 1900, starben mehr als 100.000 Menschen an an all diesen Krankheiten; das waren im Schnitt 46 Prozent aller Toten in der Stadt.

Wie in Europa hatte die brasilianische Sozialmedizin begonnen, medizinische Phänomene im Allgemeinen und Epidemien im Besonderen mit Unterschieden der sozialen Milieus und mit Umwelteinflüssen in Beziehung zu setzen. Dieser Blick auf die »Volksgesundheit« leitete eine gleichermaßen sozialreformerische wie sozialdisziplinarische Politik ein. Die Vorbeugungsmaßnahmen gegen die Epidemien verlagerten sich aus der Sozialpolitik in die Erziehung: Statt Mindesteinkommen galt Moral als Medizin. Der Generaldirektor für Öffentliche Gesundheit Alves Oswaldo Cruz ging gegen Gelbfieber und Pocken mit militärischer Präzision und ebensolchen Methoden vor. Er teilte die Stadt in Sektoren ein und beschickte sie mit Inspektionsteams. Diese bestanden aus Ärzten und Polizisten, die jedes Gebäude zu untersuchen hatten. Potenzielle Mückenbrutherde – mittlerweile hatten US-amerikanische Ärzte auf Kuba herausgefunden, dass Gelbfieber durch die Mückenart *Aedes Aegypti* übertragen wurde – mussten trockengelegt werden. Wo das den Beamten nicht möglich erschien, durften sie das Gebäude zum sofortigen Abriss freigeben.

Ein »Zivilisierungsprogramm« für die Hauptstadt

Diese Maßnahmen standen in einem größeren Zusammenhang. Das Programm der Regierung von Präsident Rodrigues Alves und des Bürgermeisters von Rio de Janeiro, Francisco Pereira Passos, hieß: *O Rio civiliza-se* – Rio soll Teil der Zivilisation werden, mitreden und mithalten, in der europäischen Moderne ankommen.

Brasilien brauchte ausländische Kredite, Brasilien brauchte Einwanderer, Brasilien brauchte Ansehen und dafür brauchte Brasilien ein Schaufenster. Das »Postkarten-Panorama« der Stadt, das die Schaustellerbrüder Prévost 1824 den begeisterten Parisern und ihr Kollege Robert Burford 1827 ebenso hingerissenen Londonern zeigten, hatte keineswegs ausgedient. Doch es musste nun aufgefrischt und vom Spektakel in eine Ware überführt werden, die gegen Investitionen und Touristen gehandelt werden konnte. Dass die maroden Altbauten im Zentrum verschwinden sollten, war also ein sozialhygienisches ebenso wie ein entwicklungspolitisches Erfordernis. Die Maßnahmen sollten Rio – und via Rio Brasilien – mit einem Schlag und mit Schwung nicht nur ins

20. Jahrhundert, sondern in den Kreis der modernen zivilisierten Welt befördern. Es leuchtet ein, dass dies nicht ohne Abschiede, nicht ohne Kosten und Opfer vonstatten gehen konnte. Verabschiedet werden mussten die alte koloniale Gesellschaft, ihre Piefigkeit, ihr altbackener Stil des Bratenrocks mit Zylinder, ihr Protektionismus, ihre Trägheit, ihre Mode, ihre sich Portugal unterwerfende Selbstgenügsamkeit, ihre architektonischen Reliquien, die Erinnerung an die Sklaverei – und, ganz wichtig, das Bild, das das (europäische) Ausland sich von Brasilien gemacht hatte und das in all diesen Farben gemalt war.

Das Brasilienbild ausländischer Reisender formte sich in Rio. Zuletzt hatte sich die Stadt im Gelbfieber gar den Beinamen »Grab des ausländischen Besuchers« erworben. Die Kolumnisten der Hauptstadtzeitungen waren sich einig: Der Anblick der alten und verdreckten Gassen mit ihrer Lumpenbevölkerung setzte Brasilien in der Vormoderne fest. Dagegen konnte ein neues, lichtes, modernes, am französischen Vorbild orientiertes, von unliebsamen Barfüßern gesäubertes Rio dem Land den begehrten zivilisatorischen Ausweis ausstellen. *Regeneração*, Runderneuerung, hieß das Programm. Viele hofften mit dem Schriftsteller Olavo Bilac, dass die »Spitzhacken der Erneuerung« zum »Sieg der Hygiene, des guten Geschmacks und der Kunst« führen würden. Und wenn die koloniale Gesellschaft überwunden werden sollte, dann musste auch ihr Gesicht verschwinden.

Die Jahre nach 1898 bis etwa zum Ausbruch des Ersten Weltkrieges erlebten die Cariocas als ihre Belle Époque. Der Urbanist Pereira Passos wurde zum Architekten dieser neuen Zeit. Alle Gebäude waren in die brasilianische Zivilisationsphantasie eingebunden. Auch die Brasilianer sprachen damals »civilisation« französisch aus, schließlich war Paris (wie Walter Benjamin konstatierte) die Hauptstadt des 19. Jahrhunderts. Passos hatte im Paris Napoléons III. studiert und die imperiale Verwandlung der Stadt durch den Präfekten Haussmann miterlebt. Hinzu kommt, dass Adolfo

Morales de los Rios, der 20 von 77 akzeptierten Bauvorhaben in Rio entwerfen sollte, sein Handwerk ebenfalls an der École des Beaux-Arts gelernt hatte. Was Haussmann nach 1850 in Paris geleistet hatte, beeinflusste eine Reihe südamerikanischer Stadtplaner; in Buenos Aires und Montevideo vor allem, aber auch in Mexiko-Stadt und in Caracas lassen sich seine Spuren in barockopulenten Alleen und Parks à la Bois de Boulogne erkennen. Ihre offensichtliche Symbolik und ihr Ideal einer Stadt des Bürgertums waren zu verführerisch für die von Minderwertigkeitsgefühlen und Aufstiegswillen getriebenen Eliten. Hauptkennzeichen vieler städtischer Reformen in Europa und Lateinamerika im 19. Jahrhundert waren verbesserte Luftzirkulation und Hygiene sowie ein Hang zum Monumentalen.

Pereira Passos verband den Licht-und-Luft-Gedanken mit einer Architektur der Zentralperspektive. Er riss die Arbeiterviertel der Altstadt nieder und schlug breite Hauptverkehrswege, die Zentrum und Außenbezirke funktional verbanden. Allein für die Avenida Central mussten in gut zwei Jahren Bauzeit 641 Gebäude und 21 Straßen weichen.

»Der Angriff vollzieht sich in geschlossenen Reihen, unerbittlich, unaufhörlich. Ganze Häuserzeilen fallen, stürzen, verschwinden in nur einer Nacht. Die Straßen bewegen sich, verbreitern sich, verwandeln sich, begradigen sich. Es scheint, als wüte hier ein kolossales Zyklopenheer, oder eine unsichtbare Armada von Termiten. Tag und Nacht haut und sticht die Spitzhacke. Ihr Werk strebt nach der leichten, reinigenden Welle der freien Luft – wenn sich die unvermeidliche schwere Staubwolke erst einmal gehoben hat.« Manuel de Sousa Pinto und seine Zeitgenossen konnten es live miterleben: Im Zentrum trat eine jahrhundertealte Welt ab. Die Ordnungsbemühungen auf dem Weg in die Moderne verlangten neuen Raum, so wie die Avenida Rodrigues Alves, die die neuen Docks miteinander verband und auf Land angelegt wurde, das erst dem Meer abgetrotzt werden musste. Teile der Hügel Castelo und São Bento mitten im Zentrum wurden abgetragen – ein auch symbolischer Vorgang, denn auf dem Castelo-Hügel waren 350 Jahre zuvor die ersten Siedlungen Rios entstanden. Der größere Rest des Hügels wurde unter heftigem Streit 1922 planiert.

Das Zentrum war nun großzügig in alle Richtungen ausgelegt, konnte aber selbst umfahren werden. Um die Südstadt ans Zentrum anzubinden, ließ Passos den Strand von Glória, Flamengo und Botafogo in Richtung Meer verschieben und die Avenida Beira-Mar, die Meeresrand-Allee, bauen. Die Trümmer von Castelo und São Bento lieferten genug Materie für das Neuland, auf dem Pflaster und Asphalt gediehen.

»Von einer Stunde auf die andere verschwand die alte Stadt und eine neue entstand wie ein Kulissenwechsel im Theater. Und tatsächlich hatte die ganze Sache viel Szenographisches«, bemerkte der Schriftsteller Lima Barreto. An den Knotenpunkten legte Passos begrünte Plätze an; bestehende Plätze wurden sorgfältig ausgebaut und verschönert, Aussichtspunkte wie die Vista Chinesa im Wald der Tijuca angelegt. Passos ließ die erste Zahnradbahn auf den Corcovado bauen und dort oben ein Hotel errichten. Der Wille zum Panorama durchzog alle Pläne. Die Kolonialgesellschaft hatte vorrangig den häuslichen Innenraum aufgesucht. Nun privilegierte das gesellschaftliche Interesse den öffentlichen Außenraum und gestaltete ihn entsprechend. Es entstanden urbane Landschaften, die weniger einem Nützlichkeitsgedanken als der Ästhetik des Rundumblicks verpflichtet waren.

War der Kirchgang der einzige zielgerichtete und begrenzte Anlass gewesen, zu dem eine Familie der Kolonialzeit den öffentlichen Raum durchmaß – und eher durchmessen musste als wollte –, so wird das Gehen auf der Straße nun zum Selbst-, oder besser zum sozialen Zweck. Erst jetzt kann auch in Rio die Figur des Flaneurs entstehen. Dem Tourismus war der Boden bereitet, der Bau der Seilbahn auf den Zuckerhut hinauf im Jahre 1911 ein folgerichtiger Akt. Die partikulare innerstädtische Natur, den lotrecht abfallenden Granit, zu bezwingen wurde zum Spektakel, das sich ein zweites Spektakel errang: das Panorama der (neben Buenos Aires) großartigsten Belle-Époque-Hauptstadt Südamerikas.

Als Bühne für das Spiel mit dem Ansehen errichtete Passos die Avenida Central. Sie wurde im Jahr der Revolte gegen die Zwangsimpfung eingeweiht, als die Abrissarbeiten beendet waren. Die etwa zwei Kilometer lange und 33 Meter breite Avenida Central verband den Hafen, die Altstadt und die Avenida Beira-Mar miteinander, doch war sie weit mehr als eine Verkehrslösung. Sie war Hauptschlagader und Leitsymbol des »Neuen Rio« zugleich; sie war der Beweis für die »Zivilisierung« Rios – und damit Brasiliens – und ein eindrucksvolles Versprechen auf zukünftigen Fortschritt und kommende Größe. Es zogen große in- und ausländische Firmen ein, teure Geschäfte mit europäischen Produkten, Kinos, Einrichtungen der Literatur und Schönen Künste wie Nationalbibliothek und Stadttheater; die Kirche und der Staat.

Als 1910 alle Gebäude fertiggestellt waren, hatte Brasilien seinen ersten wahrhaft »zivilisierten« Boulevard, und der Zauber, den er auf die Menschen ausübte, war auch die Magie der Geschwindigkeit. Strom – mit dem man zum Beispiel Baustellen nachts taghell erleuchten konnte – und Dampf verhalfen der Bauindustrie zu ganz neuen Möglichkeiten.

Wo die schlichten, eher gedrungenen portugiesischen *sobrados* gestanden hatten, vergnügte sich nun der Eklektizismus, strebten neoklassizistische Säulen und voluminöse Kuppeln himmelwärts. Schlüsselbauten wie die Nationalbibliothek gingen auf französische Entwürfe zurück. Das Stadttheater war klar an der berühmten Opéra Garnier orientiert. Wie die Franzosen in Garniers Oper ein Sinnenfest von Raffinesse und Stil erlebten, taten dies die Cariocas auf der Avenida Central: eine neo-koloniale Erfahrung, zugleich aber wieder ein Blick in den Spiegel, der in der Magengrube das Unbehagen des ewigen Zweiten auslöste. Noch verhinderten Historismus und Kopiersucht die Entwicklung eines eigenen Stils, einer tropischen Moderne. Alle Fassaden waren sorgfältig geplant und mussten einzeln von einer Jury abgenommen werden. Aber

»Rio zivilisiert sich«: Die neue Avenida Central (um 1910)

nur die Fassaden. Dahinter verbargen sich funktionale Gebäude, die ihrem Außen ästhetisch widersprachen. War es einem Garnier gerade darum gegangen, Innen und Außen zu verbinden, so reduzierte sich die Architektur der Avenida Central auf den Schaueffekt.

Die Reformen Pereira Passos' veränderten nicht nur das Stadtzentrum völlig. Sie organisierten auch die symbolische Statik der Stadt um. Die Avenida Beira-Mar »umrundete die ganze Peripherie der Stadt, wie ein blitzendes Geschmeide den verführerischen Hals einer Frau umfängt«. Sie dokumentierte nicht nur die Hinwendung zum öffentlichen Raum, zur Straße. Über Jahrhunderte hatte sich, wer konnte, vom Wasser entfernt und die Höhe gesucht, auf der Flucht vor Seuchen, Unrat und Gestank, denn das assoziierte man auch noch im 19. Jahrhundert mit den Ufergewässern der Hafenstadt Rio. Stets hatte die Stadtplanung von innen nach außen gedacht und Wege von der Küste in Richtung auf das feste Land angelegt. Jetzt betonte und gestaltete sie erstmals den

Küstenverlauf. Die beiden Enden der Avenida Central lenkten die sich weitende Perspektive auf das Meer, an der Praça Mauá ebenso wie an der Rua Chile, wo sie auf die Avenida Beira-Mar trifft. Auf über fünf Kilometern Länge (und ebenfalls 33 Metern Breite) deutete eine Reihe ultramoderner elektrischer Straßenlaternen auf den Strand wie die Perlenkette auf den Hals, den sie ziert. Meeresseitig unterstrich eine vier Meter breite Promenade diese Perspektive. Im neuen Tempo, das die durchgängige Asphaltierung erlaubte, holte die Avenida Beira-Mar die Vorgärten ins Haus. Was bisher »Vorstadt« gewesen war, entstand nun als innerstädtischer Gegenentwurf zur düsteren Enge der Kolonialstadt – eine programmatische Peripherie. »Licht und Luft« – dieser Ruf verband die Avenida Central und Copacabana, das im Monatstakt näher an die Stadt heranrückte. Die Avenida Beira-Mar rückte die Küste in den Entwicklungsplan, und mit Copacabana gewann der Strand eine mitbestimmende Kraft in der Stadtgestaltung.

Sommerfrische, Sanatorium, Neues Rio: Das frühe Copacabana

Stadtplaner und Immobilienhändler zeichneten Copacabana zu Beginn des 20. Jahrhunderts als einen Raum der Erholung, Entspannung und Zerstreuung. Noch dominierten Meer und Sand sowie zwischen diesen und den Bergen eine von Sträuchern und Gräsern, Pitanga-, Caju- und Ingabäumen bestandene Dünenlandschaft. Hinzu kamen vereinzelte Häuser. Doch es wäre zu früh, hier von »Freizeitpark« zu sprechen. Die brasilianische Industriearbeiterschaft war zu diesem Zeitpunkt noch eine Marginalie. Die Garden Rail Road zielte mit ihrer Werbung auf die Vermögenden, für die Vergnügungen Teil der Lebensführung waren: »Angenehme und erfrischende Ausflüge nach Copacabana. Die Straßenbahn verkehrt bis 2:00 morgens.«

Und nicht die Arbeiterjugend war mit dem Verslein auf der Rückseite der Fahrkarte gemeint: »Hübsches Fräulein, eleganter

Kavalier / Entkommt dem ungesunden Staub der Straßen / kein bessren Ort für ein Picknick findet ihr / als an der Copacabana.«

Das Volk suchte Parks und Gärten auf – die Strände waren vom Zentrum beziehungsweise von der Nordstadt aus zu weit weg, Überfahrten zu den Inseln in der Bucht oder nach Niterói zu teuer. Im Norden der Stadt hatte 1888 ein Zoo eröffnet, der wegen seiner Nähe, der geringen Eintrittspreise und der täglich veranstalteten Lotterie mit Tierbildern anstelle von Zahlen (dem heute so berüchtigten, illegalen *jogo do bicho*) im Volk sehr beliebt war. Die gute Gesellschaft Rios hingegen vergnügte sich in Nachahmung des französischen und britischen Adels vorzugsweise bei »pic-nics«. Diese dienten neben der Erholung der Kontaktpflege oder gar der Eheanbahnung. Ländliche Nahziele am Wasser waren bislang vor allem die Ilha do Governador und Paquetá. Zum Picknick erschien man »légère«, aber selbstverständlich vollständig bekleidet – auch wenn es nun nach Copacabana ging. Da ein gesellschaftliches Picknick einer kleinen Völkerwanderung ähneln konnte, entstanden um die Picknickplätze in Leme und nahe dem Kirchlein kleine Vergnügungsparks mit Schießbuden und anderen Spielen.

Für das frühe Copacabana diente also weder Modernität noch Urbanität als Werbeträger, sondern zunächst eine für gesellschaftliche Konventionen genutzte Natur, deren Funktion sich aber schnell über das Picknick hinaus erweiterte. Wie es in einem anderen der beliebten Fahrkartenverse hieß:

»Als die Natur Copacabana schuf / sie verwöhnte und überreich beschenkte / ließ sie keinen Wunsch mehr offen / Langweilt euch nicht länger im Theater / lasst Gesellschaft Gesellschaft sein / kommt und schaut den Fels, den Sand / und hört die Wellen rollen / in Mondesnacht auf den Strand.«

Vor den Reformen des Neuen Rio repräsentierte die Natur Copacabanas einen ästhetischen wie hygienischen Gegenentwurf zum stickig-schmutzigen Chaos der Stadt, als Sinnenreiz und als Serum:

»Haben's Eure Kinder mit den Nerven? / Sind mager, schwäch-
lich und gebrechlich? / Dann raus mit ihnen, ans Meer! An die
Salze der Luft! / Sie werden Euch zurückkehren rosig und stark /
Aus Copacabana.«

Oder, sozusagen mit dem Holzhammer, den die Situation er-
forderte:

»Rufen Eure Lungen nach salziger Luft? / Dann lauft bevor die
Schwindsucht sie sich krallt / Verlasst Rio, das verseuchte Zentrum / Und nehmt die Bahn bis Leme.«

Um ihre noch skeptischen Aktionäre zu überzeugen, dass sich
der Streckenausbau im neuen Gebiet lohne, schob auch die Ge-
schäftsführung der Garden Rail Road die Hygiene in den Vordergrund:

»Niemand wird bestreiten können, dass die Strände von Copacabana und Arpoador [am Südende, nahe dem Kirchlein] über ein
hervorragendes und gesundes Klima verfügen und unablässig von
den frischen Brisen des Ozeans verwöhnt werden. Man sollte sie
als Sanatorien ansehen, wo die leider von periodischen tödlichen
Epidemien dezimierte Bevölkerung dieser Hauptstadt in der heißen Jahreszeit frei atmen kann. Von dem einen oder anderen so-
liden Gebäude abgesehen, findet man dort bislang nur kleine und
armselige Hütten vor. Dieses Gelände steht als Stadtviertel unmittelbar vor seiner Entstehung. Innerhalb eines Jahrzehnts wird das,
was man jetzt die Wüste Sahara nennt, sich in eine große Siedlung
verwandeln. Die Bevölkerung der Stadt wird im Sommer nur so
herbeiströmen, denn hier wird sie gesunde hygienische Verhältnis-
se vorfinden und exzellente Voraussetzungen für ein Meerbad, wie
es in den Seebädern Europas praktiziert wird.«

1904 ließ Pereira Passos an der Nordseite des Stadtteils einen
zweiten Tunnel bauen, um Leme mit dem Innenstadtnetz zu verbinden. Wenn der erste Tunnel dem Mythos den Weg gebahnt hatte, so
öffnete der zweite ihm vollends die Tür. Möglicherweise hatte Passos das mythische Potenzial dieses Fleckchens Erde bereits erfasst.
Als beinahe geschichtsloses, nahezu unbesetztes Territorium bis

ins Letzte planbar, bot Copacabana eine *tabula rasa* für die Gründungserzählung einer neuen Lebensform und zugleich das Labor brasilianischer Modernität: praktisch am Fels klebend, praktisch im Meer schwimmend und gleichzeitig auf höchstem urbanem und technischem Niveau. Copacabana zeigt sich als Modellort für eine Lebensform, die die Trennung von Asphalt und Natur sowie die gerade erst aufkommende Differenzierung des Industriezeitalters in Arbeit und Freizeit schon wieder aufhebt. Hier verbinden sich modernste Wohnformen in Apartments und neuestes Vergnügen an einem durchstrukturierten Strand mit Baderegeln, festen Zelten für bestimmte Clubs, organisierten Picknicks und so weiter.

Nun – im ersten Jahrzehnt des 20. Jahrhundertes – begann die Verwandlung Copacabanas. Nach einer Zählung der Stadtverwaltung von 1906 hatte Copacabana 297 Einwohner und 66 Gebäude, 63 davon mit zwei Stockwerken, drei Gebäude hatten ein Geschoss mehr. Im Grunde war es noch eine Halbwüste mit zwei kleinen Siedlungsagglomerationen: in Leme und um die Praça Malvino Reis (später Praça Serzedelo Correia) herum, wo die erste Bahnlinie endete. Im selben Jahr begann Passos, die Avenida Atlântica als große urbane Promenade anzulegen. Er widerrief das Gesetz, das eine freie Bebauung in Copacabana erlaubte. Die Ansiedlung von Armen – mit den gefürchteten Folgen für die Hygiene – wollte er in der Neustadt von vornherein ausschließen. Großprojekte vor allem in Strandnähe erhielten dagegen staatliche Förderung. Die ebenfalls 1906 gegründete Zeitschrift *O Copacabana – O Novo Rio* drückte es im Titel aus: Copacabana war Teil des Projekts, die alte Kolonialstadt völlig neu zu erfinden.

In der zweiten Hälfte des 19. Jahrhunderts hatten sich südlich der Stadt ländlich geprägte Bezirke langsam in Stadtviertel verwandelt; Bezirke, in denen Landhäuser und Nobelresidenzen auf riesigen Grundstücken standen, waren nach und nach parzelliert und erschlossen worden; Straßen wurden auf Privatinitiative der Eigentümer gebaut, die besseren Zugang zu ihren Grundstücken wünschten. Copacabana übersprang diese Phase, und aus der

Fortschritt im Sand: Die Straßenbahn auf der Rua Barata Ribeiro (1903)

Einöde wurde übergangslos ein Stadtteil Rios. Modernste Infrastrukturmaßnahmen – die Anbindung an das noch kleine Straßenbahnnetz, Gasbeleuchtung – erreichten das Territorium, bevor es nennenswert besiedelt war. Obiges Photo zeigt dies deutlich: Es wird von einem doppelkronigen Baum beherrscht, den zwei Hügel flankieren. Mitten durch schneidet ein sandiger Streifen: die Rua Barata Ribeiro, eine der beiden großen Längsachsen des Viertels. Auf dem Sand, so scheint es, fährt eine Bahn. Ebenso einsam duckt sich eine Gaslaterne unter den Baum. Der Vordergrund ist Sand, Fels und Gestrüpp. Zwei Gebäude sind zu erkennen, Menschen sind nicht zu sehen.

Der linke flachere Hügel war der vordere Inhangá-Felsen, an dessen Flanke das Copacabana Palace Hotel gebaut werden sollte. Ein ländliches Stillleben, in das sich die Exemplare damals modernster Technik verirrt haben mussten. Natürlich trügt das Bild etwas, denn weiter südlich, nahe des alten Tunnels, war bereits ein ganzes Netz von Straßen angelegt worden. Noch richtet sich die Bebauung aber nicht am Strand aus. Die ersten Häuser in Leme kehren ihre Vorderseite der Rua Gustavo Sampaio und dem Meer den Rücken zu, ebenso wie die Häuser entlang der beiden parallel zum Strand verlaufenden Hauptstraßen Barata Ribeiro und Nossa Senhora de Copacabana. Die Straßen sind allerdings durchweg nicht befestigt. Einige verfügen über eine Lehmauflage, die sich, wie Anwohner sich 1907 bei der Stadtverwaltung beschweren, mit dem darunterliegenden Sand bei Regen zu Schlamm vermischt, in dem die Fahrzeuge stecken bleiben. Auch die Wassermengen, die die Felshänge herunterstürzen, sind ein Problem. Eine Kanalisation ist nicht vorhanden, und die so entstehenden Tümpel befördern weniger die Gesundheit der Menschen als die der örtlichen Mückenpopulation. Fischfang ist weiter ein Gewerbe; die Fischer schließen sich 1906 am Südausläufer des Strandes zu einer Kolonie zusammen, die in Resten noch heute existiert.

Die Bevölkerung des Viertels nimmt rasch zu. 1909 erhält die Stadtverwaltung ein Schreiben, das 20.000 Copacabaner unterzeichnet haben. Darin fordern sie eine Schule, einen Kindergarten, eine Berufsschule, ein Kindersanatorium und einen begrünten Spielplatz. Kein Zweifel: Copacabana wird Lebensmittelpunkt zahlreicher Familien. 1915 erklären die Behörden Copacabana zum eigenen Stadtteil und zählen offiziell 22.761 Einwohner.

Eine ganze Reihe sind dabei aber nicht mitgezählt: Im selben Jahr reklamiert erstmals die Baufirma, der ein Großteil der Grundstücke Copacabanas gehörte, dass ihr Bauland an den Hügeln okkupiert und der Wald abgeholzt würde, um illegale Hütten zu errichten. In den Jahren nach 1910 vervielfachen sich die Luxuswohnungen in »Copa«, herrschaftliche Villen, Bungalows, Chalets, ja kleine Paläste in einem bunten, nicht selten grotesken Stilmix von Neoklassik bis Art Nouveau. Und in logischer Konsequenz entstehen die ersten Favelas, die denen Wohnstatt geben, die die Villen saubermachen und ihre Bewohner versorgen. Die Nähe zum Meer und die neue Wertschätzung des Meeres – und des

Meerblicks – führen dazu, dass die Gebäude nun mehr Fenster und zunehmend Balkone und Terrassen erhalten.

1908 beschloss das brasilianische Militär, seine Verteidigungsanlagen auszubauen. Opfer dieser Maßnahmen wurde letztlich das Kirchlein, denn dem ins Meer ragenden Felsen wurde strategisches Potenzial zuerkannt, dem das Sakrale zu weichen hatte. Das Fort von Copacabana feierte nach sechs Jahren Bauzeit seine Einweihung, und auch drüben, auf dem Morro do Vigia in Leme, begann man 1913 die ersten Mauern einer Wehranlage hochzuziehen. Die Kirche durfte noch vier Jahre stehen bleiben, aber da Erweiterungsbedarf bestand und die Hauptkirche des 1908 entstandenen Sprengels Copacabana an der Praça Malvino Reis fast fertig war, musste der Kirchbau 1918 weichen. Die Heilige musste wieder einmal umziehen, schlimmer noch: Sie wurde verbannt, in die Provinz, auf das Schloss São Manuel im Dorf Correias, nördlich von Petrópolis.

Die öffentlichen Infrastruktur- und Dienstleistungen halten mit dem Bevölkerungswachstum nicht Schritt. Erst 1920 nahm die Stadtverwaltung die erste Feuerwache in Betrieb, zuständig für die Viertel Copacabana, Leme, Igrejinha, Ipanema und Leblon, 1923 das erste Postamt.

1919 wurde die Avenida Atlântica in großem Stil umgebaut. Die Straße, durchgängig asphaltiert, wurde in der Breite verdoppelt und gegen den Strand hin durch den berühmten Bürgersteig abgesetzt, der aus schwarzem und weißem »portugiesischen Stein« in Wellen gepflastert war. Dreiarmige schmiedeeiserne elektrische Leuchter in regelmäßigen Abständen bildeten die »Perlenkette« Copacabanas und sicherten die nächtliche Beleuchtung von einem Ende zum anderen. Am südlichen Ende ließ Bürgermeister Paulo de Frontin einen Jugendstil-Obelisk aus Naturstein aufstellen, dessen Text in Bronzelettern die Nachwelt an dieses Werk erinnern sollte und der Mitwelt demonstrierte, dass sie die Konstruktion eines Mythos miterlebten. Der Gedenkstein wurde später ins beschauliche Leme abgeschoben und steht heute vor dem Duque-de-Caxias-Fort.

Die Strandpromenade mit dem Wellenpflaster und dem Obelisken in den 1920er Jahren

Nach 1920 wird die Barata Ribeiro verlängert, ein Stück vom Inhangá-Felsen wird abgetragen und die Avenida Nossa Senhora de Copacabana verbunden. Damit besaß das Viertel – neben der Avenida Atlântica – seine zwei wichtigen, bis heute bestehenden Längsachsen.

Um 1920 erreicht Copacabana die erste volle Blüte seines Charmes. Hinterm Hügel hatte sich die Stadt zur Metropole ausgewachsen. Rasant war die Einwohnerzahl auf eine gute Million Menschen gestiegen. 4.415 Autos fuhren immerhin schon durch die Straßen der Stadt, dazu 417 Straßenbahnlinien, 24 Tageszeitungen, 20 Wochen- und 17 Monatszeitschriften erschienen, zur Unterhaltung boten sich unter anderem 50 Kinos, neun Theater und 20 fahrende Zirkusse an.

Copacabana atmete dagegen fast noch das Flair einer gediegenen Feriensiedlung: Villen in gebührendem Abstand, kaum ein Gebäude über drei Stockwerke, die Brise hat noch freien Eintritt und der Kirchturm die Lufthoheit, die ihm gebührt. Diese Atmosphäre kommt mit dem Umbau der Avenida Atlântica und der Eröffnung des Copacabana Palace zum Höhepunkt, und wie jeder gute Höhepunkt war auch dieser ein kleiner Tod: der Tod des Quasi-Ländlichen, des Vielleicht, des Dazwischen, in dem sich das Wissen um die vergangene Einsamkeit der Dünen und die Ahnung von der flirrenden Hochhaus-Bohème in Gestalt der noch über sandige Straßen dahinzuckelnden Straßenbahn begegneten.

Es ist ein kurzer Moment, in dem Natur und Kultur sich gemeinsam schwebend im Arm halten. Es gibt schon drei Kinos, aber noch kein großes Hotel. Milch kann man direkt aus und neben der Kuh trinken, im *Stall Mimoso International*, der zwei Filialen in der Rua Nossa Senhora de Copacabana und der Rua Santa Clara unterhielt. Neuzugezogenen brachten die Händler einen Willkommensgruß aus: der Schlachter ein Filet, der Bäcker sein bestes Brot, und Reis und Bohnen vom Laden um die Ecke. Ein Nachtleben kannte man, aber ein bescheidenes: Die Brauerei Brahma betrieb in Leme seit 1905 eine Bar, zuvor schon hatte das *Mère Louise* im Gebäude der früheren Tram-Haltestelle »Igrejinha« eröffnet. Madame Chabas besaß zunächst ein Restaurant, doch 1907 war die Zeit reif, in Copacabana französisches Cabaret-Flair zu verbreiten. Im *Mère Louise* gab es nun Tanz und Gesang. Madame Chabas selbst tanzte und sang einige Tangos zur Eröffnung, französische Künstler auf Tournee traten auf. Es ist die Phase des Übergangs vom stillen urbanen Garten seiner Bewohner zum lärmenden Park für jedermann, und diese Phase vereint von beidem etwas: noch und schon. Und bald schon sollte sich jemand finden, der ein seufzendes Lied auf ein verflossenes Früher anstimmte, wie 1925 ein Bewohner in der Zeitschrift *Beira-Mar*: »Das Viertel hat an Komfort und materieller Schönheit gewonnen – verloren aber seine Zartheit, seinen Frieden und seine Poesie.«

Moderne im Teilchenbeschleuniger

Architektur und Gesellschaft zwischen
Copacabana Palace, Art déco und »Wolkenkratzer«

Dass sich im Ersten Weltkrieg die Europäer gegenseitig in Massen mordeten, hatte dem makellosen Idol in Brasilien schwere Risse zugefügt. Das leuchtende zivilisatorische Vorbild hatte sein barbarisches Dunkel offenbart, und so leicht war die Frage nicht zu beantworten, welche der beiden Seiten denn nun eigentlich Europa präge? Die alten Fragen: »Wer sind wir?«, »Was ist die brasilianische Nation?« und »Wohin steuert sie?« stellten sich neu, nämlich in der Frage, wie man brasilianisch und gleichzeitig modern sein könne.

Die Woche der Modernen Kunst im Februar 1922 fand nicht zufällig im Jubiläumsjahr der Unabhängigkeit und nicht zufällig in São Paulo statt – Hauptstadt des gleichnamigen Bundesstaates, Hauptstadt des Kaffees, Hauptstadt des Geldes und Hauptstadt der brasilianischen Industrialisierung, die in schwindelerregendem Tempo expandierte. In den ersten Jahrzehnten des 20. Jahrhunderts verwandelte sich das Stadtbild jeden Monat neu. Der brasilianische Modernismus bezog seine Inspiration zwar auch aus Europa; doch die Anregungen aus Futurismus oder Expressionismus hatten nicht Imitation zur Folge, sondern zielten darauf ab, ein künstlerisches Eigenes zu begründen. Die Bewegung war nationalistisch und kosmopolitisch zugleich ausgerichtet. Das *Manifest der Brasilholz-Poesie* – 1924 im selben Jahr wie das *Surrealistische Manifest* von Breton veröffentlicht – lässt bereits im dritten Satz Richard Wagner im Karneval von Rio untergehen. Hier war schon angelegt, was derselbe Autor Oswald de Andrade vier Jahre später in seinem berühmten *Anthropophagischen Manifest* forderte: Brasilien dürfe nicht mehr Europa als geistige und materielle – gerne verarbeitete und dann ausgespiene – Nahrung dienen. Es gehe um fressen statt gefressen zu werden: Brasilien müsse selbst aus dem europäischen Nahrungsangebot das zu sich nehmen, was es für die eigene kulturelle Entwicklung gut verdauen könne. »Tupi or not tupi, that is the question«, erklärte das Manifest: Die brasilianischen Tupinambá-Indianer hatten europäischen Texten des 16. Jahrhunderts zufolge gerne mal den einen portugiesischen Missionar oder anderen französischen Soldaten verspeist. De Andrade setzte Ausrufezeichen gegen die europäische Klassik und die portugiesische Dominanz in Brasilien: »Gegen Goethe, die Mutter der Gracchen und den Hof König Joãos VI. – unsere Unabhängigkeit wurde noch nicht verkündigt.« Die kulturelle Emanzipation, das Zerschlagen des europäischen Spiegels, hatte noch ausgestanden, und nun stand sie an. In Mário de Andrades frechem, tollpatschig-listigem, gemein-gutem *Macunaíma*, dem »Held ohne jeden Charakter«, aber voller Metamorphosen, erhielt der brasilianische Modernismus seinen literarischen Protagonisten. *Modernismo* war auch Futurismus, hieß nicht nur Selbst-Bewusstsein und neue Form, sondern auch Asphalt, Maschine, Wolkenkratzer und Geschwindigkeit.

Die Hotellegende: Das Copacabana Palace

1922 setzte Copacabana ebenfalls ein Zeichen für die Zukunft. Kein Futurismus, nicht einmal klassische Moderne. Aber unweit der Inhangá-Felsenkette, die damals noch bis an den Strand reichte, entstand ein einzigartiges Luxushotel, das heute Wahrzeichen und voll funktionstüchtige Legende in einem ist: das Copacabana Palace Hotel.

»Es ist zugleich internationales Hotel, Sanatorium, Varietébühne, Tanzlokal, Spielhölle und Luxusrestaurant, und ich habe nirgends in der Welt ein so buntes Bild großen Lebens gesehen wie hier«, notiert Ende der 1920er Jahre der deutsche Reisende Waldemar Bonsels. Der Prunk beeindruckte jeden Rio-Besucher: »Von

Blick auf Copacabana in den späten 1930er Jahren, in der Bildmitte das Copacabana Palace

den überfüllten Speisesälen bis in die Gesellschafts- und Spielräume tut sich eine unübersehbare Flucht prächtiger Räumlichkeiten auf; hier hemmen Portieren, hoch wie die Säulen der Halle, den Blick, dort werfen Wandspiegel das glitzernde Bild verhundertfacht in silbrige Ferne«, schwärmt Bonsels. Der Zusammenprall von Luxus, Verschwendung und einer besonderen Form menschlichen Elends an den Spieltischen fasziniert ihn. Auch der deutsche Gast Walter Funke weiß, was er sieht: einen »protzigen Bau«, einen »obrigkeitlich konzessionierten Spieltempel an göttlichem Strande«. Das Glücksspiel bringe all die Typen nach Copacabana, die man auch aus europäischen Spielhöllen kenne, die Neureichen und jene brillantbehangenen Damen, die von diesen leben, die Schlepperinnen und Spielsüchtigen.

Doch wer das Copacabana Palace allein nach seinen Bakkarat- und Roulettetischen beurteilt, greift deutlich zu kurz. Die Regierung unter Präsident Epitácio Pessoa wollte das hundertjährige

Jubiläum der Unabhängigkeit dazu nutzen, der Welt zu beweisen, dass Brasilien in der Zivilisation und Moderne angekommen war und führend auf dem südamerikanischen Kontinent – auch wenn die Politik unter Moderne nicht unbedingt dasselbe verstand wie die brasilianischen Künstler. Zu diesem Zweck sollte es eine Weltausstellung in Rio geben. Letztlich scheiterte dieser erneute Versuch, sich auf Augenhöhe Europas zu katapultieren; die meisten Staats- und Regierungschefs ignorierten die Einladung nach Rio und schickten den Subalternen subalterne Vertreter. Doch in Erwartung einer Vielzahl illustrer Gäste musste ein Hotel her, das zumindest in Südamerika ohnegleichen sei. Das Hotel Glória, erstes Fünf-Sterne-Etablissement Rios mit herrlicher und zugleich zentrumsnaher Lage damals noch direkt an der Bucht, war in Bau und wurde auch rechtzeitig zur Weltausstellung fertig. Aber Präsident Pessoa wollte ein zweites, noch großartigeres Hotel. Er beauftragte Octávio Guinle, einen Südbrasilianer französischer Abstammung, der in Rio und São Paulo zwei der luxuriösesten Hotels des Landes besaß. Das Hotel ohnegleichen brauchte einen adäquaten Standort, und was bot sich da besser an als das Versuchsgelände des Neuen Rio mit seinen unvergleichlichen visuellen Reizen? Finanziert durch Aktienausgabe am Kapitalmarkt, begann der Bau nach den Plänen des französischen Architekten Joseph Gire (der auch das Hotel Glória entworfen hatte) pünktlich. Bauleiter war übrigens der Deutsche Lambert Riedlinger, der den Stahlbeton in Brasilien eingeführt hatte. Doch schnell wurde klar, dass das Hotel nicht rechtzeitig zu den Jahrhundertfeiern fertig werden würde. Viel Material wurde importiert, aus Deutschland unter anderem der Zement, der Marmor selbstverständlich aus Carrara, Italien. Auch viele Facharbeiter wie die Möbeltischler und Dekorateure wurden von Übersee eingeschifft. Die baulichen Anforderungen für den Bau auf 12.000 Quadratmetern Grundfläche waren komplex: Das Fundament musste 14 Meter tief ausgeschachtet und mit einer speziellen Mauer gegen die Bewegung der Gezeiten geschützt werden, wie eine Sturmflut während der

Das berühmte Copacabana Palace Hotel

ersten Bauphase schnell klarmachte. Die blitzend weiße Fassade bediente sich stilistisch bei mediterranen Referenzen wie dem (kleineren) Negresco in Nizza und dem (größeren) Carlton in Cannes an der Côte d'Azur.

Erst elf Monate nach dem Ende der Feierlichkeiten war der imposante Palast fertig. Und er blitzte, innen wie außen. Die Kronleuchter waren tschechischer Fertigung, die Möbel aus Schweden, englisch die Teppiche, das Kristall von Baccarat, das Porzellan original Limoges und die großen Schmuckvasen im Casino aus venezianischer Bronze. Die gesamte Kücheneinrichtung wurde aus Frankreich geholt, inklusive des renommierten Chefkochs. Um 230 Apartments, zwei Restaurants, sechs Salons und einen Veranstaltungssaal kümmerten sich mehr als 1.000 Angestellte; das war selbst gemessen an den großen Hotels Europas sehr viel.

Über dem breiten Erdgeschoss der Säle und Salons mit seinen doppelt mannshohen Rundbogenfenstern erheben sich vier Stockwerke und ein Dachgeschoss. Die blütenweiße Fassade stellte sich gegen das offene Meer mit aufgeräumter Entschlossenheit und klassizistisch aufgerüsteter Eleganz, der fünf durchgehende Erker an der Front und je zwei an den Seiten Struktur gaben.

»Für die Werbung des Neuen Brasiliens und das elitäre Publikum ist die heutige Eröffnung des Copacabana Palace Hotel ein Glücksfall. Es ist das Einzige, was noch zur Ergänzung des phantastischen Szenarios der wunderbaren Stadt gefehlt hat«, stellte *O Jornal* fest. Der Begriff der »Wunderbaren Stadt«, der *Cidade Maravilhosa*, war hier bereits eingeführt. Im Original lautet er wohl

»Rio: Ville Merveilleuse«, denn unter diesem Titel veröffentlichte eine Enkelin Victor Hugos 1912 einen Gedichtband. Jane Catulle Mendès prägte damit einen Begriff, der seit Langem offiziöser Beiname der Stadt ist und die Überschrift des Rio-Mythos, in dessen Zentrum Copacabana steht.

Nicht nur Walter Funke empfand die Ambivalenz Copacabanas Mitte der 1920er Jahre: Einerseits sei Copacabana »ein Stück Rio eigenster Art. Von der Natur ausgestattet mit einer Fülle des Segens. Wo brandet der Ozean in solcher Kraft auf einen so unvergleichlichen Strand? Was ist Norderney, Scheveningen oder Dieppe gegen diese Verbindung von Meereshauch, Sonne und Kultur? Wo hätte eine Weltstadt dieses Seebad, dieses luxuriöse Viertel, diesen Traum von seligem Genießen der unaussprechlich gütigen Natur und diese Stätte kultivierten Lebens so dicht vor den Toren?« Doch die Architektur Copas hatte es ihm wenig angetan: »Freilich, die Natur ist auch hier von dem Geschmack der Menschen hin und wieder verschandelt … Villa an Villa nimmt den teuren Strand ein, und jede ist in einem anderen Stil errichtet. Man glaubt die Hirngespinste aller Architekten diesseits und jenseits des Ozeans Stein geworden … Stil? Unsinn! Das Grundstück ausnutzen, ist das alleinige Panier. So kann man es erleben, daß eine kitschige Nachbildung einer italienischen Villegiatur neben einem Stück unseres verblichenen Jugendstils steht, daß Säulen und Erker, Loggia und Türmchen eine Symphonie des Geschmacks komponieren, in der jegliches Thema fehlt, und die Fiorituren fixer Handwerksmäßigkeit ihre seelenverwundende Aufdringlichkeit ins Gesichtsfeld rücken.«

Einem Einheimischen dürfe man das aber keineswegs sagen, stellt Funke fest, »für ihn ist Copacabana der Inbegriff aller Schönheit der Welt«. Und besonders erfreue es ihn, wenn man das Copacabana Palace als Gipfel der Pracht lobe.

Das Hotel setzte den Schlussstein des Neuen Rio der Belle Époque. Ein Stein gewordenes Zukunftsversprechen, das Augenhöhe in Aussicht und Ansicht stellte. Rio inszenierte sich gleichsam als

Postkartenmotiv, doch der Antrieb ging aus einer Verzweiflung der geistigen Führungsschicht über die eigene Rolle im Konzert der modernen Nationen hervor. Tatsächlich war, als das Palace eröffnet wurde, die Zukunft des Neuen Rio schon Vergangenheit. Seine Protagonisten standen bereits mit einem Bein im Geschichtsbuch, seine Bauten strebten schon ihrem Abriss entgegen. Nach Fertigstellung war das Copacabana Palace von jedem Punkt in Copacabana oder Leme aus sichtbar, erhob es sich doch deutlich über die zwei- oder dreigeschössigen Villen und Palästchen. Doch das sollte nicht lange so bleiben. Das Jahr der Jahrhundertfeiern 1922 markiert den Beginn der brasilianischen Moderne. Und diese Moderne sollte tatsächlich das jahrhundertelange Begehren nach dem ganz eigenen, »brasilianischen« Ausdruck befriedigen. Es war die Architektur, der es besonders sichtbar gelang, mit Klassizismus und Historismus zu brechen, also mit jenem Kopiermodus, der noch den Architekten des Palace den Zeichenstift geführt hatte.

Grünblaue Jahre, goldene Zeiten: Die frühe Moderne in Copacabana

Otto O'Kennutchy Guimarães war erst 26 Jahre alt und damit so jung wie das Jahrhundert, aber seiner Vision mangelte es weder an Größe noch an Klarheit. Von der Düne herab betrachtete er das »herrliche Schauspiel der sich auftürmenden und sich brechenden Wogen, die zuweilen heftig gegeneinander schlugen. Das Meer präsentierte sich fast immer im schwindelerregenden Grün der Bilder von James Whistler. Doch zuweilen färbte sich die Oberfläche in Indigo ein, ein fast gewalttätiger Farbton, ein durchdringendes Blau.« Dann schweifte sein Blick landeinwärts über die *villa*, mehr Dorf noch als Städtchen. Vor seinem Auge verschwanden die Fischerhütten am Strand, die kleinen Häuschen mit ihren Veranden und Fensterläden, ebenso die weißen Bungalows, der Sand, der als Straße diente, die krummen Gemischtwarenläden. Sie wichen dem Großen und Großartigen; vielstöckige Hotels, Badeanlagen, denen es an keinem Luxus fehlte, Casinos, vor deren Portalen am Abend die schwarzen Limousinen vorfahren würden, wunderschöne Damen am Arm ihrer schwarzbefrackten und auch sonst gutbetuchten Kavaliere, eine befestigte, durchgehend beleuchtete und erlesen ausgestattete Strandpromenade – Ipanema City, das den Vergleich mit Miami oder Palm Beach nicht zu scheuen brauchte.

Der junge Ingenieur, Sohn eines Brasilianers und einer Irin, hatte viel Überzeugungsarbeit bei seinen potenziellen Investoren zu leisten. Sicher, die Seebäder Frankreichs, Englands und Deutschlands, die Touristenstrände in den USA, sie alle florierten. Aber hier war eine Menge Geld aufzubringen, und ob Rio dafür genug zahlungskräftige Touristen anziehen würde, war doch zweifelhaft. Doch ein gut organisierter Trip nach Ipanema und Ottos Redegewandtheit halfen, einigen der reichsten Geschäftsleute Rios die Zusage abzuringen, Ipanema City zu bauen. Die 5.000 *contos de réis* Startkapital waren zusammengekommen.

Tage darauf war der Deal geplatzt. Völlig überraschend verkündete die US-amerikanische Johnson-Gruppe über die Presse, man werde am Strand von Flamengo ein ähnliches Projekt verwirklichen, größer allerdings und mit doppelt so viel Kapital. Statt der 20 Prozent Dividende, die die Ipanema-City-Gesellschaft den Aktionären bot, werde die neu zu gründende Flamengo-Strand-GmbH 30 Prozent bieten. Die wichtigsten Investoren der Ipanema-City-Gesellschaft stiegen aus. Das Projekt eines mondänen, modernen Seebades in Ipanema schien gestorben. Otto verfiel dem Opium und war dem Selbstmord nahe, den sein Assistent – stilecht von den Klippen unter der Avenida Niemeyer zwischen Ipanema und São Conrado herab – bereits begangen hatte.

Wir müssen uns allerdings keine Sorgen machen. Nicht nur, weil Otto durch die Heirat mit der zarten Aglaé, die auf ärztliches Anraten zwecks Meerbades ihren einflussreichen Onkel in Ipanema besuchte, seiner finanziellen Sorgen enthoben war. Sondern vor allem, weil Otto, das Projekt Ipanema City, Aglaé und Assistent Clarindo nur in der Phantasie des brasilianischen Autors Théo-Filho und seiner Leser existieren. Der Roman *Praia de Ipanema* (Strand von Ipanema) erschien 1927 und entwarf als gescheitertes Projekt das, was man in Copacabana zu verwirklichen trachtete. In dem, was sich eine Bucht weiter deutlich ankündigte, fand Théo-Filho die Inspiration für seine »Ipanema City« – das erste Luxushotel gab es ja schon. Und im wirklichen Leben hatte sich 1892 bereits eine Gesellschaft bei der Stadtverwaltung die Genehmigung für »Gávea-Stadt« gesichert. In Ipanema und Leblon sowie dem stadtauswärts anschließenden Gávea – alles noch weitgehend unerschlossenes Gebiet – sollte eine moderne Badestadt entstehen. Das Projekt gab es zwar nur auf dem Papier, gewann aber auf den Romanseiten Théo-Filhos ein zweites Leben. Und bereits wenige Jahre später warben Investoren intensiv für die Erschließung von Leblon, das Anfang der 1930er Jahre noch kaum urbanisiert war. Der Prozess zog sich über Jahrzehnte hin, doch unzweifelhaft verlängerte sich das Konzept einer »aristokratischen« Stadt in der Stadt am Meer nach Ipanema, Leblon, Gávea und São Conrado sowie ab den 1970er Jahren nach Barra de Tijuca, und gerade Gávea bewahrt zusammen mit Leblon, mit allen Widersprüchen und Favelas, noch am ehesten den Nobelcharakter, den Copacabana längst verloren hat.

Art déco in Copacabana

Pläne von Ipanema City legt der Roman nicht vor, aber es ist leicht vorstellbar, dass sie ein schönes Beispiel für ein Viertel im Stile des Art déco geworden wäre. Seit der Pariser Ausstellung »Exposition internationale des Arts Décoratifs et industriels modernes« von 1925 hatte der Stil, der keiner war, Architekten und Künstler rund um den Globus fasziniert. Art déco gehört in der brasilianischen Architektur zum Aufbruch in die klassische Moderne, von deren

*Das Edifício Ypiranga –
im Dachgeschoss befand sich das
Büro von Oscar Niemeyer*

Virus die brasilianische Kunst bereits
infiziert war. Die Beaux-Arts-Archi-
tektur, der historistische Baustil
der akademischen Kunst hatte sich
überlebt, aber auch die Ornamentik
und Spielerei des Jugendstils gehörte bereits einer anderen Zeit an. Der
Aufruf zur anthropophagischen Entwicklung einer eigenen Moderne
stand unüberhörbar im Raum.

Art déco hatte in Brasilien seine
Hochzeit erst in den 1930er und
1940er Jahren. Es war gewissermaßen ein letztes Atemholen der Run-
dungen und des Schiefen, bevor die strenge Gerade und der rechte
Winkel ihren Siegeszug antraten.

Doch die Moderne hinterlässt schon Spuren. Die Linienfüh-
rung ist den neuen Verkehrsmitteln, der Luftfahrt und den großen Ozeanriesen nachempfunden. Das ist schön zu sehen beim
1935 erbauten Edifício Ypiranga, Avenida Atlântica 3940, dessen
zwei voluminös-runde Erker sich wie ein doppelter Bug gegen die
nahe Brandung richten – wobei es wohl nicht zu Unrecht auch
wie eine steingewordene Männerphantasie wahrgenommen wurde, wie der Spitzname »Mae West« suggeriert. Berühmt ist das
Ypiranga-Gebäude auch, weil der Weltarchitekt Oscar Niemeyer
in der Dachwohnung seine Arbeitsräume einrichtete. Unschwer
ist in Niemeyers Werk zu erkennen, dass das, was er aus dem
Fenster des Ypiranga sah, inspirierend wirkte: die sanft geschwungene Linie der Welle und der Bucht, die dominante Geometrie von
Copacabana.

Das Stromlinienförmige und Kurvenreiche sind ja Kennzeichen der Architektur des Art déco, die mehrfach in Copacabana zu entdecken sind, und man wird nicht sagen können, dass dies hier nicht passte. Nicht umsonst waren auch die Türme der Rettungsposten – die *postos* – in den 1930er Jahren im Art-déco-Stil gehalten und richteten ihre halbrunden Erker und Überwachungsbalkone gegen die Brandung. Auch wenn die meisten Art-déco-Gebäude, ebenso wie die des Eklektizismus, der Neubauwelle der 1960er Jahre

Eingang des Edifício Petrônio

zum Opfer fielen, ist Copacabana als Ensemble der Sieg der Kurve über die Linie. Es sollte nur noch wenige Jahre dauern, bis die scharfen Kanten und rechten Winkel der modernen Großgebäude das Stadtbild Copacabanas dominierten – doch die Konkave der Bucht, die Rundungen der *morros*, die den Stadtteil begrenzen, und ihre geschwungene Silhouette gegen den Abendhimmel konterkarieren weiterhin das Kantige.

Die Eleganz der Formen des Art déco lassen sich auch gut am und im Cine Roxy sowie am Gebäude Ceará betrachten. Beide sind in der Avenida Nossa Senhora de Copacabana zu finden. In die Fassade des letzteren sind Erker wie kleine Wellen eingelassen. Das stolze Itaoca-Gebäude mit seinen wuchtigen Rundungen und dem an eine Maya-Pyramide erinnernden Eingangsbereich in algengrüner Keramik hingegen liegt in der Rua Duvivier auf Reede. Ebenfalls in Grün gehalten, ebenfalls ein Beispiel für den indigenistischen Art déco und ebenfalls in der Duvivier gelegen ist das Itahy, über dessen besonders kunstvoll geschmiedetem Portal eine Indio-Nixe kauert.

Die Eingangshalle des Edifício Ribeiro Moreira (früher OK)

Die Fassaden sind jedoch zumeist weniger opulent gestaltet als beim Ypiranga oder Ceará; die ganze Fülle und Varianz der Dekoration enthüllen, wie so oft bei den Art-déco-Gebäuden, die Eingangsbereiche, die in Marmor, Tropenholz und anderem hochwertigem Material gehalten sind. Schöne Beispiele sind die Gebäude Brasil in der Rua Fernando Mendes, das Ribeiro Moreira – das frühere OK galt 1928 als erster »Wolkenkratzer« Copacabanas – oder das Petrônio, letztere beide in der Rua Ronald de Carvalho gelegen. Besonderes Augenmerk sollte den schmiedeeisernen Portalen und Balustraden oder der Buntverglasung gelten, hier entfaltete sich der Art déco im Detail. Der kippbare Sonnenschutz aus festem Material wie Holz oder Beton vor den Fenstern heißt »Copacabana-Jalousie«.

Die »Deko« zeigt Florales, aber auch Figürliches etwa aus der Kunst von Amazonas-Indianern, besonders in der Art-déco-Variante der Marajoara, benannt nach der Ilha de Marajó. Damit zeigten die Art-déco-Architekten, dass sie den Aufruf der brasilianischen Modernisten zur kreativen Anverwandlung des europäischen Vorbilds ins nationale Eigene (statt der Kopierkunst des Historismus) verstanden hatten. Charakteristisch sind die flächigen, schablonenartigen Buchstaben, mit denen oft der Name des Gebäudes über dem Eingang bezeichnet ist.

Viele Beispiele für den Art déco in Copa haben die Preissteigerungen für den Quadratmeter Boden nicht überlebt und lassen sich heute nur noch in Schwarz-Weiß betrachten. Aber apropos: Der berühmte Bürgersteig der Avenida Atlântica, die schwarz-weißen Wellen in portugiesischem Pflaster, steht zwar in der viel älteren Tradition portugiesischer Pflastermosaike (daher auch der brasilianische Name »portugiesische Steine«). Doch die aktuelle Version, die einmal mehr den Wellenverlauf von senkrecht auf parallel zur Brandung änderte, stammt aus den 1940er Jahren und kann durchaus als das wohl größte Monument des Art déco in Rio gelten. Die große Erweiterung der Avenida Atlântica in den 1970er Jahren, als dem Meer Dutzende Breitenmeter abgetrotzt, Straße und Strand verbreitert wurden, konzipierte die Strandpromenade zwar ganz neu, behielt aber das Design für den Bürgersteig bei. Der Landschafts- und Gartenarchitekt Roberto Burle Marx, in São Paulo geborener Sohn des von Trier aus ausgewanderten Wilhelm Marx, entwarf kongenial zu den Wellen sein Pflaster, das zumeist als Mittelstreifen der nun sechsspurigen Avenida Atlântica dem Küstenverlauf folgt. Der ganze Formenreichtum der Installation von Burle Marx erschließt sich allerdings nur den Möwen von Copacabana …

Wenn man also ein wenig genauer hinsieht, ist Art déco in Copacabana noch sehr präsent. Und so lag es nahe, 2011 den zweiten Art-déco-Weltkongress in Copacabana auszurichten, fußläufig von der Praça do Lido entfernt.

Doch das berühmteste aller Art-déco-Kunstwerke Rios steht nicht in Copacabana, sondern 709 Meter über dem Meeresspiegel und ist selbst noch einmal 38 Meter hoch: die Christusstatue auf dem Corcovado. Französische und brasilianische Künstler entwarfen sie in der Hochzeit des Art déco. 1931 nach fünf Jahren Bauzeit eingeweiht, gilt sie als größte Art-déco-Statue der Welt.

Neues Bauen: Die frühe brasilianische Moderne

Der Einweihung des Christus wohnte Getúlio Vargas mit seinem gesamten provisorischen Kabinett bei. Im Jahr zuvor war der kleine Mann aus Südbrasilien bei einem unblutigen Putsch an die Macht gekommen. Die sogenannte »Revolution von 1930« brach die Vorherrschaft der Kaffeepflanzer, aber nicht die Macht der alten Oligarchien. Brasilien war jedoch insofern auf Augenhöhe mit Europa, als der dortige Zug zum Antidemokratischen und zur Führer-Massen-Symbiose als politischem Ordnungsprinzip auch in Brasilien eine Variante ausbildete. Vargas führte populistische Formen in die brasilianische Politik ein, machte auch die Arbeiterklasse, wenn nicht zum politischen Subjekt, so doch immerhin zum Gegenstand politisch-sozialer Maßnahmen. Das Besondere an Vargas war, dass er in seiner politischen Karriere – nacheinander, zuweilen gleichzeitig, aber immer überzeugend – den konservativen Revolutionär, den faschistischen Diktator, den sozialdemokratischen Parteigründer und den gescheiterten Volkshelden gegeben hat. Zu Recht trug ihm diese Leistung einen Platz in der nationalen Mythologie ein.

Die »Revolution von 1930« sorgte für eine Aufbruchstimmung innerhalb der gebildeten Mittelschicht, die sich nun endlich politisch einflussreich glaubte. Das gab dem »Neuen Bauen« in der brasilianischen Architektur einen Schub. Was mit der Woche der modernen Kunst 1922 in São Paulo begonnen hatte, sich mit dem Manifest der funktionellen Architektur fortsetzte, das der Russo-Brasilianer Gregori Warchavchik 1925 veröffentlichte, und mit den Vorträgen des französischen Stararchitekten Le Corbusier 1929 einen Höhepunkt erfuhr, sollte sich nun institutionalisieren.

1927 entstand in Copacabana (Avenida Atlântica 3804) das erste Haus reiner Form von Rio de Janeiro. Heute ein Häuschen inmitten der Vielgeschosser, hat es dem Druck der Immobilienspekulation widerstanden und dient derzeit als österreichisches Konsulat. Andere moderne Frühwerke entstanden in Copacabana, überlebten aber nicht. Marcelo Roberto etwa baute 1932 ein Wohnhaus, für das er auch die Möbel entwarf. Das Haus war mehrere Wochen lang für das Publikum geöffnet, um die Vorstellungen der neuen architektonischen Moderne bekannt zu machen.

Das war – noch immer – Avantgarde, denn 1930 erklärte der in Rio abgehaltene Panamerikanische Architektenkongress unbeirrt den Neokolonialismus zum »offiziellen« lateinamerikanischen Stil. Der Modernist Lúcio Costa wurde im selben Jahr Präsident der Escola Nacional de Belas Artes (ENBA), veränderte den Lehrplan für Architektur völlig und musste schon nach einem Jahr wieder gehen. Die Faculdade Nacional de Arquitetura, von der ENBA gegründet, wurde bis zu den 1950ern zur Festung der konservativen Architektur in Brasilien. Für öffentliche Gebäude blieb der neokoloniale und klassizistische Stil bis 1935 formgebend.

Doch dann entstanden innerhalb von nur fünf Jahren in Rios Innenstadt Gebäude, die das Paradigma der brasilianischen Moderne für öffentliche Bauten definierten. Die Gebrüder Roberto bauten den Sitz der brasilianischen Pressevereinigung und verwendeten erstmals den von Le Corbusier erfundenen mobilen Sonnenschutz (im Französischen *brise-soleil*) in einem nicht-privaten Gebäude. Trotz seiner massiven Form und seiner formalen Anlehnung an den Stil des französischen Architekten Donat-Alfred Agache, war das 1938 fertiggestellte Gebäude der Ausgangspunkt für den Gebrauch neuer architektonischer Elemente, die später das Besondere der Formensprache von Rio de Janeiro ausmachen sollten: Modulbauweise in Stahlbeton mit Pfeilern im Erdgeschoss, freier Grundriss, Fassaden mit Jalousien, Dachgärten.

Als Le Corbusier 1936 zum zweiten Mal nach Rio reiste, gehörte er zu den Beratern des Architektenteams um Lúcio Costa, das das Ministerium für Bildung und Gesundheit entwerfen durfte. Die Ausschreibung gewann zwar ein traditioneller Entwurf, doch der Minister Capanema ignorierte die Entscheidung der Jury und beauftragte Lúcio Costa, einen neuen Entwurf vorzulegen. 1943 stand dann ein richtungsweisendes Gebäude, das heute als Ikone der modernen brasilianischen Architektur gilt. Die beweglichen

Sonnenschutz-Platten gaben der Nordfassade ihr markantes Gesicht und sollten in den nächsten Jahren vielfach zum Einsatz kommen – denn noch gab es kaum Klimaanlagen in den Büros.

Einen pompösen Sieg feierte die Moderne 1940 mit dem Bau der Avenida Presidente Vargas. Auf 80 Metern Breite und vier Kilometern Länge kamen zahlreiche Altbauten unter den Bagger. Sogar eine Kirche musste weichen. Die Gebäude streben immer höher hinaus. Eine steil aufragende Vertikale in Stahl, Beton und Glas bestimmt nun das Bild der Innenstadt.

1939 sorgte der brasilianische Pavillon von Lúcio Costa und Oscar Niemeyer auf der Weltausstellung in New York für Aufsehen. Mit der Ausstellung »Brazil Builds«, die das New Yorker Museum of Modern Art 1943 zeigte, demonstrierte die moderne brasilianische Architektur ihre Ebenbürtigkeit auf der Weltbühne. In dieser Zeit bildet sich die erste eigenständige Generation brasilianischer Architekten heraus mit berühmten Namen wie Lúcio Costa, Affonso Eduardo Reidy, Oscar Niemeyer, João Vilanova Artigas, Álvaro Vital Brazil und anderen.

Wie im Zeitraffer durchliefen die großen brasilianischen Städte in diesen Jahren einen Prozess der Modernisierung, Industrialisierung, Proletarisierung und Urbanisierung. In zwei, drei Dekaden vollzogen sich Umwälzungen, die andernorts die doppelte Zeit in Anspruch genommen hatten.

Raum für modernes, öffentliches Leben

Copacabana ist eine erste Adresse dieser taumeligen Periode. Mit der Beschaulichkeit ist es dort, wo noch kurz zuvor die Kühe grasten, vorbei. In den 1930er Jahren ist Copacabanas Grund und Boden fast komplett verkauft. Die wichtigsten Straßenverläufe bestehen, nur kleinere Seitenstraßen werden in der Folgezeit noch aufgestoßen. Die Inhangá-Felsenkette nahe des Copacabana Palace begann die Planungen zu stören. Der kleinere, vorgelagerte Felsen durchschnitt noch immer die Avenida Nossa Senhora de Copacabana.

Mit zunehmendem Verkehr war dies unhaltbar; 1935 musste der Felsen weichen, sein großer Bruder fiel in den 1950er Jahren.

Nach Fertigstellung des Copacabana Palace 1923 entstanden in seiner Nachbarschaft die ersten zehn- bis zwölfstöckigen Gebäude. Der Abschnitt zwischen Copacabana Palace und Lido hob sich vom Rest des Viertels ab. Um die Besitzverhältnisse dieses Areals hatte es lange gerichtliche Auseinandersetzungen gegeben, sodass dort kaum Bebauung stand. Mitte der 1930er Jahre konzentrierten sich hier Restaurants, Bars und Hotels. Erleichtert durch den Umstand, dass hier nicht erst ältere Wohnstätten niederzureißen waren, wuchsen die neuen Apartmentgebäude höher als anderswo in den Himmel. 1938 hat der Lido bereits das Gesicht Copacabanas der späten 50er Jahre angenommen – und einen Spitznamen: »Wolkenkratzer-Babylon«.

Hier residierte das Geld, hier pulsierte das (Nacht-)Leben, hier schlug der Zeitschrift *Fon-Fon* zufolge das »Herz Copacabanas«. Nirgends pochte es stärker als im Copacabana Palace. Das Hotel war der mondäne Beleg, dass Copacabana der europäisch-US-amerikanischen Weltläufigkeit in nichts nachstand. Hier rollte die Kugel unaufhörlich über den grünen Filz. Das Hotel diente 1933 als Szenerie für den Film *Flying Down to Rio*, in dem Fred Astaire und Ginger Rogers erstmals zusammen tanzten. Nat King Cole, Sammy Davis Jr., Yves Montand, Marlene Dietrich, die 1959 im goldenen Saal auftrat und mit ihren Allüren dem Personal auf die Nerven fiel, sowie viele andere sangen, spielten und nächtigten hier. Das berühmte Restaurant am Platz war eines der ersten, in dem man auf einer Terrasse im Freien speisen konnte.

Im Rückblick ist man versucht zu sagen, dass hier der Moment erreicht war, in dem eine politische Stadtplanung hätte eingreifen müssen. Copacabana war längst nicht mehr Sommerfrische, Copacabana war Großstadt in verdichtetem, wenn auch besonderem Maße. Pereira Passos hatte ein klares Stadtentwicklungskonzept gehabt; in den 1920er und 1930er Jahren hatten verantwortliche Politiker immerhin den Mut aufgebracht, Visionäre wie Le Corbusier oder den Urbanisten Donat-Alfred Agache mit der baulichen und sozialen Zukunft Rios zu beauftragen. Jetzt aber schien allein die Logik des schnellen Geldes die Baupläne zu schreiben.

Die hohe Inflation in den 1930er bis 1950er Jahren verleitete dazu, verfügbares Kapital sofort anzulegen. Die Immobilienspekulation fand in der Südzone ein günstiges Betätigungsfeld. Es war schick geworden, am Meer zu wohnen. Die Nachfrage stieg, nicht aber der vorhandene Platz. Nicht nur die Oberschicht Rios selbst, auch geldschwere Großgrundbesitzer, Zuckerbarone aus dem Nordosten, Kakaokönige aus Bahia oder Kautschukgrafen aus dem Amazonasgebiet wollten ihre repräsentative Bleibe auf den schicksten Quadratmetern des Landes.

Die logische Konsequenz war die Vertikalisierung. Einfamilienhäuser, auch wenn sie erst 20 bis 30 Jahre alt waren, mussten mehrgeschossigen Gebäuden weichen. In den 1930er und frühen 1940er Jahren endete ihr Wuchs noch bei vier bis fünf Stockwerken, doch schon 1946 gab die Stadtverwaltung dem Druck nach und genehmigte Acht- bis Zwölfgeschosser. 1955 titelte die Zeitschrift *Manchete*: »Copacabana, vertikale Stadt: Die letzten Villen und Paläste werden dem Erdboden gleich gemacht« und berichtete, dass nach neuesten Regierungsdaten das Viertel bereits 30.000 Wohnungen aufweise, dazu weitere 3.870 Wohnstätten in acht Favelas sowie 2.140 Geschäfte und 23 Hotels. So veränderte, neben dem Stadtzentrum, vor allem Copacabana sein Gesicht völlig, wohingegen in Botafogo, Laranjeiras und auch jenseits der Strandpromenade, in Flamengo, die alte Bebauung sich noch bis in die 1950er Jahre behauptete.

»Wie ist diese Stadt gewachsen!«, rief der deutsche Schriftsteller Richard Katz, als Rio-Reisender ein Wiederholungstäter, Anfang der 1940er Jahre aus:

»Wie viele neue Hochhäuser sind aus ihren breiten Quais und Avenidas hochgeschossen … Die Wolkenkratzer-Verwirrung am Copacabana-Strand betrübt einen fast. Was war Copacabana noch vor zwanzig Jahren für ein freundlicher kleiner Badeort mit

Villen im Grünen! Jetzt vermietet man dort Apartements im zehnten und elften Stock. Was ›vermietet‹? So überfüllt ist Copacabana jetzt, daß man ein Apartement *kaufen* muß, um es beziehen zu dürfen.«

Die Apartmentblocks bedeuteten weit mehr als nur eine pragmatische Lösung des notorischen Platzmangels zwischen Meer und Fels. Wer ein Apartment bezog, ließ sich auf einen neuen Lebensstil ein. Nicht, dass alles anders geworden wäre. Wer heute große ältere Wohnungen besichtigt, kann zuweilen zwei oder drei Bedienstetenzimmer hinter der Küche finden. Bis vor Kurzem noch war es völlig normal, dass die *empregada* – die meist schwarze Hausangestellte – im Apartment übernachtete und nur wenige Tage im Monat frei bekam. Obwohl sie nicht selten selbst Familie hatte, musste sie dem Patron und seiner Familie Tag und Nacht zur Verfügung stehen. Standard und Größe der Dienstbotenverschläge im Vergleich zum Rest der Wohnung bilden den Inbegriff eines Gegensatzes. Zwei Salons waren gewöhnlich, drei nicht selten, und von einer Größe, die ausreichte, um eine Gesellschaft zu geben. Wohn- und Essbereich blieben stets getrennt, die Ausstattung sah in der Regel Marmorboden vor, später auch, in der einfacheren Variante, Massivholzparkett, dazu Kristallleuchter und Stuck. Zum Standard gehörte auch der Bau von zwei Aufzügen beziehungsweise von Aufzugsgruppen: »Gesellschaft« (im Sinne von guter Gesellschaft) und »Dienste«. Letztere hielten vor der zweiten Eingangstür zur Wohnung, die direkt in die Küche führte. Körperliche Berührung, ja Sichtkontakt zwischen den niederen Chargen und den Bewohnern waren dadurch auf ein Minimum reduziert. Ähnliches galt – ähnlich paradox – für die Nachbarschaft. Obwohl nur ein paar Wände die Menschen von ihren Nachbarn trennten, waren soziale Beziehungen viel schwieriger als zu den Zeiten der individuellen Häuser, die die Straße sozial wiedererkennbar machten.

So verbanden die Apartments technisch höchstes Niveau – Strom in allen Räumen, Telefon, Gegensprechanlage und Einbauherd, fließend heißes und kaltes Wasser in mehreren Bädern und wassergespülte Toiletten sowie Bidets – mit dem gewohnten Maß an Luxus und Dienstpersonal. Der Eingangsbereich, *hall* genannt, war rund um die Uhr mit Pförtnern besetzt, die den Einlass regelten, Türen offenhielten, Einkäufe trugen oder auch das Automobil parkten. Die Gebäude verfügten über Einrichtungen für Dienstleistungen wie Wäscherei bis hin zu Festsälen für die ganz große Gesellschaft. Ausländer und (Neu-)Reiche bezogen diese Apartments. Und bis heute ist das Wohnen in großen Apartmentblöcken ganz anders konnotiert als in Deutschland. Wer die Neubauviertel am Strand von Barra da Tijuca entlangfährt, wo Quartiere bezeichnende Namen wie »Neu-Leblon« tragen, dem treten Bilder aus Berlin-Lichtenberg oder der Gropiusstadt vor das geistige Auge. Doch da wohnen die, die es sich leisten können. Wohnen im Apartment ist Ausweis sozialen Aufstiegs, nicht Abstiegs.

Und obwohl es sich für viele Bewohner mit zunehmender Bebauung wieder erledigt hat, eröffneten die zwölfstöckigen Gebäude einen Blick neuer Weite aufs Meer, für die vordersten Reihen auch auf den Strand.

Am 18. Mai 1935 kommentierte die Hauspostille der Copacabaner, die Zeitung *Beira-Mar*: »Mancher verdammt diese Wolkenkratzer als unästhetisch, beschimpft und verdammt sie. Doch das ist voreilig; der Wolkenkratzer ist ein Zeichen unserer Zeit, der Zeit der Flugzeuge, des Telefons, der Elektrizität und des Automobils.« Die Beschleunigung, die Verkürzung der Räume und Zeiten wandelte das Ausgebreitete und Horizontale des alten großbürgerlichen Lebens in die Verdichtung eines Viertels am Puls der neuen Zeit, in die Vertikalität, die der Wolkenkratzer so perfekt darstellte.

Weniger fortschrittseuphorisch urteilte die *Revista de Arquitetura e Urbanismo* vom Juli 1936: »Der Alltag in Copacabana verändert sich, und nicht zum Guten: Unsere unbeholfenen Wolkenkratzer schießen aus dem Boden in wahnwitzigem Wettbewerb, türmen sich übereinander und reißen alles nieder: Häuser,

Hygiene, den guten Geschmack, die Schönheit ...« Das Urteil der Architekten überrascht nicht: Die Wolkenkratzer waren weniger architektonisch als sozial modern; in der Architektur setzte etwa das schon erwähnte Ministerium für Bildung und Gesundheit des Architekten Lúcio Costa die Maßstäbe der brasilianischen Moderne.

Letztlich drückte die Präferenz für das Apartment auch einen sozialen Wandel zugunsten des öffentlichen Lebens aus, hinaus in die Straßen, Restaurants, Kinos und Cafés. Es war, auch für die Frauen, eine Absage an den patriarchalen Lebensstil des Heims, der einen bescheiden ausgestatteten öffentlichen Raum den in schwarzem Wollfilz hochgeschlossenen Männern vorbehielt. So kann der private Raum schrumpfen und sich gleichwohl technisch verfeinern, wenn der öffentliche Raum sich erweitert, zumal um einen Strand.

»In den meisten Wolkenkratzern von Copacabana dient als Empfangssalon der Strand, die Promenade. Restaurants, Teehäuser, das footing, die großen Clubs, Sportspektakel und der praktisch tägliche Gang ins Kino – dieses Leben im Außen hat sich an die Stelle des traditionellen häuslichen Familienlebens gesetzt«, analysierte die Zeitschrift *Sul América* 1945. Das erste Hochhaus entstand in den 20ern an der Avenida Atlântica, der heutigen Cinelândia, und bald wurden Apartmentgebäude in anderen Stadtteilen gebaut. Doch nur in einem Stadtteil verbanden sich die in Beton gegossene Fortschrittsattitüde und die Mode so gelungen mit dem Gesundheitsgedanken und einer üppigen Natur. Modernität auf Höhe der »zivilisierten Welt« mit einem Überschuss an natürlichem Luxus zu verwirklichen und zu leben – das war das Angebot von Copacabana. Fünf Kilometer, die den alten Gegensatz von Zivilisation und Natur, und so auch den zwischen Alter und Neuer Welt, in sich aufzuheben schienen.

Anfang 1930 gab es schon 70 Gebäude in Copa, davon sieben mit mehr als zehn Stockwerken und 63 mit mehr als vier Stockwerken. 1937 stellte die Zeitung *Correio da Manhã* lapidar fest:

»Wohnhäuser baut hier niemand mehr, die Apartmentgebäude haben das Zepter übernommen.«

Neue Heimat der aufstrebenden Mittelschicht

Es war vor allem die wachsende, auf Status bedachte Mittelklasse, die nach Copacabana strebte. Und dies in einem Maße, dass – unter den besonderen topographischen Gegebenheiten – ein bauwirtschaftlicher Wahnwitz regierte: 1950 standen bereits mehr als 900 Apartmentgebäude, doch in den Folgejahren wurden vielfach die gerade erst errichteten Wohngebäude wieder abgerissen und durch höhere ersetzt. Zu Beginn dieser Periode verpflichteten die Baufirmen renommierte Architekten, die die ästhetische Qualität der Gebäude garantieren sollten. Zeugnis davon legen die hochwertigen und originellen Art-déco-Gebäude ab. Ab Ende der 1940er Jahre wurden zunehmend große Baufirmen tätig. Diese achteten mehr auf Profit als auf Qualität und ließen die Gebäude von den eigenen angestellten Ingenieuren und Designern entwerfen, anstatt externe Architekten zu beschäftigen. Die ästhetische Originalität der Neubauten in Copacabana nahm stetig ab. Politische und ökonomische Interessen und schnelle Bereicherungsmöglichkeiten auf allen Seiten verquickten sich derart in Copacabana, dass alle Erwägungen, wie das besondere Ensemble von Stadt und Strand, von Moderne und Natur zu gestalten und gegebenenfalls zu bewahren sei, unter Kubikmetern und Kubikmetern von Beton begraben wurden.

In rascher Folge wurden alle verfügbaren Flächen mit zwölfgeschossigen Häusern bebaut, die in immer kleinere Einheiten unterteilt wurden. Auch die untere Mittelklasse drängte nach Copacabana, in dem Bestreben, am sozialen Status, den der Ort versprach, bescheiden – und fast schon zu spät – teilzuhaben, aber auch, um Arbeit zu finden. Die »Demokratisierung« Copacabanas verlangsamte und begrenzte die Vertikalisierung Ipanemas und Leblons; zugleich drängten Infrastrukturprobleme in den Vordergrund und ließen den Ruf nach öffentlichen Investitionen lauter werden. In dem Maße, wie sich die Stadt ausbreitete und eine wachsende Einwohnerzahl mit Produkten und Dienstleistungen versorgt sein wollte, entstanden Subzentren, die diese Nachfrage befriedigten, vor allem solange die gerade erst erschlossenen Gebiete dies nicht konnten. So wurde etwa Copacabana zum »Stützpunkt« für Ipanema, Gávea und Barra de Tijuca. Die Bevölkerung im Viertel wuchs von 74.133 im Jahr 1940 auf 240.347 im Jahr 1960. Das bedeutete 1.000 Bewohner pro Hektar und damit eine der höchsten Bevölkerungsdichten der Welt. Copacabana bot nun alles, was man zum Leben brauchte. Eine Fahrt ins Zentrum war kaum noch nötig. Natürlich zog das billige Arbeitskräfte an, die sich ihre Hütten auf den von der Bauwirtschaft vernachlässigten steilen bewaldeten Felsen bauten. Die Stadtmitte dagegen verwandelte sich in ein reines Verwaltungs- und Kleinhandelszentrum, das ab Samstagnachmittag ausstarb (und bis heute ausstirbt). Die Kinos, Restaurants und andere Vergnügungsorte sowie die Geschäfte für den gehobenen Bedarf wanderten in die Subzentren ab.

Copacabana drohte zur umgestülpten Konserve zu werden: Außen Fisch und Grün, innen Blech. Brasiliens Automobilindustrie kam mächtig in Fahrt, und in der Südzone drängte sich mit der Einkommensklasse ein passender Produktabnehmer. Die alte Südzone veränderte sich in dieser Zeit kaum: Botafogo, Laranjeiras, Flamengo nahmen kaum an Bevölkerung zu, nur in Flamengo ragten in Strandnähe die Vielgeschosser auf. Die frühere aristokratische Gegend von Catete wurde vom Verfall des Zentrums erfasst, und in den herrschaftlichen zweigeschossigen Wohnhäusern richteten sich Geschäfte der alltäglichen Versorgung ein.

Copacabana war auch verantwortlich dafür, dass die Innenstadt sich nicht in dem Maße modernisierte, wie man es hätte erwarten können. Copacabana saugte das Kapital an und damit auch Wirtschaftsbereiche, die man sonst im Zentrum vermutet hätte. Entlang der neuen Avenida Presidente Vargas ließ die Ansiedlung von großen Bürogebäuden und Firmensitzen deshalb auf sich warten. Die Eröffnung der großen Schneise 1944 durch ihren Namensgeber fiel mit dem Beginn des Baubooms in der Südzone zusammen.

Schon 1935 befanden Anwohner übrigens, dass es Copacabana an Grünflächen fehlte, und forderten eine Parkanlage auf der südlichen Avenida Atlântica, analog zur Praça do Lido. Die Stadtverwaltung lehnte ab und ließ in der Folgezeit zu, dass weitere Freiflächen verschwanden. Selbst der naheliegende Gedanke, am Strand schattenspendende Bäume zu pflanzen, fand in den Ämtern kein Gehör. Erst 1985 wurden die Kokospalmen gepflanzt, die wir heute entlang des Strandes sehen. Der Fußgänger-Mittelstreifen auf der Avenida Atlântica fiel dem stark gestiegenen Verkehrsaufkommen zum Opfer: Seit 1931 fuhren neue, deutlich größere Omnibusse und immer mehr PKW in Copacabana – der Traum vom freien Individualverkehr sollte hier früher als anderswo zum Albtraum werden. 1939 ließ Bürgermeister Dodsworth die großen Straßen mit Beleuchtung versehen, zwei der drei Verkehrsadern, die Avenida Atlântica und die Avenida Nossa Senhora de Copacabana, erweitern und die Arbeiten für die zweite Röhre des »Neuen Tunnels« in Leme beginnen – alles überfällige Maßnahmen, die dem Verkehrsaufkommen schon kaum mehr Rechnung trugen, als sie ausgeführt waren.

Um 1937 wurden die simplen Bademeister-Ausgucke am Strand durch feste gemauerte Stationen ersetzt, den durchnummerierten *postos*. Sie verfügten über mehrere kleine Etagen, Toiletten und Lautsprecher, die Nachrichten, Wetter und den nächsten Gymnastikkurs vor Ort durchgaben. Die sechs Postos in Copacabana wurden zum räumlichen und kulturellen Bezugspunkt: Sie strukturierten im kollektiven Bewusstsein der Bewohner – und auch der anderen Cariocas – alsbald das Viertel (»Nein, ich meine den Eisladen Ecke Bolívar, da kurz hinterm Posto Quatro«), die besonders angesagten Ecken und die nomadisierenden Moden, die gewissermaßen den Strand rauf- und runterwanderten.

Seit den 1930er Jahren waren in Copacabana zwei sich überschneidende Infrastrukturen entstanden: eine touristische und eine kleinstädtische. Hotels, Pensionen und Restaurants vermehrten sich, doch nicht ihr spezifischer Bedarf bestimmte die Gewerbestruktur, sondern der der rasant wachsenden Wohnbevölkerung. Bäckereien, Lebensmittelläden und Drogerien dominierten das Stadtbild, und von Schraube und Farbeimer bis zum Hundehalsband konnte man alles in der Nachbarschaft kaufen, außerdem bei den lokalen Bankfilialen seine Geldangelegenheiten abwickeln. Ende der 30er Jahre eröffnete eine Filiale des Warenhauses *Lojas Brasileiras*. Aus einem »Schlaf- und Badedorf« war in drei Jahrzehnten eine weitgehend autarke mittlere Großstadt geworden.

Wo heute am *posto seis* das Hotel Sofitel steht, eröffnete 1934 das *Cassino Atlântico*. Dorthin, wo der Strand den Felsen berührt, hatten sich ja nicht nur die letzten Fischer zurückgezogen, sondern auch das Halbseidene und Rotlichtige. Das Kabarett *Mère Louise* war bald für seine horizontal ausgelegten Hinterzimmer berüchtigt. Ein Glücksspieltempel, der neben Restaurant und Bar auch Gesang und Tanz leichtbekleideter Mädchen bot, den zehn Jahre zuvor Madame Rassimi mit ihrem Ba-ta-clan-Ensemble den staunenden Cariocas vorgeführt hatte. Ein solches Etablissement war hier also im Prinzip am richtigen Ort. Allerdings trat das *Atlântico* ganz groß auf und zündete alle Lampen an. Ein Treffpunkt der guten Gesellschaft wollte es sein, und dafür musste ein letztes Mal der europäische Spiegel bemüht werden: »Paris am Strand von Copacabana« lautete der Slogan, der die Weltläufigen in den wuchtigen Art-déco-Bau mit seinem halbrunden Frontturm locken sollte. 1946 allerdings verbot Präsident Gaspar Dutra das Glücksspiel in Brasilien, und das Casino musste zwölf Jahre nach der pompösen Eröffnung schließen.

Eines aber hat die Transformation Rios und die Entwicklung Copacabanas in der frühen Moderne den Brasilianern schließlich auf jeden Fall gebracht: die Befreiung vom europäischen Spiegel. In Copacabana zu wohnen, war nicht nur für Brasilianer das Maß der Dinge, sondern reichte an die transatlantischen Träume heran, wie ein Plakat von 1929, das eine schöne Strandgängerin zeigt, illustriert: »Eine Reise nach Galveston [texanischer Badeort, D.B.], danach eine Reise nach Europa, ein schönes Auto der besten Marke, ein Bungalow in Copacabana, ein Schlößchen in Petrópolis und schöner Schmuck, das alles könntest Du bekommen, mit einem Los der São João Bundeslotterie«.

Zur Fußballweltmeisterschaft 1938 in Frankreich nahm die berühmte brasilianische Sängerin und Schauspielerin Carmen Miranda ein Stück der Komponisten Alberto Ribeiro und Alcyr Pires mit dem Titel *Paris* auf, und der Text geht so:

»Immer wollte ich Paris kennenlernen. / Aber als ich hinfuhr / Und die Metro sah, / Überkam mich das Heimweh, / Und schleunigst kehrte ich hierher zurück. / Paris, Paris, Dein Fluss heißt die Seine, / Paris, Paris, Du hast die Blonden, aber nicht die Dunklen, / So schöne Frauen mit blauen Augen. / Du bist die Stadt des Lichts, / Paris, Paris, je t'aime / Aber viel besser gefällt's mir in Leme.«

Der Samba ist heiß, aber schuld ist nur der Bossa Nova

Eine neue Musik zwischen Apartment und Meer

Eine Geschichte des Bossa Nova muss natürlich mit dem *Girl from Ipanema* beginnen. Die wohl bekannteste Legende des Bossa Nova rankt sich ja um dieses Lied des Pianisten Antônio Carlos Jobim und des Dichters – und seinerzeit noch Diplomaten – Vinicius de Moraes. Sie geht so: Die beiden saßen in der *Bar Veloso* in Ipanema, Rua Montenegro (heute: Rua Vinicius de Moraes) Ecke Rua Prudente de Morais, als sie jenes Mädchen sahen, »tall, and tan, and young, and lovely«, auf ihrem Weg zum nur einen Block entfernten Strand. Verzaubert und inspiriert von ihrem Anblick, entging den beiden Bohémiens noch am Kneipentisch das Lied als tiefer, wohliger Seufzer: »Schau her, welche Schönheit, so voller Anmut, wie dieses Mädchen daherschreitet, in süßem Wiegeschritt, dem Meer entgegen; ein Mädchen, golden ihre Haut ...«

Das Mädchen gab es: Heloísa Eneida Menezes Paes Pinto, genannt Helô. Helô war 19, einen Meter und 69 Zentimeter schlank, hatte grüne Augen, lange schwarze Haare, wohnte tatsächlich in der Rua Montenegro und war der ansässigen Männerwelt wohlbekannt. Und tatsächlich hatten beide Helô vorbeilaufen sehen; nicht ein Mal, sondern oft, wenn das gut behütete Mädchen zur Schule ging, zur Schneiderin, zum Zahnarzt, oder eben auch zum Meer.

Der Rest war Arbeit.

Tatsächlich waren zwar beide Autoren Kneipenaufenthalten nicht abhold – der Whiskykonsum von Vinicius de Moraes ist legendär. Aber sie gingen nicht in die Bar, um zu arbeiten. Der Text entstand in Petrópolis, der Sommerfrische des letzten brasilianischen Kaisers Pedro II. und Heimat von Vinicius' dritter Frau. Antônio Carlos alias Tom Jobim war gerade umgezogen, als das

Lied entstand. Die Musik komponierte er wie zumeist zu Hause am Klavier. Das Publikum bekam das Lied erstmals im August 1962 zu hören, in der wohl besten Bossa-Nova-Show, die es in Rio je gegeben hat: Im Nachtclub *Au Bon Gourmet* traten zum ersten und einzigen Mal Jobim, Vinicius de Moraes und der Über-vater João Gilberto auf, dazu der hochversierte Milton Banana am Schlagzeug und Otávio Bailly am Bass. Dazu sang das be-kannte Bossa-Gesangsquartett *Os Cariocas*. Bossa-Experte Ruy Castro urteilt: Es war vielleicht der größte Moment des Bossa in Brasilien – und wie es bei größten Momenten so ist, der Anfang vom Abstieg im Land, in Rio. Der Bossa hatte seit Jahren in der Südzone der Stadt gebrodelt, und langsam ging ihm das Gas aus. Nach intensiven drei Jahren war das Neue nicht mehr neu, ande-re musikalische Entwicklungen drängten heran. Die Partnerschaft Tom-Vinicius war zu Ende, der eine ging nach New York, um der Internationalisierung des Bossa Schub zu verleihen und selbst endlich einmal ordentlich Geld zu verdienen, den anderen berief das Außenministerium nach Paris. *Garota de Ipanema*, so der por-tugiesische Originaltitel, besang, zumindest ein wenig, das Ende einer großen Zeit, nämlich der ersten Phase des Bossa Nova.

Das Lied hat allerdings weltweit einen großen Irrtum ausgelöst. Es macht glauben, der Bossa Nova hätte seinen Ort in Ipanema gehabt. Zwar wohnte Vinicius in Ipanema, und Tom hatte dort sogar einen Teil seiner Kindheit zugebracht, aber entstanden und groß geworden ist der Bossa in Copacabana. Ipanema war Anfang der 1960er Jahre ein ruhiges Wohnviertel, Copa der Ort, wo die Nacht zum Tage wurde. *Au Bon Gourmet* lag natürlich an der Avenida Nossa Senhora de Copacabana, so wie Dutzende weiterer Clubs, Bars und Theater, in denen der Bossa gespielt und gesun-gen wurde. Der Bossa ist mit dem Lebensstil der ganzen Südzone Rios engstens verbunden. Aber Wiege und Laufstall stehen in Co-pacabana und nirgendwo sonst.

Außerdem mischt die Geschichte des *Girl from Ipanema* ja trotzdem einige der klassischen Zutaten des Copacabana-Mythos:

schöne Frau, Strand, Sehnsucht – gewürzt mit der »Bar an der Ecke«, neben dem Strand einer der wichtigsten Wohlfühlorte der brasilianischen Populärkultur.

Tom und Vinicius haben erst drei Jahre später enthüllt, dass Helô die Muse des jetzt weltberühmten Songs gewesen war. Auch sie selbst erfuhr es erst dann – und hatte doch wenig von ihrer plötzlichen Berühmtheit. Ihr strenger Vater, ein hochrangiger Offizier der Armee, und der Bräutigam waren dagegen, dass sie Interviews gab oder bei den 400-Jahr-Feiern der Stadt Rio als Maskottchen auftrat, wie sich das die PR-Abteilung der Stadtverwaltung ausgedacht hatte. Auch die Hauptrolle im Film *Garota de Ipanema*, in der ihr wichtigstes Kostüm ein Bikini sein sollte, musste sie ablehnen. Die neugierigen Augen des internationalen Publikums bekamen sie erst 25 Jahre später zu sehen, als sich die mittlerweile 44-jährige im brasilianischen *Playboy* ablichten ließ. Für die nächste Generation wiederholte sie die Enthüllung im selben Magazin noch einmal mit 60, zusammen mit ihrer Tochter Ticiane.

Verstimmt, aber angesagt

Dass der Bossa etwas Neues brachte, sagt schon der Name. Denn *bossa* hieß übersetzt »angesagt«, »modern« oder, wie man heute sagen würde, »cool«. *Bossa* war damals ein durchaus gebräuchlicher Begriff. *Bossa Nova* meinte also soviel wie »das neue Ding« in der Musik. Tom Jobim und Vinicius de Moraes zogen den Begriff in ihrem berühmten *Desafinado* (Verstimmt) heran, um zu benennen, was sie anders machten – damit stand der Markenname fest: »Wenn Du darauf bestehst / und mein Spiel unmusikalisch nennst / Dann muss ich sagen, selbst wenn ich lüge, / dass dies Bossa Nova ist, / dass dies ganz natürlich ist.«

Eigentlich ist Bossa ganz einfach: Das Becken spielt als zarten Rhythmusteppich die Achtel durch, darüber klackt auf dem Rand der Snare Drum der Beat – ein Off-Beat, zumeist kurz als beständige Synkope vor den Taktschlag gesetzt, so wie es der Swing auch tut. Die Gitarre spielt nicht einzelne Töne wie sonst üblich, noch werden ihre Saiten geschlagen wie beim *cavaquinho*, dem ukuleleartigen Instrument des Samba. Es werden durchgängig ganze Akkorde gezupft. So entsteht, zusammen mit dem Beat auf der Snare Drum, der berühmte Bossa-Schlag.

Die Harmonien bilden meistens alterierte, das heißt verminderte, oder um Quarten, Nonen und Septimen erweiterte Akkorde, wie sie im Bebop der Zeit üblich waren. Für die Melodieführung typisch sind Kleinintervalle, die kräftig mithelfen, den Eindruck des »Verstimmten«, des »Desafinado«, hervorzurufen. Oder der harmonische Reichtum entfaltet sich gleich über nur einem Ton: »Schau mal hier ein kleiner Samba / Mit nur einer Note fängt er an / Andere kommen dann hinzu / aber eigentlich ist es nur eine / die andere ist die Folge dessen / was ich gerade gesagt habe / so wie ich die unausweichliche Folge bin / von Dir«, heißt es im *Samba de Uma Nota Só*, im *One Note Samba*, einem der ganz bekannten Bossas.

Was macht den großen Reiz des Bossa-Rhythmus aus? Die Frage muss jeder Infizierte für sich selbst beantworten. Man kann fühlen, wie die polyrhythmische Gleichzeitigkeit von durchgängigem Takt und beständiger Gegensynkope die Körpermitte in unentwegtes Wiegen versetzt. Das kann süchtig machen, weil das Gefühl entsteht, als vereinten sich Luft und Erde in leichtem Tanz; keine kleinteilig-ekstatische Bewegung der Füße und eine Hüftrotation wie beim schnellen Samba, kein Gliederrucken und Köpfezucken wie bei der Rock-Musik, sondern ein schwebender Swing, dessen Energie sich aus sich selbst heraus ständig erneuert. Ein eher stiller Genuss, ein fast kontemplativer Rhythmus, mehr Zärtlichkeit als Leidenschaft; ein Wiegenlied des Samba.

Den Bossa kann nicht verstehen, wer den Samba nicht kennt. Zwar erfanden die Bossistas einen neuen Rhythmus und eine neue Tonsprache mit neuen Harmonien und vollbrachten zumindest in den Ohren vieler Zeitgenossen eine musikalische Revolution. Doch aller Umwälzungsempfindung zum Trotz: Bossa Nova ist eine Weiterentwicklung des Samba, der auch vorher schon so unterschiedliche Formen kannte wie den leisen, balladenhaften, eher kammermusikalischen *samba-canção* in kleiner Besetzung sowie den trommelfellattackierend dahingaloppierenden *samba-de-enredo*, dessen Perkussionisten allein nach Dutzenden zählen. Und Bossa konnte nur werden, was Bossa war, weil sich mit dem Samba die Rolle von Populärmusik in der brasilianischen Gesellschaft geändert hatte.

Aber wo hat es nun angefangen mit dem Bossa Nova? Im Hotel Plaza, sagt der Gitarrist Baden Powell, an der Avenida Princesa Isabel, heute ein achtspuriger Fußgängertod, die Leme vom Rest der Copacabana trennt. »In diesem Hotel gab es unten eine winzige Bar, die von sieben bis elf Uhr abends geöffnet hatte. Kein richtiges Nachtlokal, nur so eine Bar, wo man was trinken, Musik hören und diskutieren konnte. João Donato und Luizinho Eça spielten dort, Johnny Alf war der Bandleader. Manchmal kam Tom Jobim vorbei und brachte eines seiner Stücke mit oder Newton Mendonça. Sylvinha Telles, die erste Jazzsängerin, die wir in Brasilien hatten, war auch manchmal dort und der Komponist Tito Madi. Ich spielte meine kleinen Jazzmotive auf der elektrischen Gitarre, Johnny Alf sang einige seiner Sachen. Langsam hat sich das aus all dem zusammengemischt. Heraus kam etwas unverwechselbar Brasilianisches. Donato war noch blutjung, und ich selbst war 15 oder 16 Jahre alt, das heißt minderjährig, und konnte dort eigentlich nur spielen, weil es kein richtiges Nachtlokal war, sondern eben nur eine Hotelbar. Dort hat alles angefangen.«

Oder ging es doch in der Wohnung von Nara Leão los, der »Muse des Bossa Nova«? Das Apartment lag direkt an der Avenida Atlântica, Höhe Posto Quatro, und gehörte eigentlich Naras Eltern. Aus Toleranz oder weil sie hofften, ihre ausgesprochen hübsche, aber noch minderjährige Tochter so besser im Blick zu haben, erlaubten die Eltern, dass dort junge Männer mit ihren Gitarren und Flöten halbdutzendweise anrückten und musizierten. Namen, die mit dem Bossa Nova verbunden sind: Roberto Menescal und Carlos Lyra, die eine Gitarrenschule betrieben, Ronaldo Bôscoli, Naras erster richtiger Freund, Dori Caymmi, Sohn des legendären Sambistas Dorival Caymmi aus Bahia, sowie Chico Feitosa. Naras Schwester Danuza lebte in den USA, sodass im Hause Leão die neuen Jazzplatten im Zweifelsfall eher vorhanden waren als in den Läden – und man konnte sie kostenlos hören. Menescal und Bôscoli, Dauergäste im dritten Stock des »Champs Élysées« genannten Gebäudes, liebten den Strand, gingen schwimmen, tauchen und fischen und fanden, dass ihnen die gängigen Sambas vor lauter Drama, Herzschmerz und Liebestod auf die Nerven gingen. Ihnen fehlte der Strand in den Texten, also schrieben sie ihn in ihre hinein.

Ihre Lieder liefen sicherlich auf den Bossa Nova zu. Aber dass in der Wohnung der Leãos die bossatypisch leise Sangesart erfunden worden wäre, um die Nachbarn nicht zu stören, ist eine der Legenden, die sich schnell entkräften lassen. Die Wohnung zog sich über den gesamten dritten Stock. Allein das Wohnzimmer, das zum Meer hin gelegen war, hatte 90 Quadratmeter. Nebenan lag damals freies Bauland, es gab also keinen Nachbarn, der hätte Anstoß nehmen können. Die Brüder Castro-Neves konnten sogar ihr Schlagzeug mitbringen.

Das mit der Muse haut auch nicht richtig hin. Nara sang zwar Bossas, aber zu einer Art Muse der brasilianischen Popmusik wurde sie mit dem Anti-Bossa, dem politischen Protestsong, den lyrisch-melancholischen und gesellschaftskritischen Liedern aus den Trockengebieten des Nordostens und den Sambas von den Hügeln mit ihren zuweilen wütenden Texten, die sie 1964 in ihrer Show *Opinião* (Meinung) – und auf der Platte *Opinião de Nara* – zusammenfügte.

Und was ist eigentlich mit *Copacabana*, jenem Song, den 1946 Dick Farney (eigentlich: Farnésio Dutra e Silva) aufnahm, bevor er gen Norden aufbrach, um sein Karriereglück in den USA zu suchen und zu finden? Das passt doch?

1946 war es für den Bossa noch zu früh, aber Farney und sein Song sind dreifach für ihn wichtig.

Erstens erfüllte Copacabana alle Voraussetzungen, die es für die Geburt des Bossa brauchte: Zweifelsfrei war Copacabana mittlerweile die begehrteste Wohngegend Brasiliens, hatte die meisten Nobelboutiquen, das beste Nachtleben der Stadt und auch tagsüber enorm hohen Urlaubswert. Copacabana war ein Ort ohne Lasten der Vergangenheit, der Zukunft zugewandt und besaß den berühmtesten Strand des Landes. Der Text Farneys zeigt diesen mythischen Glanz und erwähnt einen bleibenden, märchenhaften Beinamen: »Sicher gibt es Strände, die sind schön / Und strahlen von Licht / Aber keiner besitzt den Zauber / Deines Sandes / Deines herrlichen Himmels / Deiner immerlächelnden Sirenen / Copacabana Prinzesschen des Meeres / Am Morgen bist Du ein einziger Gesang auf das Leben / Und am Abend, wenn die Sonne geht, steigt die Wehmut in uns auf / Copacabana, das Meer singt ohne Unterlass / und als es Dich küsste, verliebte es sich rettungslos / Heute singt es leise / Nur noch für Dich Copacabana.«

Zweitens machte Farney einen Schritt, ohne den der Bossa nicht das geworden wäre, was er ist: Er ging in die USA, um dort brasilianische Kultur zu vermarkten. Das US-amerikanische Publikum kannte diese bisher vor allem in Gestalt von Carmen Miranda, jener in Portugal geborenen Sängerin und Schauspielerin, deren Tutti-Frutti-Hut Weltkarriere machte und die sich für ihren Erfolg bei den Gringos in Brasilien verhöhnen lassen musste. Das Absurde an beidem, dem Erfolg wie der Kritik, war dabei, dass nur die wenigsten im Publikum überhaupt wussten, dass sie Brasilianerin war. Carmen Mirandas Filme wie *That Night in Rio* von 1940 waren ebenso strategisches Element von Franklin D. Roosevelts neuer Lateinamerikapolitik der »Guten Nachbarschaft« wie der Papagei, den Walt Disney 1942 eigens aufs Tableau brachte. Im Film *Saludos Amigos* führt Papagei Joe aus Rio seinen neuen Freund Donald Duck in den brasilianischen *Way of Life* ein – kultureller Flankenschutz für eine riesige Propagandaoffensive, die vor allem mittels Radio und Film Südamerika dem Einfluss Nazi-Deutschlands entziehen sollte. Als Zé Carioca ist der bunte Vogel in den brasilianischen Disney-Comics bis heute populär. Er hat den Boden mit bereitet, auf dem der Bossa dann international erfolgreich werden sollte.

Und drittens wiesen Melodie, Harmonien, Text und Rhythmus von Farneys *Copacabana* tatsächlich Neuerungen auf, die auf den Bossa Nova hindeuteten.

João Gilberto und Tom Jobim

Doch die Mehrzahl der Experten setzt den Beginn des Bossa auf die Veröffentlichung von João Gilbertos Aufnahme von *Chega de Saudade* (Schluss mit dem Schmachten; Musik und Text von Jobim und de Moraes) im August 1958. João Gilberto galt bald, und gilt bis heute, als führende Figur des Bossa Nova. Dennoch wunderte sich das Publikum stets aufs Neue, wenn ein sehr zurückhaltender junger Mann die Bühne betrat, sich auf einen Hocker setzte, auf seiner Gitarre zu zupfen begann und dann den Mund für ein

Luiz Bonfá, Tom Jobim und João Gilberto am Strand (Filmszene aus Copacabana Palace *von 1962)*

dünnes Stimmchen öffnete, das ins Mikro mehr hauchte als sang. Wenige Jahre zuvor war er beim sehr erfolgreichen Vokalensemble *Garotos da Lua* rausgeflogen, weil seine Stimme einfach zu schwach war. Auch beim heutigen Wiederhören wird man sagen müssen: Richtig singen konnte er nicht.

In *Bossa Nova. Eine Geschichte der brasilianischen Musik* erzählt Ruy Castro von den Irrungen und Wirrungen des jungen Gilberto. 1955, mit 21 Jahren, aber ohne Geld, Arbeit oder nennenswerte Bekannte, kam João Gilberto in Rio an. Ihn scheinen zwei Dinge ausgezeichnet zu haben: Er ging kompromisslos mit sich selbst um – er wollte Musik machen, und zwar seine eigene, und sonst nichts. Und ebenso großzügig ging er mit der Geduld derer um, die ihn immer wieder kostenlos aufnahmen, entweder weil sie sein Talent erahnten oder weil der stille schmale Jüngling aus dem nordöstlichen Bundesstaat Bahia sie einfach dauerte. Doch zunächst lief es überhaupt nicht. Bevor sein Vater den Schwermütigen in eine psychiatrische Klinik einweisen konnte, flüchtete João nach Rio. Dort hatte sich die Musikszene weiterentwickelt, und er seinen Stil, der ihn bald bekannt machen sollte.

Auch Antônio Carlos Jobim war ein ruhiger Zeitgenosse, beiden war das Zurückhaltende gemein, das auch ihre Musik prägen sollte. Doch anders als Gilberto entstammte Tom Jobim einem gutbürgerlichen und künstlerischen Haus; die Mutter leitete ein Gymnasium in Copacabana, der Vater war Diplomat und Dichter, ganz wie sein langjähriger Partner Vinicius de Moraes. Jobim genoss als Kind privaten Klavierunterricht vom Besten. Zu seinen Lehrern zählte der deutsche Emigrant Hans-Joachim Koellreutter, der vor den Nazis nach Brasilien geflohen war und dort die Schönberg'sche Zwölftonmusik einführte. Trotzdem begann Jobim, nachdem er sein Architekturstudium im ersten Jahr abgebrochen hatte, seine musikalische Karriere bescheiden. Mit 22 Jahren verheiratet, mit 23 bereits erstmals Vater, verdiente er seiner Familie die Brötchen als Barpianist in Copacabana. Seine pianistischen Fähigkeiten waren begrenzt. Am liebsten spielte er seine eigenen Stücke und nicht die gängigen Sambas. Das war nicht zu seinem Nachteil, denn es sollte sich nur zu bald zeigen, dass er als Komponist genial war. Jobim war viel weniger minimalistisch als João Gilberto. Im Gegenteil: Er liebte Orchestrierungen, hatte sich an Gershwin, Ravel, Debussy und Villa-Lobos geschult, liebte die russischen Spätromantiker wie Rachmaninow, Prokofjew und Strawinsky. Aber er hatte keine Schwierigkeiten, sich auf das Kammermusikalische des Bossa einzustellen. Tom Jobim und João Gilberto ergänzten sich prächtig: João brachte den Rhythmus und den Bossa-Nova-Schlag ein, Tom Jobim seine ausgefeilten Harmonien.

Schluss mit dem Schmachten

Wer kann, sollte sich *Chega de Saudade* einmal in zwei Versionen anhören. Nur ein Jahr zuvor hatte nämlich bereits Elizeth Cardoso das Stück aufgenommen. Die beliebte Sängerin interpretierte das Lied voluminös und dramatisch, sie ist die Heldin, der ein großes Orchester dient. So sang man über Jahrzehnte die Boleros oder *samba-canções*. Dazu gehörten die immer pompöseren, orchestralen Arrangements für Streicher und Blechbläser, dazu gehörte auch ein schmetternder, blumiger Gesangsstil, dazu gehörten Sängerinnen und Sänger in üppigem Outfit. Wenn sie auch nicht gerade ganze Obstkörbe auf dem Kopf trugen wie Carmen Miranda, waren ihnen doch glitzernde Anzüge und ein theatralischer Gestus selbstverständlich. Mit dieser Tradition brach der Bossa, und vor allem João Gilberto: Bei ihm sind Musik, Text, Sänger und Band ohne Hierarchie aufeinander bezogen; der Gesang ist leise, undramatisch, erzählend, wie beiläufig. Die Instrumentierung ist oft sparsam: Zur unverzichtbaren Gitarre gesellt sich die Rhythmusgruppe des Jazz-Trio aus Klavier, Bass und Schlagzeug.

So sind Melodie und Harmonien von *Chega de Saudade* typisch für den Bossa, aber ungewohnt für das Ohr der ausgehenden 1950er Jahre, schwer mitzusingen oder nachzuspielen, viele Blue Notes. Der Einfluss vor allem des Bebop und des Cool Jazz war unüberhörbar. Und die Texte erzählten zwar wie üblich von problematischen Liebesverhältnissen, doch sie verwiesen immer wieder auf eine andere, gelassenere Art, damit umzugehen. Am Ende der 1950er Jahre waren die größten Hits in portugiesischer Sprache Lieder wie *Meu Mundo Caiu* (Meine Welt ist zusammengebrochen), *Atiraste uma Pedra* (Du warfst den Stein nach mir), *Castigo e Fim de Caso* (Strafe und Ende der Geschichte) oder *Balada Triste* (Traurige Ballade) – Lieder voller Enttäuschung, Klage und Tragik. Auch dagegen rebellierte der Bossa Nova. Zwar ist die Liebe auch im Bossa der Sauerteig aller Lyrik, doch sie verläuft nicht mehr tödlich. *Chega de Saudade*, Schluss mit dem ewigen Schmachten und der Gefühlsduselei! Erzählt wird, wie zum Beispiel in *Desafinado,* in prosaischem, fast lakonischem Ton, zuweilen mit überraschenden Wendungen, die den traditionellen Herzschmerz-Klischees entfliehen wollten: »Was Du nicht weißt, ja nicht einmal ahnst / Ein Herz hat auch, wer den Ton nicht trifft / Ich habe Dich photographiert mit meiner Rolleiflex / Beim Entwickeln kam deine enorme Undankbarkeit ans Licht.« Liebe ist eine mal glückliche, mal enttäuschende Angelegenheit, doch niemals so, dass man sich deswegen ins Meer stürzen müsste. Oder wenn, dann nur um ein wenig zu schwimmen und die nächste Eroberung vorzubereiten. Selbst die Sehnsucht nach der scheinbar unerreichbaren Schönheit von Ipanema ist spielerisch. Allen ist klar, dass man die Grazile eben doch wenig später am Strand treffen kann – und wer weiß, was sich dann ergibt.

»Im Bossa Nova geht es immer um dasselbe: Liebe, Blumen und Meer; Liebe, Blumen und Meer.« So wetterte die frühere Muse des Bossa, als sie 1964 ihre Platte *Opinião de Nara* herausbrachte und sich sozialen Themen zuwandte. Das ging sicher an der eben beschriebenen Veränderung in den Texten vorbei, war aber für den Durchschnittstext des Bossa nicht unwahr, insbesondere in einem Punkt: Im Bossa überspülte das Meer vielleicht nicht zwei Drittel der Textoberfläche, doch mindestens den einen oder anderen Kontinent der Gebrauchslyrik. Hinzu kamen der Strand und markante Punkte der Stadt Rio de Janeiro, speziell der strandnahen Südzone, alles in einer am Alltag orientierten Sprache, sparsam in der Metaphorik: »Himmel und Meer, Sterne im Sand / Grünes Meer, Spiegel des Himmels / Mein Leben ist eine Insel die / weit draußen im Ozean schwimmt.« Aber auch mit der Stadt und ihren Wahrzeichen: »Vom Fenster sehe ich den Corcovado-Hügel / Den Christus, o wie schön / So soll das Leben immer sein / Mit dir an meiner Seite.« Die beiden Strandratten Menescal und Bôscoli schrieben – im Anschluss an eine ausgiebige Angeltour entlang der Küste Copacabanas – den Klassiker *O Barquinho* (Das Bötchen): »Ein Tag voller Licht, ein Fest der Sonne, und unser Kahn ist startklar. / Im weichen Blau des Meeres spiegelt sich der Sommer / Wir lieben uns in unserem Kahn auf dem Meer / der dahingleitet ohne Unterlass / Unser Lied hat keinen Zweck, kein Ziel / Es kommt aus dem Meer selbst / Und die Sonne küsst das Boot, und Licht / Und Tage so blau, so blau.« In ihrem schlicht *Rio* benannten Stück heißt es: »Rio wohnt am Strand / Ich lächle meinem Rio zu, dem aus dem Meer / herrliche Blumen erwachsen, sonnenbraun geboren … Rio ist Meer … Ist Sonne, ist Salz, ist Süden …«

Der Literaturwissenschaftler Silviano Santiago hat die »geradezu zwanghafte Bindung der Bossa-Texte an Rio de Janeiro« mit der Beziehung der Filme Woody Allens zu Manhattan verglichen. Die Anthropologin Juliana Jabor schreibt: »Der Bossa Nova hat den Strand von Rio de Janeiro neu erfunden. Er hat die absurde, schöne, zuweilen beängstigende Landschaft und den Menschen, der sich in ihr aufhält, einander angenähert, hat Natur und Kultur versöhnt. Es war die Mittelklassejugend der Südzone Rios, die Ende der 1950er Jahre den Strand all denen ins Bewusstsein brachte, die in seiner Nähe wohnten und ihn dennoch nicht wahrnahmen.«

Der Ort des Bossa

Es kam nur ein Ort in Frage, wo die jungen Musiker ihren neuen Schlag ausprobieren und populär machen konnten: Copacabana.

A princesinha do mar (Das Prinzesschen des Meeres) war über Jahre das unbestrittene Zentrum des Nachtlebens des ganzen Landes, vor allem des Nachtlebens mit Livemusik. Bereits in den 1940er Jahren hatten etwa die Casinos *Atlântico* und *Copacabana* die besten Musiker Brasiliens unter Vertrag. Dort drehte nicht nur die Roulettekugel ihre Runden, hier schoben sich auch die über die Tanzfläche, die es sich leisten konnten. Beide Casinos waren die angesagtesten Clubs der Stadt – bis zum Verbot des öffentlichen Glücksspiels 1946. Dafür machte nun ein Nachtclub nach dem anderen auf. In den 1940er Jahren war Bürgermeister Henrique Dodsworth gegen »Prostitution und Bohème« im Stadtzentrum sowie in der Lapa vorgegangen und hatte die Freunde der Nacht vertrieben. Sie fanden in Copacabana eine neue Heimat und eine neue Art, die Nacht zum Tage zu machen. Weniger Cabaret, weg von Kronleuchter und Champagner, hin zum schummrigen Nachtclub, der standardmäßig Whisky ausschenkte, das Vorzugsgetränk von Vinicius de Moraes.

Copacabana in den 1950er Jahren, das war Nachtleben mit Stil – und mit Geld. Man traf sich nun in Copacabana, im *Sorreno* oder im *Maxim's*. Französische Restaurants wie das *Cloche d'Or* oder das *Bistrô* galten als besonders schick. Und apropos französisch: Bis es 1955 abbrannte, war das *Vogue* auf der Avenida Princesa Isabel der obligatorische Anlaufpunkt eines Ausgehabends. Dort trafen leitende Bankangestellte auf Redakteure und Kolumnisten; die aus Radio und Theater bekannten Künstler und solche, die sich dafür hielten, waren alle da; Musiker mit aktuellem Mangel an Kleingeld ließen sich von Geldsäcken aus São Paulo einen Cocktail ausgeben. Und wer immer eine Karriere als Sängerin oder Sänger plante, musste hier auftreten.

Die Nachtclubs zum Strand hin waren recht kurzlebig – Flauten, selbst kurzfristige, vertrugen sich nicht mit den hohen Mieten. So drängten sich in den strandnahen Seitenstraßen Dutzende Clubs, Hotelbars und Kneipen, in denen regelmäßig Livemusik – und ab 1959/60 vor allem Bossa – gespielt wurde. Tagsüber im Radio, abends im Club – das war für die erfolgreicheren Musiker die Routine. Vor allem das Geviert am stadtnahen Ende von Copacabana, zwischen der Rua Barata Ribeiro im Norden, Rua Roberto Dias Lopes beziehungsweise Avenida Princesa Isabel im Osten, der Avenida Atlântica im Süden und der Rua Fernando Mendes als westlicher Begrenzung scheint nachts eine einzige Jam-Session gewesen sein. Allerdings wohnten in diesen wenigen Straßen nicht wenige Menschen, denn die Normalbebauung waren schon damals Gebäude mit zehn und mehr Geschossen und immer mehr Wohnungen über wenigen Quadratmetern Grundfläche.

Berühmt geworden sind die vier in einer schmalen Sackgasse nebeneinander liegenden Clubs *Ma Griffe*, *Bottle's Bar* – die »Kathedrale des Bossa Nova« in den Worten des zeitgenössischen Chronisten Stanislaw Ponte Preta –, *Baccarat* und *Little Club*. Mit Raum für sechzig Zuhörer war jeder von ihnen schnell überlaufen, doch war auf den Bühnen Platz genug für Musiker, um eine grandiose Kakophonie zu veranstalten. So empfanden es zumindest die Anwohner, die phasenweise die schlechte Angewohnheit entwickelten, aus ihren Fenstern Flaschen auf die Besucher zu werfen. So bekam das Sträßchen seinen Spitznamen *Beco das Garrafas* (Flaschengasse). Die Konzerte dort waren typisch für die erste Phase des Bossa – und wie ihre Musiker: kaum Geld dahinter, aber ein Auftreten in grandiosem Stil. Die Musiker des Bossa Nova waren oft recht mittellos – aber sie waren weiß und oft gebildet, sie hatten Verbindungen und einen bürgerlichen Hintergrund. Es gibt eben einen wirksamen Unterschied zwischen arm und abgebrannt.

Die Produzenten im *Little Club* und *Bottle's* hießen Luís Carlos Miele und Ronaldo Bôscoli. Von Miele ist überliefert, dass er nur eine Hose besaß, aber immerhin eine Smokinghose. Bôscoli hatte als Bossamusiker schon Erfolge gehabt, dennoch machten sie aus Geldmangel alles selbst: die Besetzungen, die Verträge, die Beleuchtung (mit einem Scheinwerfer), den Sound. Bezahlt wurden sie in Whisky, mussten ihn aber warm trinken, denn *on the rocks* gab es ihn nur für zahlende Gäste. Die Musiker erhielten zwar ein kleines Honorar, mussten aber für ihre Getränke bezahlen. Und manche, wie der damals 20-jährige Pianist Sérgio Mendes, bekamen gar nichts, nicht einmal ein Freigetränk, wie Ruy Castro berichtet. Für Mendes waren die Auftritte dennoch keine schlechte Investition. Er spielte später in Europa und den USA und wurde mit seinen eigenen Stücken sowie jazzigen Arrangements brasilianischer Musik bekannt – und dann auch sehr gut bezahlt.

Viele verbinden ihn mit *Mas que Nada*, einem Stück von Jorge Ben, das er 1966 aufnahm. Vierzig Jahre später und immer noch aktiv spielte er *Mas que Nada* mit Rap-Unterstützung der *Black Eyed Peas* erneut sehr erfolgreich ein. Nike verwendete diese Version für einen Werbespot mit der brasilianischen Fußballnationalmannschaft zur Weltmeisterschaft 2006. In der berühmten Flughafensequenz zur WM 1998, ebenfalls mit der *seleção* und dem noch schlanken Starspieler Ronaldo, hatte Nike auch schon *Mas que Nada* verwendet, seinerzeit aber die Coverversion von 1963 des *Tamba Trio*, einem der besten Bossa-Trios der 1960er Jahre.

Copacabana bedeutete aber mehr als nur eine ungekannte Dichte an Kneipen und Clubs. Copacabana, das war ein neues Konzept, das die üblichen räumlichen Trennungen von Wohnen, körperlicher Erholung und geistigem Kulturgenuss aufhob. Früher machte man sich am Wochenende auf zu einem Ausflug an den Strand; für die Kneipen, Restaurants, das Kino und die Musik fuhr man hingegen ins Zentrum. Jetzt wohnte man am Strand, stürzte sich vor der Tür ins Nachtleben, und die Welt kam vorbei.

»Für uns Junge war Copacabana das Symbol für Leben«, erinnert sich Carlos Afonso Alberto, der heute eine Art Vinicius-de-Moraes-Museum in Ipanema betreibt. »Man ging erst an den Strand, dann hinauf auf den Arpoador, um seiner Liebsten Meer, Himmel und Inselchen zu Füßen zu legen und vielleicht die untergehende Sonne, und machte sich dann auf, im frühen Dunkel des Tropenabends ein erstes Bierchen zu trinken; das *Castelinho* war damals besonders angesagt.« Ipanema sei dagegen so etwas wie der Hinterhof Copacabanas gewesen – eine ruhige Wohngegend, noch nicht zubetoniert, in der aber aus jugendlicher Sicht definitiv nichts los war – was allerdings Bossa-Protagonisten wie Tom Jobim und später auch João Gilberto nicht daran hinderte, dort zu wohnen. Wahrscheinlich, gerade *weil* es dort ruhig war.

Diese Leichtigkeit – noch ganz frei vom wilden Protest der Rockmusik der 1960er Jahre – intonierte der Bossa. Der Bossa singt in Rio, spielt am Strand und redet von Liebe, aber er drückt auch eine Lebenshaltung aus. Wer Ende der 1950er in Copacabana lebte, hatte sich von einigen Konventionen und Ehrvorstellungen schon befreien können. Nicht mehr zwangsläufig musste man mit Anfang zwanzig heiraten und sich unter großen »sozialen Kosten« scheiden lassen, wenn man mal eine Affäre hatte. Es war sicher auch in Copacabana nur eine Minderheit, aber eine sehr gut beobachtbare, und diese Minderheit lebte diese lakonische und coole Weltsicht der Flaneure, in der die Protagonisten sich selbst betrachteten.

Copacabanas Jugend etwa fand es angesagt, Jazz zu hören; zwischen ihren immer höher wachsenden Apartmenttürmen fühlte sie wohl eine Seelenverwandtschaft zu den New Yorkern. Da gingen die Menschen in vielen anderen Gegenden der Stadt nicht mit. Ihnen waren diese neuen Töne zu schräg, der Rhythmus zu verhalten, und in den Texten fanden sie sich auch nicht so richtig wieder. Die Harmonien des Bossa Nova waren also nicht unwesentlich dafür verantwortlich, dass sie zunächst Musik von weißen Mittelschichtsangehörigen für weiße Mittelschichtsangehörige blieb. So spielten Milton Banana, das *Tamba* und das *Zimbo Trio*, die *Bossa Três*, Carlos Lyra, João Donato, Marcos Valle, sangen *Quarteto em Cy*, Wanda Sá, Sylvia Telles, Maysa und all die anderen für ein Publikum in Anzug und Krawatte oder im kleinen Weißen. Bei einem Konzert im französischen Gymnasium zogen sich Roberto Menescal und seine Truppe kurzentschlossen Bermudas und knallrote Hemden an und verursachten einen mittelschweren Skandal. Ein dunkler Anzug war normalerweise für Besucher wie

Blick auf den Strand und das Wellenpflaster (1960er Jahre)

Musiker Pflicht. Bei einer Photoserie am Strand von Copacabana etwa behielt João Gilberto, so jung er auch war, nicht nur die Gitarre in der Hand, sondern auch weißes Hemd, Anzug, Socken und formelle Lederschuhe an. Sicher waren nicht alle, die sich in Copacabana vergnügten, wohlhabend. Es gab die ganz Jungen, es gab die Studenten, und natürlich machte sich am Wochenende auch der kleine Angestellte aus der Nordstadt mal nach Copacabana auf, um seiner Liebsten was zu bieten und danach wieder drei Wochen blank zu sein.

In der Rückschau vieler, die damals jung waren, dominiert die Poesie des Straßenlebens. Was sei es damals ruhig gewesen, und sicher! Bewaffnete Überfälle, ausgeraubte Wohnungen – eine Seltenheit. »Wir haben nachts am Strand Musik gemacht, und mit João Gilberto bin ich morgens um drei, vier Uhr durch die Straßen gezogen, um über das Leben zu philosophieren« erinnert sich Roberto Menescal, und João Donato sieht die Liebespaare vor sich, die sich die dunkelsten Ecken zum Schmusen aussuchten – »wer würde das heute noch machen?«

Der Polizeireporter, Flaneur und Bossa-Musiker Antônio Maria beobachtete nachts ein ganz anderes Copacabana. Vor allem in den Morgenstunden seien Copacabanas Bürgersteige und Bars fest in Händen von »leichten Mädchen, Päderasten, Marihuana-Dealern und Unruhestiftern der schlimmsten Sorte« gewesen. Maria höhnte, Alberto Ribeiro, Texter von Farneys *Copacabana*, habe wohl nur deshalb von der »Prinzessin« schwärmen können – »in den Morgenstunden ein einziger Gesang auf das Leben« –, weil er selbst am anderen Ende der Stadt wohnte.

Drogen sind mit der Geschichte Copacabanas fast von Anbeginn verbunden; schon in den frühen 1920er Jahren, als das Rotlicht noch in Glória und Lapa brannte, liegt Copacabana auf der Kokainroute der Stadt. Doch tatsächlich nahm der Drogenkonsum erst in den 1950ern zu, und in den Nachtclubs von Copacabana hatte sich ein Verteilerzirkel etabliert. Die Partys im Copacabana Palace, wo die Stars und Starlets aus den USA und aus Europa abstiegen, waren legendär, und dies sicher nicht deswegen, weil sich alle an die Etikette hielten. Das geschwungene Schwarz-Weiß der Strandpromenade war eben ein Pflaster für Geld, Ruhm und alles, was sich von Geld und Ruhm angelockt fühlt – in der Typologie Marias »Prinzen, Diebe, Bankiers, Kinderschänder, Ausländer mit Hündchen an der Leine, Frauen des leichten oder schweren Lebens, Kokainsüchtige, Diplomaten, Lesben, Bankangestellte, Dichter, Politiker, Mörder und Buchmacher«. Maria berichtet von einer Bande gewaltbereiter Bohémiens, den *cafajestes*, die um 1950 »am Strand von Copacabana regierten«. Jungs aus guter Familie, gebräunt, mit gut trainierter Muskulatur, Schwarm der Mädchen am Strand und Zorn der örtlichen Polizei. Die meisten von ihnen gingen dem modernsten Beruf nach, den man haben konnte: Sie waren Piloten. Die Cafajestes liebten Partys, und sie liebten es, eine Party mal richtig aufzumischen, insbesondere während des Karnevals. Dann flogen die Fäuste und vereinzelt auch mal Kugeln. Ihr Ruhm wuchs, gerne schlossen sich Jungs aus São Paulo an, darunter sogar ein Millionär und zwei Kaffeebarone. Auch diese Mischung aus Körperlichkeit und Lebenslust gehörte zum Strandleben und zum *Way of Life* in Copacabana.

Vielleicht aber gerade wegen dieser Mischung hielt es Maria freiwillig bis zu seinem frühen Tod 1964 in Copacabana aus. Und so hatte er wohl persönliche Erfahrungen, wenn er hinter den 50 Fenstern eines durchschnittlichen Gebäudes in Copa »drei Fälle von Ehebruch, fünf Affären, sechs Ehen ohne Trauschein und nur zwei Paare, die Priester und Beamte vereint haben«, vermutete.

Das Schützende der Vereinzelung und der urbanen Anonymität, und der Wunsch, das Überkommene zu verändern – auch das gehörte ganz wesentlich zu Copacabana. Es gab das normale Leben eines nicht ganz normalen Viertels. Oder, besser gesagt: Das Leben in Copacabana oszillierte zwischen dem hellen Schein der Perlenkette – der durchgehenden Lampionreihe auf der Avenida Atlântica und dem Laufsteg einer internationalen Medienöffentlichkeit –, und dem verschlossenen und parzellierten Leben in einer Hochhauswohnung, ohne Vorgarten und Hinterhof. Zur relativen Anonymität der Apartments passte das Intime des Bossa Nova genau. Der Bossa war der erste und vielleicht einzige Soundtrack der Südzone von Rio de Janeiro. »Bossa Nova ist die Musik einer Epoche, in der alle in Apartments wohnen«, sagte Sylvia Telles. »Alle«, das waren alle, die es sich leisten konnten – die Mittelklasse. »Bossa Nova ist die Mittelschicht, die von Brasilien singt«, hat es daher der Musikpädagoge Geraldo Suzigan einmal formuliert.

Musik der Mittelschicht

Sie hatte auch allen Grund dazu. Denn wie nie zuvor in der brasilianischen Geschichte war es die Zeit der Mittelschicht. Juscelino Kubitschek war 1955 Präsident Brasiliens geworden. Er forcierte die Modernisierung der brasilianischen Wirtschaft, die Schwerpunkte seines Programms lagen in den Bereichen Energie, Verkehr,

Schwerindustrie, Ernährung und Bildung – und im Bau von Brasília. Kubitschek versprach, fünfzig Jahre Entwicklung in fünf Jahren nachzuholen, und weihte die futuristische neue Hauptstadt Brasília mitten im Staub der brasilianischen Hochebene 1960 nach nur vier Jahren Bauzeit ein. Er setzte damit in Rekordzeit einen Plan um, der bereits seit Jahrhunderten durch die brasilianische Politik gespukt war: eine neue Hauptstadt im Landesinneren als Symbol und Auftrag, die Weiten des Landes an die Küstenmodernität heranzuführen. Die Arbeitslosigkeit war gering, die Realeinkommen sogar der unteren Schichten stiegen auf Rekordniveau. Im Sport errang Brasilien die ersten großen internationalen Erfolge: Die Fußballer gewannen 1958 mit dem 17-jährigen Pelé, die Basketballer 1959 ihre erste Weltmeisterschaft; Maria Esther Bueno holte sich 1959 und 1960 in Wimbledon die Tenniskrone, und 1960 wurde mit Éder Jofre der erste Brasilianer Boxweltmeister in seiner Gewichtsklasse.

Die heimische Kultur trug auf Weltniveau zum Modernisierungsfieber bei. Die konkrete Poesie etwa der Brüder de Campos hinterließ international Spuren; im Theater hatten das *Teatro Brasileiro de Comédia*, aber auch das *Teatro de Arena* für einen mächtigen Innovations- und Akzeptanzschub gesorgt; der Dramaturg Nelson Rodrigues war auf der Höhe seines Schaffens, und soziale Themen kamen auf die Bühne, etwa 1958 mit Gianfrancesco Guarnieris *Eles não usam Black Tie*. Im selben Jahr schrieb Jorge Amado *Gabriela, Cravo e Canela* (dt.: Gabriela wie Zimt und Nelken), und João Guimarães Rosa legte 1956 mit *Grande Sertão: Veredas* (dt.: Grande Sertão) eines der wichtigsten Werke der brasilianischen Literatur überhaupt vor. *Orfeu Negro* von Marcel Camus, der 1959 die Goldene Palme in Cannes gewann, war zwar ein französischer Film, spielte aber in Rio, und die Musik hatten Jobim, de Moraes, Luiz Bonfá und Antônio Maria beigesteuert – alles Stücke à la Bossa, auch wenn der Film noch vor dem Ausbruch des Bossa produziert worden war. Der brasilianische Neorealismus eines Nelson Pereira dos Santos (*Rio: 40 Graus*, 1955, und *Rio, Zona Norte*, 1957) mündete in das *Cinema Novo*, das Neue Kino; vor allem die Filme von Glauber Rocha und Santos' *Vidas Secas* (nach dem gleichnamigen Roman von Graciliano Ramos, dt.: Karges Leben) werden in den frühen 1960er Jahren international bekannt. Diese Filme thematisierten die strukturelle Gewalt in den Favelas und im Elend des trockenen Hinterlands – der reine Gegensatz zum Bossa, und mit ein Beitrag für das Ende seiner Ursprungsjahre.

So blieb die fröhliche Unschuld einer Apartmentmittelklasse, die sich einig weiß mit der Natur, der Kultur, dem Präsidenten und der Zukunft, ein kurzer Moment. Der Widerspruch zwischen dem, was man vorne und was man hinten heraus sah, wenn man in Leme eine Wohnung im 15. Stock an der Avenida Atlântica besaß, war zu groß: durch die Panoramascheibe des Salons die Perlenkette und durch das Fenster des Hausmädchenzimmers (wenn es denn ein Fenster hatte) die wellblechgedeckten Hütten der Favela Babilônia.

Doch die Ansprüche der Mittelschicht schufen auch Raum für den Protest. Die Unschuld musste spätestens dann verloren gehen, als das Militär am 31. März 1964 den gewählten Präsidenten João Goulart stürzte und die Macht übernahm. Die Hüter der Werte, und als solche verstanden sich damals in ganz Lateinamerika die Militärs, konnten eine »kommunistische« Politik nicht dulden, die die politische Artikulation der Mehrheit zumindest zuließ und damit eine gewisse soziale Unruhe. In diesem Augenblick schien für viele jene Stimmung unendlich fern, die der Bossa einfangen wollte.

Die Jugend, namentlich die Studentenschaft, hatte schon in den Jahren zuvor soziale und politische Fragen entdeckt. Sie protestierten für politische Freiheit und dagegen, dass es auf den Hügeln der großen Städte weder Wasser noch Strom gab, während unten am Strand die Farbfernseher und elektrischen Waschmaschinen Einzug hielten; für Demokratie und dagegen, dass in den ländlichen Gegenden des großen Landes, vor allem im Norden, Familien im Monat von dem leben mussten, was in Copacabana zwei Cock-

tails kosteten; für die Einheit der lateinamerikanischen Arbeiterklasse und dagegen, dass in ganz Lateinamerika die Kleinkinder
scharenweise Hungers starben und die armen Erwachsenen kaum
fünfzig Jahre alt wurden.

Das *Centro Popular de Cultura* (Volkszentrum für Kultur), das
der nationale Studentenverband 1961 gründete, wollte die Volkskultur – namentlich die Populärmusik – in die politische Mobili-
sierung einbeziehen. Der bekannte Bossista Carlos Lyra gehörte
zu den Gründern des Kulturzentrums. Wenige Jahre zuvor hatte
er noch Bossas wie das Lied vom »dummen Wolf« (*Lobo Bobo*)
geschrieben (»Es war einmal ein böser Wolf, der Lust hatte auf ein
Abendessen ... ein Rotkäppchen im Badeanzug ging vorbei, hörte
ihn hupen und hielt nicht an ...«). Nun schrieb er – gerne zusammen mit Vinicius de Moraes – politische Texte und brachte 1963
mit diesem und mit großem Erfolg das Theaterstück *Pobre meni-
na rica* (Armes reiches Mädchen) auf die Bühne. Die Show *Opinião* mit Nara Leão, dem schwarzen Sambamusiker Zé Kéti und
dem ebenfalls schwarzen *nordestino* João do Vale lief ab Dezember
1964 über Monate ausverkauft im Theater des hochmodernen Su-
per Shopping Center in der Rua Siqueira Campos, Copacabana-
Mitte. Regie führte übrigens Augusto Boal, der für sein »Theater
der Unterdrückten« bereits international bekannt war und den die
Militärs 1971 erst folterten und dann ins Exil schickten. Bis August
1965 sahen 100.000 Besucher die Show. Sie machte Nara reich und
verwandelte sie gleichzeitig in die *musa do protesto*.

In dieses Klima von Protest und Kampf um den öffentlichen
Raum passte das Intim-Private des Bossa Nova nicht mehr zu
dem Publikum, das sich in studentischen Hörsälen und auf der
Straße versammelte. Andere Musiker traten auf die Bühne, dar-
unter solche, die die nächsten Jahre und Jahrzehnte der MPB, der
Música Popular Brasileira, prägen sollten: Elis Regina, Edu Lobo,
Milton Nascimento, Chico Buarque sowie Gilberto Gil, Caetano
Veloso und Gal Costa, deren »tropikalistischer Stil« – Rockgitar-
re, Blumenhemden, Afrolook – mit der vorangehenden Ästhetik

radikal brach. Bossa wurde weiter gespielt und setzte sich fest. Doch den Nimbus des Neuen, des Aufbruchs in andere musikalische Welten, hatte er zumindest bei der Jugend verloren.

Bossa goes USA

Ein Scheitern bedeutete dies keinesfalls. Es war, als verpuppte sich der Bossa in Brasilien, um weiter im Norden als Schmetterling im Siegesflug aus dem Kokon zu zappeln. Nun entdeckte der Rest der Welt den Bossa Nova. Schon 1959/1960 hatten Jazzgrößen wie Sarah Vaughan, Sammy Davis oder Charlie Byrd in Rio Bossa gehört. Ende 1960 veröffentlichte Capitol in den USA die LP *Brazil's Brilliant João Gilberto*. Im Juli 1961 brachte das American Jazz Festival viele US-Musiker nach Rio und São Paulo. Im März 1962 nahmen Stan Getz und Charlie Byrd *Desafinado* auf. Von der Platte verkauften sich mehr als eine Million Pressungen.

Am 21. November 1962 kam es an keinem geringeren Ort als der New Yorker Carnegie Hall zum Konzert »Bossa Nova (New Brazilian Jazz)«. Dabei waren Tom Jobim, João Gilberto, Carlos Lyra (trotz seiner neuen Wege), Roberto Menescal, Milton Banana, Luiz Bonfá, Sérgio Mendes und viele andere, deren Beziehung zum Bossa sich, sagen wir, eher spontan entwickelt hatte. Aber Carnegie Hall ist Carnegie Hall. Das Konzert war ein grandioses Fiasko und ein nachhaltiger Erfolg zugleich. Mikrophone fielen mehrfach aus, die Versuche, ihre Stücke auf Englisch anzusagen, kamen bei vielen der brasilianischen Musiker einer kostenlosen Werbung für das British Council in Rio gleich, Roberto Menescal und Tom Jobim brachten vor Aufregung den Text von *O Barquinho* und *One Note Samba* völlig durcheinander; ein Trio, das in Brasilien bisher noch nicht als Bossainterpret aufgefallen war, versuchte sich ebenso überraschend wie vergeblich am Glenn-Miller-Klassiker *In the Mood*. Kaum etwas lief wie geplant, und dies meldeten die brasilianischen Korrespondenten auch brühwarm in die Heimat. Die Zeitungen überboten sich fast in maliziöser Schilderung des »Scheiterns« der, wie es der auch später unbeugsame Bossa-Kritiker José Ramos Tinhorão ausdrückte, »ach so bemühten Nachäffer der amerikanischen Musik«. Wohlfeil war mit Blick auf den bekannten Song *Desafinado* die Schlagzeile in *O Cruzeiro*: »Bossa Nova verstimmt in den USA«. Die Häme fiel derart aus, dass der brasilianische Außenminister seinen Botschaftsrat Mário Dias Costa, der zum Zustandekommen des Konzerts beigetragen hatte, aus Washington einbestellte.

Die Berichte in den brasilianischen Zeitungen vergaßen geflissentlich zu erwähnen, dass das Publikum in der Carnegie Hall während des ganzen Konzerts begeistert applaudierte. Und mitten unter den Dreitausend saßen Leute wie Miles Davis, Gerry Mulligan, Erroll Garner, Herbie Mann oder Dizzy Gillespie. Schon beim anschließenden Essen unterzeichneten einige Teilnehmer Verträge für Anschlusskonzerte. Zwei Wochen später gab die erste Garde – Jobim, Gilberto, Lyra, Menescal, Mendes – ein zweites Konzert im George Washington Auditorium, Washington D.C., mit anschließendem Empfang im Weißen Haus bei First Lady Jacqueline Kennedy.

Getz/Gilberto, die dritte – und viel bessere – Bossa-Platte von Stan Getz nach *Jazz Samba* und *Jazz samba encore*, wäre zwar fast an der Rivalität der beiden Titelmusiker gescheitert, hätte Tom Jobim nicht erfolgreich vermittelt. Doch dann brachte sie einen Riesenerfolg. Garant dafür war ironischerweise die Aufnahme von *The Girl from Ipanema* mit Gilbertos Frau Astrud. Ironisch deswegen, weil die Aufnahme gar nicht geplant war, denn Astrud hatte bis dahin nur im heimischen Badezimmer gesungen, und da auch nur auf Portugiesisch. Doch am Ende schnitt der Produzent den Gesangsteil des Ehemanns hinaus, brachte dadurch das Stück auf Single-Länge und auf Hitkurs. 1965 stapelten sich die Grammys und die Dollars bei den Gilbertos. Doch da waren João und Astrud schon gar nicht mehr zusammen. Sie tourte mit Stan Getz durch die USA, sang Bossa auf Englisch und Portugiesisch. João Gilberto kam Anfang 1964 mit Chico Buarques Schwester Miúcha zusammen und lebte mit ihr in den nächsten sieben Jahren in den USA und Mexiko – ohne jemals Englisch zu lernen.

Eine ganze Reihe von Musikern blieb in den USA und kam dort nicht nur zu Erfolg, sondern auch zu Geld, was ihnen in Brasilien eher nicht gelungen war. Sérgio Mendes ist sicherlich einer der bekannten. Eumir Deodato ist vermutlich der kommerziell erfolgreichste brasilianische Musiker in den USA überhaupt gewesen; seine Popnummer *Also sprach Zarathustra* nach der Richard-Strauss-Komposition schrieb 1972 Popgeschichte.

Nach dem großen Erfolg von *Getz/Gilberto* und *Getz/Gilberto II* machte Antônio Carlos Jobim die USA zu seinem Hauptstandort. Er komponierte, schrieb Arrangements und trat im Fernsehen auf. Im Dezember 1966 rief Frank Sinatra an. Er würde gerne eine Platte mit Stücken von ihm aufnehmen, ob Jobim dazu Lust hätte? Sinatra, 50, war immer noch der Megastar unter den Popsängern und hatte gerade mit *Strangers in the Night* seinen bisher größten kommerziellen Erfolg hingelegt. Die Doppel-LP *Francis Albert Sinatra & Antônio Carlos Jobim* wurde 1967 von der nordamerikanischen Kritik als bestes Album des Jahres gepriesen. Die Arrangements des Deutschen Claus Ogerman von Klassikern wie *Corcovado*, *Garota de Ipanema* oder *Insensatez* sorgten sogar in den Hitparaden für Furore, wo die Platte einzig hinter *Sgt. Peppers Lonely Hearts Club Band* von den *Beatles* zurückblieb.

Ende der 1960er Jahre waren von den wichtigsten Bossa-Musikern, Komponisten und Sängerinnen der ersten Jahre die meisten im Ausland. In Brasilien verschärfte sich das politische Klima; Verfolgungen politischer Oppositioneller, Folter, auch Tötungen nahmen zu. Die »Flaschengasse« hatte 1966 dichtgemacht. In den Radios herrschten die *Beatles*, die *Rolling Stones* und der brasilianische Rock'n Roll der *Jovem Guarda* (Junge Garde).

Während die Stars nach dem Konzert in der Carnegie Hall im Ausland umherreisten, zerstritten sich in der Heimat »linke«, also politische Bossistas wie Lyra, Nara oder Edu, mit jenen, die am Meer-und-Liebe-Konzept des alten Bossa festhielten. Die Impulse gab aber eine neue Generation von Bossa-Musikern: Edu Lobo, Marcos Valle, Oscar Castro Neves, Francis Hime, Dori Caymmi, Eumir Deodato, Jorge Ben. Sie wollten beides, politisch und sozial bewusst sein, aber weiter »ihre« Musik machen. Und sie warnten vor Scheinheiligkeit. Auf die Kritik von den Linken sandten die Brüder Marcos und Paulo Sérgio Valle *A Resposta* (Die Antwort), ein Bossa mit folgendem Text:

»Wenn Dir jemand sagt, Dein Samba ist nichts mehr wert / weil er nur von Friede und Liebe handelt / hör nicht, die wissen nicht, was sie sagen ... Samba kann aus Himmel und Meer gemacht sein / gut ist der Samba dann, wenn die Menschen ihn singen / Hunger finden wir mehr als genug bei denen, die ihn haben / Warum sollen sie auch noch davon singen? / Aber es muss sich was ändern / und diese Leute / wollen nichts mehr wissen / von der Liebe. / Von der Landreform reden im Sand des Arpoador / Das tun die, die für die Armen nichts tun / Vom Morro reden, wenn man mit Meeresblick wohnt / hilft denen nicht, die Hilfe brauchen.«

Zwei Monate später klopfte Nara Leão bei den Brüdern Valle an: Ob sie von *A Resposta* eine Aufnahme machen könne?

Schwanengesang

Doch die großen Erfolge des Bossa in Rio ließen sich nicht wiederholen. Als im April 1965 im Theater Paramount in São Paulo das Programm *O fino da Bossa* (Das Feinste des Bossa) mit der jungen Sängerin Elis Regina Premiere feierte, hatte der Bossa nicht nur seinen Standort verlegt. Die Musik war immer noch Bossa, so wie der Bossa Samba war und Jazz, und gerade die Jazzseite war in diesen Monaten besonders nach außen gekehrt. Die Bass-Klavier-Schlagzeug-Trios – *Jongo Trio, Tamba Trio, Zimbo Trio* – hatten ihre große Zeit. Doch immer weniger wollten das, was sie spielten, »Bossa« nennen. Der Weg war frei für die *Música Popular Brasileira*, ein Sammelbegriff für eine *nationale* Popmusik, in dem so ziemlich alles unterkam, was nicht reiner *samba do morro* war, in der Philharmonie gespielt oder auf Englisch gesungen wurde.

Der Bossa musste nicht ins Exil wie viele politische Gegner der Militärdiktatur, aber ausgewandert ist er doch. Anders als so mancher Exilant war er in der Welt hochwillkommen, und für alle, die nicht in Brasilien leben, war es das Beste, was passieren konnte. In Brasilien wirkte er eine Zeit lang im Verborgenen weiter. Denn alles, was dann kam, vom Rock der *Jovem Guarda* bis zur Tropicália war Post-Bossa-Musik. Leonard Feather, einer der renommiertesten Jazzkritiker in den USA, sprach vom Bossa Nova einmal als »dem wichtigsten Beitrag zum Jazz seit dessen Anfängen in New Orleans«. Das ist sicher eine Übertreibung, aber zweifellos ist die Leichtigkeit des Bossa-Beats in das Standardrepertoire des Jazz eingegangen, gewissermaßen als das Federbett des Swing.

Zum 40- und 50-jährigen Jubiläum des Bossa haben Plattenfirmen weltweit jeweils vieles, was lange nicht mehr erhältlich war, neu veröffentlicht, dazu bisher unbekanntes Material. Endlich ist auch der originäre Bossa, die Musik der frühen Jahre nach 1958, wieder nachhörbar. Jener Sound, der in unzähligen Versionen die Welt umrundete und zu oft als Kaufhausmusik zurückkehrte, er war der Gesang eines Mythos, von einem Moment, da eine Generation gebildeter Menschen glaubte, die Zukunft und das Paradies zugleich in den Händen zu halten. Und das sei, so José Antonio Sola, das Authentische des Bossa: Er stellt die Wünsche, Werte und den Alltag einer bestimmten sozialen Gruppe dar, die über ihre Generation berichten und der Musik neue Wege eröffnen wollte, was ihr auch gut gelang.

So sang diese Mittelklasse von einem Leben zwischen Welle und vollelektrischer Wohnungseinrichtung, ein *moderníssimo* in C-Dur, der sich einer privilegierten Natur versicherte und diese einfach genoss, ein Spiel, eine naive Weltauffassung ohne Schulterblick. Der Bossa Nova wird immer die Musik der letzten großen Zeit Copacabanas bleiben: ihr Schwanengesang.

Bühne auf Sand
Körper-Kulturen in Copacabana

Von Abgesang konnte Anfang der 1920er Jahre noch keine Rede sein – ganz im Gegenteil. In den folgenden Zeilen verdichtete der Leitartikler der Zeitschrift *Beira-Mar* unter dem Pseudonym João da Praia (Hans vom Strand) vielmehr den Stolz einer selbsternannten »Neuen Aristokratie« auf ihr Copacabana.

»Copacabana ist in Rio de Janeiro der Ort der Gesundheit schlechthin. Der Kontrast zu anderen Stadtteilen ist geradezu schockierend. Nicht nur Topographie und Klima, auch Gewohnheiten, Gebäude, Kleidung und Menschentypen sind ganz verschieden. Nur ein eigener Akzent hat sich noch nicht herausgebildet, deutet sich aber bereits an. Das Aussehen der Menschen in der Tram und im Bus zeugt von gesunder, an Sport und guter Ernährung ausgerichteter Lebensweise. Die Ärzte hier fürchten, daß ihnen die Patienten ausbleiben. Die wenigen, die noch den Äskulapen aufsuchen, bitten um Rat, wie sie das Meerbad richtig anwenden oder ihre Ernährung umstellen können, um nicht mehr zuzunehmen. Schlankheitskuren stehen hoch im Kurs, vor allem bei den Damen. Während in den Vororten jede Woche neue Apotheken eröffnen, schließen sie hier oder werden zu Parfümerien umgebaut. Das alles danken wir zweifelsohne Gott, dem höchsten Hygieniker, denn er wachet über die Gesundheit von Copacabana.«

Bereits im Oktober 1923 war Copacabana mehr als nur ein besonders privilegiertes Wohnviertel. Copacabana bedeutete eine ganz neue Lebensweise, ja einen neuen Menschen, gleichsam einen Ausländer in der eigenen Stadt, der mit Akzent spricht. Dieser neue Mensch definierte seine Lebenshaltung über den Körper, die Körperhaltung und die Körper-Accessoires, und nicht über Moral, Geist oder Arbeit:

»Man weiß gleich, wer aus Copacabana kommt: Die Sonne auf der Haut, der Gang, die Kleidung, alles ergibt ein besonderes Etwas, denn es ist ein besonderer Menschenschlag«, resümierte die Schriftstellerin Lúcia Benedetti 1948.

Das Kulturbild Rio de Janeiros verdichtet sich in der Außenwahrnehmung gerne auf die Dreieinigkeit von Fußball, Samba und *mulatas*. Und da Rio bis heute gerade für Nichtbrasilianer als *pars pro toto* für das Land steht, ist damit auch ein gängiges Brasilienbild benannt. Interessanterweise decken sich hier Fremd- und Selbstbild mehr als in vielen anderen Fällen von Nationalklischees. Denn neben Herzlichkeit und Offenheit gegenüber Fremden nennen Brasilianer oft genau diese drei Elemente, wenn sie nach ihrer Nationalkultur befragt werden.

Damit steht der Körper im Zentrum der brasilianischen Nationalidentität. Bewegung in sportlicher wie erotischer Weise und natürliche wie künstlich produzierte Schönheit gehören in der allgemeinen Wahrnehmung irgendwie zu den Brasilianern. Speziell in der Strandstadt Rio de Janeiro hat dies eine besondere Bedeutung. Körperlichkeit, so die begründete Vermutung, ist mehr als anderswo prägend für die individuelle und kollektive Identität, für die Selbst- und Fremdwahrnehmung der Cariocas.

Für die Entwicklung dieser speziellen Körperlichkeit war die Copacabana ein paradigmatischer Ort. Sie hat sie in entscheidender Weise befördert, ihr aber vor allem eine Bühne bereitet. Der Mythos Copacabana funktioniert bis heute wesentlich über Körper – weibliche, männliche, produzierte, natürliche, speziell bekleidete und inszenierte Körper. Die Trends werden heute anderswo gesetzt, doch als Körper-Bühne ist Copa immer noch wichtiger als die meisten anderen Orte Rios.

Allerdings – und deshalb müssen wir darauf einen kleinen Blick werfen – ist diese identitätsstiftende Körperlichkeit nicht am Strand entstanden. Sie ist das Ergebnis des Zusammenspiels von Selbst- und Fremdwahrnehmung der Brasilianer und hat daher eine lange Vorgeschichte. Sie geht bis zu den Anfängen zurück,

als die Portugiesen an der für sie noch namenlosen Küste landeten und die Menschen sahen, die dort lebten. Der Schreiber der
portugiesischen Expedition, die Brasilien entdeckte, Pero Vaz de
Caminha, notiert in seinem berühmten Brief an den König Manuel
I. vom 1. Mai 1500 in Porto Seguro (Bahia):

»Sie sind von dunklem, ins Rote gehendem Aussehen, von
ebenmäßigem Antlitz, ebenmäßig auch die Nase. Sie gehen nackt
einher, ohne jede Bedeckung. Ihre Schamteile suchen sie weder zu
verbergen noch zu entblößen, sie sind hierin gänzlich unschuldig,
so wie auch darin, ihr Gesicht herzuzeigen ... Unter ihnen sah ich
drei oder vier Mädchen, jung und anmutig, mit sehr schwarzem
Haar, das ihnen lang den Rücken hinunterfiel, und ihre Schamteile
so hoch, so eng und so frei von Haaren, die wir ausgiebig betrachten konnten, da sie keinerlei Scham zeigten. Eines der Mädchen
war von oben bis unten mit jener Farbe bemalt, und sie war derart
wohlgestalt und rund, und ihre Scham (die sie nicht hatte) so
anmutig, daß sich viele Frauen unserer Breiten schämen würden,
sähen sie diese Formen, die sie nicht erreichen.«

Wiewohl er hochoffiziell schrieb, konnte Caminha seine Erre-
gung nicht verbergen. Die Tropen haben die Europäer seit jeher
im Wortsinn nicht kalt gelassen. Ihre Abbildung in Schrift und Bild
tendiert stets zum Extremen, sowohl in Richtung Hölle (Hitze,
Feuchtigkeit, Insekten, Raubtiere, Krankheiten, leichter Tod) wie
zum Paradies. Brasilien ist mit paradiesischen Bildern seit diesem
Text von Caminha verbunden, der gerne auch als »Geburtsurkun-
de Brasiliens« bezeichnet wird. Ähnliche Beschreibungen folgten.
Die Reisenden und Wissenschaftler des 18. und 19. Jahrhunderts
aus Europa und den USA, sie alle schrieben den Brasilianern eine
überlegene Sinnlichkeit, Erotik und Sexualität zu.

Der Anthropologe Richard Parker hat gezeigt, dass diese Zu-
schreibungen in eine Erzählung der Brasilianer über sich selbst
eingegangen sind, in einen »brasilianischen Gründungsmythos«.
Zweifelsohne nehmen sich Brasilianerinnen und Brasilianer als
überdurchschnittlich wohlgestalt und erotisch wahr. Dass in Rio

de Janeiro die schönsten Frauen der Welt zu finden seien, ist eine innerbrasilianische Wahrheit (über die Männer hört man selten auch nur annähernd Vergleichbares), die seit jeher Bestätigung von außen gefunden hat. 1925, nach seiner bereits dritten Brasilien-Reise, schwärmte der luxemburgische Schriftsteller Norbert Jacques:

»Brasilianische Mädchen, eurer Schönheit ist ein Hymnus zu singen, wie keiner anderen Schöpfung der Völker. Weide der Augen und der Sehnsucht! Der von einem Liebeszauber überschattete, weich behauchte und süß-schöne Ausdruck der Gesichtszüge ist wie die Seele des Körpers, an dem blumenhafte Schlankheit mit blumenhafter Grazie in einem gehen. Wo vermögen sich Frauen so schön in eine so kühne Farbigkeit zu kleiden, die wie die wundersame Buntheit der Schmetterlinge des Landes, der Glut der Natur selber entstammt zu sein scheint.«

Dem deutsch-japanischen Schriftsteller Wilhelm Komakichi Nohara führte seine Rio-Reise 1938 wie folgt die Feder:

»Nun flimmerte zur Linken die Bucht der Avenida Beira Mar; an dem pompösen Granitgeländer lehnten Tausende von Schwarzen, gut angezogen, müde vom Tag, die Frauen hatten sich auf die Brüstung gesetzt, ließen die Hüften und Schenkel spielen und sahen allesamt aus wie schwarze Iphigenien ... sie atmeten den Meerwind, der über die Wellen kam, mit geöffneten Lippen und herrlichen weiten Raubtiernüstern ... Unten auf dem schmalen Sandstreif zwischen Promenade und Meer spielte die Jugend Fußball – ausschließlich Schwarze, herkulische und knabenhaft schöne Figuren, und nicht ein einziger war verwachsen, gedrungen oder auch nur unscheinbar.«

Als Nohara dies veröffentlichte, war *Casa-Grande e Senzala* (dt.: Herrenhaus und Sklavenhütte) des Pernambucaner Soziologen Gilberto Freyre zwar erst fünf Jahre alt, aber bereits ein Klassiker. In der brasilianischen Hauptstadt Rio de Janeiro griff Diktator Getúlio Vargas – der 1937 zum zweiten Mal geputscht und nun seinen »Neuen Staat« ausgerufen hatte – Freyres Thesen für sein

Projekt der *brasilidade* (Brasilianität) auf. Damit verabschiedete sich der brasilianische Staat – allerdings nur rhetorisch – offiziell vom wissenschaftlichen Rassismus des 19. Jahrhunderts und darüber gesteuerten »Aufweißungs«-Projekten. Die biegsamen »Raubkatzenmulattinen«, die herkulischen schwarzen Arbeiter, sie waren nun zumindest symbolisch Teil des Klubs. Nunmehr galt das Wort von der harmonischen und demokratischen Verbindung der drei »Rassen« in Brasilien. Endlich gelang es, die brasilianische Nation positiv zu bestimmen. Freyres soziologischer Kniff war es, den Pessimismus der rassistischen Wahrnehmung – als Volk von Mischlingen waren die Brasilianer ihr zufolge letztlich nicht zivilisationsfähig – durch eine kulturelle Wende zu entkräften. Davor hatte allein die üppige Tropennatur positive Identität gestiftet und konnte doch das asymmetrische Verhältnis zur (europäisch-nordamerikanischen) Kultur und Zivilisation nicht verändern. Nun aber zeigte Freyre, dass eine reiche brasilianische Nationalkultur vorhanden war. Zwischen Herrenhaus und Sklavenhütte der kolonialen Plantagen hätten sich nicht nur afrikanische und lusitanische Gene, sondern auch ihre Traditionen vermengt und zusammen mit dem indianischen Element eben diese Nationalkultur hervorgebracht. Außerdem sei eine eigene Toleranz, eben das harmonische Miteinander der Rassen entstanden.

In den Mestizen feierte diese Harmonie ihren »Triumph«. Die *morenidade* (»Braunsein«) erklärte er zum »Ausdruck nationalen Stolzes«, sie wird uns am Strand noch öfters begegnen. Speziell die erotisch konnotierte Mulattin verkörperte das Freyre'sche Vermischungsideal. Diese Vorstellung, die extreme Ungleichheit in Macht- und Chancenverteilung sowie soziale und ethnische Konflikte und den diskriminatorischen Alltag weitgehend außen vor ließ, passte genau in Vargas' Konzeption der Brasilidade. Vargas war es dann auch, der den Samba zur Nationalmusik erklärte und als erster Präsident den Fußball in die Brasilidade einbaute.

Im Unterschied zu den Ur-Brasilianerinnen in Caminhas Brief an den portugiesischen König waren sich die Cariocas, die

Jacques und Nohara mit ihren Augen verschlangen, nicht nur ihrer Schamteile sehr bewusst, sondern ihrer herausgehobenen Schönheit überhaupt. Doch im Unterschied zu ihnen sehen viele der heutigen Brasilianerinnen ihren Körper nicht als Natur, sondern als Aufgabe an. Man könnte auch sagen: als Arbeitsgebiet. Körper ist mehr als Haut und Organe, oder besser, nie einfach nur »Natur« oder die natürliche Oberfläche der individuellen Identität. Vielmehr hat Marcel Mauss bereits in den 1930er Jahren beschrieben, dass die Menschen gesellschaftlich erzeugte »Techniken des Körpers« ausbilden, die alle Verrichtungen bestimmen, auch die einfachsten wie Laufen oder Essen. Es ist heute analytisches Allgemeingut, dass der Körper (auch) gesellschaftlich konstruiert ist. Er ermöglicht soziale Abgrenzung und Unterscheidung und gibt Auskunft nicht nur über Beruf, sondern auch über die Stellung des Individuums in seiner Gesellschaft. Die soziale Identität ist dem Körper »eingeschrieben«.

Diese Körperlichkeit hat mit der Entwicklung der Strandkultur in Brasilien viel zu tun. Und daher auch mit Copacabana. Viele Anthropologen entdecken an den brasilianischen Körpern über das Europäische hinausgehende Rollen und Relevanz: Hier, so sagen sie, wird der Körper zum Wert als solchem, zu einem Produkt, das mit strategischer Bedeutung aufgeladen wird. Dass der Körper mittels Geld und Disziplin gestaltet und verändert werden kann, eröffnet ein Feld der Möglichkeiten sozialen Aufstiegs und ist dafür zugleich die Voraussetzung.

Folgt man den Angaben der brasilianischen Regierung, stehen die Chancen so gut wie nie: 40 Millionen Brasilianer sind nach Regierungsangaben zwischen 2003 und 2011 aus der Armut in eine »neue Mittelklasse« aufgestiegen, die nun etwa 100 Millionen Menschen umfasse, mehr als die Hälfte der Gesamtbevölkerung. Der Begriff ist soziologisch irreführend, denn er bedeutet, dass diese Menschen zur »C-Klasse«, innerhalb der Einteilung der Brasilianer in fünf Einkommensklassen von A bis E, gehören und damit im Oktober 2012 über ein monatliches Familieneinkommen zwischen 500 und 2.160 Euro verfügten. Dieses Einkommen ermöglicht ihnen angeblich ein mittelschichtstypisches Konsumverhalten: Flachbildfernseher, Auto und (billige) Privatschulen, dazu ein Bankkonto, damit die Konsumentenkredite und die Ratenzahlungen – bei Kleinwagen sind 60 Monatsraten durchaus üblich – abgewickelt werden können.

Diese über den Konsum definierte Klasse hat bei den Ausgaben für Körperpflegeprodukte überproportional zugelegt. Die »Neue Lippenstiftarmee« von 52 Millionen Frauen dieser neuen Mittelklasse gaben der Wirtschaftszeitung *Valor Econômico* zufolge für Körperpflege und Kosmetik 2010 gut acht Milliarden Euro aus, mehr als das Dreifache, das diese Einkommensklasse zu Beginn des Jahrzehnts für solche Zwecke aufwendete. Zugleich liegen die Ausgaben erstmals höher als die der vermögenderen Klassen.

Der brasilianische Schönheitsmarkt liegt nur noch hinter USA und Japan und ist damit größer als der britische, deutsche oder französische. Auch bei der Zahnkosmetik holen die unteren Klassen auf. Verriet über Jahrhunderte das zahnlose Lächeln schnell die gesellschaftliche Position eines Brasilianers, so ist das eiserne Lächeln einer fest montierten Komplettspange ein normaler Anblick im heutigen Brasilien, quer durch alle Altersgruppen und Schichten. Hausangestellte lassen sich von ihrer Patronin einen Teil des Lohns zurücklegen, um zumindest die Anzahlung für die Brustverkleinerung zusammenzusparen. Den Rest der Operationskosten stottern sie dann in 30 Monatsraten ab.

Ein zu Geld gekommener Armer würde sich als Erstes die Haare glätten und die Nase verschmälern lassen, berichteten Interviewpartner dem Kulturanthropologen Alvaro Jarrin. Plastische Chirurgen führten 2009 in Brasilien nach Angaben der Internationalen Gesellschaft für ästhetische plastische Chirurgie gut eine Million Operationen durch. Das waren mehr als zwölf Prozent aller chirurgischen Eingriffe weltweit und fast ebensoviele wie in den bevölkerungsstärkeren USA. Nach Meinung vieler Wissenschaftler geht es hier um mehr, als »einfach nur gut auszusehen«. Körperlichkeit im

Sinne von »gutem Aussehen« ist in der brasilianischen Gesellschaft ein Primärwert, fast eine Verpflichtung.

»Wenn eine Konsumentin der ›C-Klasse‹ Kosmetik kauft, will sie besser aussehen, um einen besseren Job zu bekommen«, sagt Fabio Mariano, Professor an der Hochschule für Werbung und Marketing in São Paulo. Sie hat dann einen *corpo sarado*, einen »geheilten« Körper. Den Körper zu »heilen«, ihn zu »kultivieren«, zu »bearbeiten« und zu »produzieren«, wird also zur Strategie, um soziale Anerkennung und Aufstieg zu erreichen.

Gleichwohl bedeuten diese emanzipativen Strategien im Umkehrschluss, dass nicht-konforme Körper vielfach diskriminiert werden. Nicht nur Feministinnen kritisieren die bestehende Definitionsmacht eines medial-industriellen Komplexes, der ständig dieselbe Botschaft sendet: Wer hässlich aussieht oder alt, ist selber schuld. Mit der Befreiung des Körpers von alten Sittenzwängen, vor allem des weiblichen, hat sich eine neue, ebenfalls rigide Moral etabliert, die Züge einer säkularen Religion trägt. In den Spezialberufen, den Fitnesstrainern, den Kosmetikerinnen, Dermato- und Pharmakologen, Schönheitschirurgen, Ernährungsberatern und vor allem in den Medien, dem Fernsehen wie der unübersehbaren Zahl von Frauen- und Körperzeitschriften hat dieser Kult seine Priester, Tugendwächter und Katechismen gefunden.

Das Verdikt trifft mit Wucht die Armen, die körperlich Arbeitenden und die, die in dieser Klasse in der Mehrheit sind, die Schwarzen. Arme haben kein Geld für teure Kosmetik, für Fitnessstudios, und schon gar nicht für Lifting oder Lipoaspiration. Wer den ganzen Tag putzt, wäscht und kocht und hernach das gleiche Programm zu Hause noch einmal durchführt, hat für die nötige Reparaturarbeit am eigenen Körper weder Zeit noch Kraft.

Schwarz zu sein vermittelt vom Start weg einen Nachteil. Trotz des ihnen zugeschriebenen erotischen Potenzials sind schwarze Körper sozial negativ konnotiert. Die Umgangssprache etwa benennt afrikanisches als »schlechtes Haar« – *cabelo ruim*. Eine breitere Nase ist eine »Armennase« – *nariz do pobre*. Ihre Umwelt, die

Medien und die eigene Erfahrung machen schwarzen Brasilianern klar, dass ein *weißeres* Aussehen unerlässlich ist. *Gente bonita*, (gutaussehende Leute) ist ein alter Euphemismus der traditionellen, ganz überwiegend weißen Mittelklassen für Ihresgleichen. Für sie dient Körpergestaltung als Strategie, um den Abstand zu den subalternen Klassen aufrechtzuerhalten. Denn hier genießen sie einen natürlichen Vorteil. Sie haben nicht nur die Deutungshoheit über die Schönheitsbegriffe, sondern verfügen auch schlicht über mehr Geld und mehr Freizeit – letzteres übrigens, weil ihnen die Armen Hausarbeit, Wäsche und Kinderbetreuung abnehmen.

Die oft versteckten, aber stets scharfen gesellschaftlichen Konflikte verlaufen bis heute entlang der Linien, die Hautfarbe (»Rasse«, sagen die Brasilianer) und Klasse ziehen. Das vielleicht wichtigste symbolische Territorium dieser Kämpfe – und zugleich eine Waffe im Kampf – ist der Körper. So ist es nicht verwunderlich, dass im Zuge des neuen Selbstbewusstseins der C-Klasse Arme und Ex-Arme »Schönheit« zunehmend als ein Recht einfordern. Eine Gesetzesinitiative des Senators Gim Argello verlangte etwa 2011, dass kosmetische Operationen in den Leistungskatalog des kostenlosen staatlichen Gesundheitswesens aufgenommen werden. Seit 2010 erlauben die brasilianischen Finanzämter, die Ausgaben für die meisten plastischen chirurgischen Eingriffe, auch die medizinisch nicht notwendigen, von der Steuer abzusetzen.

Brasilien hat sich eine internationale Spitzenkompetenz und Autorität in Sachen Körperkultur und -gestaltung erworben. Dies gilt nicht nur, aber speziell für den Grenzbereich von Kleidung und nackter Haut, für die Konzeption des öffentlich sichtbaren Körpers. Welche Körperteile wie verhüllt, welche wie gezeigt und wie diese sichtbaren Teile zur Sichtbarkeit vorbereitet werden, verschafft in Brasilien und speziell in Rio de Janeiro nicht nur der Kosmetikindustrie und anverwandten Branchen wachsende Umsätze. Brasilianerinnen und Brasilianer setzen hier etwa seit den 1960er Jahren Maßstäbe. Einer der berühmtesten plastischen Chirurgen weltweit, Pionier seiner Zunft und Ausbilder von Generationen, ist der 1926 geborene Brasilianer Ivo Pitanguy. Schönheitsoperationen sind ein begehrtes und offen besprochenes Konsumgut in Brasilien. Beim Zahnarzt werden einem bei jeder Kontrollbehandlung ungefragt neue Vorschläge zur Verschönerung des Gebisses vorgelegt, Finanzierungsplan inklusive – Bleachen, Begradigen, Blendschalen, Keramikinlays und so weiter.

Ein weiteres florierendes Geschäftsfeld der Körperindustrie betrifft nun explizit die »Bikinizone« – in Gestalt des auch in Deutschland immer beliebteren *Brazilian Waxing*. Zum einen bezeichnet *Brazilian Waxing* »die bekannte und in Europa schon gut angenommene brasilianische Enthaarungsmethode«, unter Verwendung von »Warmwachs auf Honigbasis«, wie das Studio *Copacabana* in Berlin-Mitte erläutert. Zum anderen ist damit eine bestimmte »Intimfrisur« für Frauen und Männer gemeint, genauer: die Variante unten ganz ohne (20 Euro bei Damen, »Brazilian waxing Man inklusive Pofalte« zu 30 Euro im *Copacabana*). Als typisch gilt etwa der »Brazilian Strip«, bei dem nur ein schmaler Streifen Schamhaar stehenbleibt.

»Wir gehen an den Strand«

Damit sind wir nach diesem kleinen Ritt durch Geschichte und Gegenwart brasilianischer Körperkonzeptionen wieder an den Strand zurückgekehrt. Die Arbeit an der »Bikinizone« ist eine alltägliche Verrichtung des internationalen Kulturprozesses Strandleben, der Bikini eine Wegmarke der weltweiten Verwandlung und Einrichtung des Körpers durch den Strand. Hieran hatte Copacabana wesentlichen Anteil, vor allem in der Spätphase seiner Blütezeit. In Copacabana kam der moderne Badestrand Brasiliens zu sich selbst.

Das frühe aristokratische Konzept für Copacabana hatte den Strand einbezogen, nicht aber ein Strandleben. Die Zeitung *O Copacabana* schilderte am 1. April 1908 detailliert die sonntägliche Etikette der Copacabaner: »Ein Bad im Meer um sechs Uhr Höhe Praça Malvino Reis, nach Kaffee und *toilette* zur Messe, später ein Pic-nic auf dem Babilônia-Hügel, um vier Uhr nachmittags, nach Auffrischung der *toilette*, erneuter Strandgang nach Leme, um dem Treiben im Sand zuzusehen, etwa einem Hindernisrennen, den Schleppnetzfischern, einer Kapelle oder einem Feuerwerk. Die Tram brachte die Gesellschaft alsdann ins Strandrestaurant nach Ipanema zum Diner. Nach den Zigarren ging es per Tram zurück nach Copacabana ins Palace Theatre, zu Musik und Tanz bis um zwei Uhr morgens.«

Noch hieß es nicht »Wir gehen an den Strand«, sondern: »Wir gehen zum Meerbad«. Doch unaufhaltsam wurde der Strand selbst zum Ziel.

Das Carioca-Bürgertum sei von der »Leidenschaft zum Meer« erfasst worden, schrieb der Chronist João do Rio 1916. In der *Revista da Semana* hieß es zeitgleich, dass Rio endlich »von seinen Stränden Besitz ergriffen« hätte. Die Zahl der Badenden wuchs. Bürgermeister Amaro Cavalcanti sah sich veranlasst, Regeln zu erlassen. Als Badezeiten wurden festgesetzt: sechs bis neun und 16 bis 18 Uhr im Winter, im Sommer (1. Dezember bis 31. März) von fünf bis acht und 17 bis 19 Uhr, an Sonn- und Feiertagen jeweils eine Stunde länger.

Ein programmatischer Leitartikel in der *Revista da Semana* von Anfang 1926 intonierte den Abgesang auf das alte Meerbad und begrüßte den Strand:

»Es gab Zeiten, da galten Meerbäder als gut für die Gesundheit. Wenige werden sich wahrscheinlich noch daran erinnern, oder wollen sich daran erinnern. Die wichtigste, essenzielle Bedingung des modernen Meerbads ist aber der Aufenthalt am Strand ... Wie der arme Poet, der das Leben durchstreifte, aber zu leben vergaß, sind die, die über den Strand laufen, aber nicht ›am Strand sind‹. ›Am Strand sein‹ aber ist unabdingbar. Jeder Strandgänger, der auf sich hält, ob Kavalier oder Dame, befolgt diese zwei Prinzipien: so wenig anzuziehen wie möglich und so lange wie möglich an den Ritualen des Strandes teilzunehmen ... Dort kann er das Schauspiel der anderen genießen und selbst zum Schauspiel werden.«

Außerdem könne im Wasser die Haut nicht jene erwünschte Farbe »zwischen altem Gold und Zigarrendeckblatt« annehmen.

»Der Strandaufenthalt ist also nicht nur nötig, um den Geist zu ertüchtigen und das Herz zu erbauen, sondern auch und vor allem zur Verteidigung und Vervollkommnung der sichtbarsten und daher wertvollsten Reize des Körpers. Das Meer kann das nicht bieten. Die Nixen von heute pflegen außerhalb desselben ihren Zauber. So krümmt sich das arme Meer vor Schmerz, schluchzt und stöhnt, ist es doch verlassen, wie ein Witwer. Denn heute nimmt man die Meerbäder vor allem – am Strand.«

In wenigen Jahren, so scheint es, hatte eine kulturelle Revolution stattgefunden: Vergnügen statt Therapie, ausgiebiges Schwimmen statt hastigem Passivbad, Sonnenbräune statt vornehmer Blässe, Sport und Bewegung statt Flanieren, Bademode statt Pariser Toilette. Die Jugend der »Neuen Aristokratie« Copacabanas, wahrscheinlich besser als fortschrittsbereites Großbürgertum beschrieben, nahm den Strand als Ort eines neuen, komplexen und exklusiven Sozialverhaltens in Beschlag – buchstäblich unter Körper-Einsatz: Wurde bis dahin der Körper geleugnet, versteckt, unsichtbar gemacht, so beginnen nun der Körper und die Körperlichkeit, den Strand als Raum von Freizeit und sozialen Beziehungen zu gestalten. Vor der Kulisse von Haus, Hügel und Meer erlebt der Strand eine Neueröffnung als Bühne.

Enthüllungen an der Copacabana

Zwei miteinander verbundene Prozesse trugen dazu ganz wesentlich bei: die Entwicklung der Bademode und die Entdeckung des Sports.

Bis etwa 1960 waren brasilianische Bademode und Copacabana eins. Hier wurden die Neuerungen ausprobiert, ihre auch sittliche Tauglichkeit getestet. Allerdings folgte die Entwicklung der Badekleidung an der Copacabana zunächst lediglich den Trends aus Europa und den USA. Europäische Kleidung war gesellschaftliche Pflicht. Das bedeutete noch bis weit ins 20. Jahrhundert hinein und den Tropentemperaturen zum Trotz etwa bodenlange Röcke – mehrere übereinander – für die Dame und schwarze Woll- oder gar Wollfilzanzüge für den Herrn. Zum Meerbad ging frau im vorletzten Jahrhundert in einer Ganzkörpermontur aus schwarzem oder blauem Wollflanell, der so steif war, dass er auch durchnässt nicht am Körper anlag. Hosen bis zum Knöchel, Bluse mit großem Marinekragen, dazu Leinenschuhe, an Fuß und Knöchel verschnürt. Auf dem Kopf Mützen aus Wachstuch, die die Ohren bedeckten, oder große Hüte. Nach einer ersten angeblich brasilianischen Bademodenkreation wurden ab der Wende zum 20. Jahrhundert den langen Hosenbeinen am unteren Ende »Luftkammern« eingenäht.

Diese Modelle aus der Urzeit der Bademode verhüllten wie irgend möglich, und dennoch erlaubten sie neue Freiheiten. Dass Frauen überhaupt zum Strand gehen konnten, bedeutete in der konservativen brasilianischen Gesellschaft einen großen Schritt der Emanzipation.

Nach 1900 dominierte weiterhin die dunkle Wolle. Aber die Hosenbeine der Badeanzüge rutschen auch für Frauen bis ans und sogar übers Knie hinauf, die Ärmel bis zu den Schlüsselbeinen. Nur langsam wurde Strandkleidung kürzer, leichter und körpernäher. Noch 1917 bot die *Casa Colombo* in der Zeitschrift *Fon Fon* amerikanische Badekleidung an, wie gehabt mit langen Hosen, Kleidern, Rettungsringen, Mützen und Schuhen für das Meerbad.

Doch diese moderne Jugend hatte, wie alle Jugend vor und nach ihr, noch ein anderes Problem: die herrschenden Moralvorstellungen und die sie durchsetzende Gewalt. Ein (fast) Copacabana-spezifisches Problem der öffentlichen Ordnung war die Strandbekleidung.

Immerhin definiert in jeder Gesellschaft oder Epoche die Badekleidung (so es denn schon Konventionen des öffentlichen Bades gibt) das Maximum öffentlich zulässiger Nacktheit und tendiert immer auch dazu, diese Grenzen zu überschreiten. Nach dem Dekret, das Bürgermeister Amaro Cavalcanti 1917 erließ, waren »kurze Hosen oberhalb des Knies« bei einer saftigen Geldstrafe oder fünf Tagen Gefängnis verboten. Die Polizei führte in den Folgejahren regelmäßig Kampagnen zur Stärkung der öffentlichen Moral an den Stränden durch. Neben Copacabana war auch Flamengo zum Baden sehr beliebt. Von der Kaimauer führten dort Treppen hinab an den Strand und ins Wasser. Norbert Jacques beobachtete um 1925, dass an jedem Durchlass zwei Polizisten von früh bis spät in die Nacht – denn auch nachts werde gebadet – postiert seien und die Badeanzüge kontrollierten.

Doch in Copacabana war längst der *maillot* am Strand aufgetaucht: Ein Einteiler, noch hochgeschlossen, der aber die Arme ganz und auch von den Beinen das meiste entblößte – ein Lichtjahr von der Ganzkörpermode des Jahrhundertbeginns und selbst noch von Cavalcantis Dekret entfernt. Über den Maillot wurde in den 1920er Jahren heftig gestritten. Konservative Geister prangerten den Sittenverfall an. Die Modernisierer verwiesen zum einen darauf, dass der Badeanzug den neuen Sportgewohnheiten entspreche, ja Voraussetzung sei für Schwimmen unter Wettkampfbedingungen. Ihr stärkstes Argument aber lautete: Der Maillot hebe Copacabana, Rio de Janeiro und Brasilien (in diesen Fragen eine Einheit) auf den Stand der internationalen Zivilisation und Moderne. Hier wird, nicht zum ersten und nicht zum letzten Mal, der Strand von Copacabana zur Weltbühne. Die Einheit von Moderne, Zivilisation und Strandkultur als avantgardistisches Prinzip markierte in dieser Optik genau das, was die Bewohner von »CIL« – Copacabana, Ipanema und Leme – vom Rest Brasiliens unterschied. »Zivilisieren wir uns. Lasst die Maillots kommen«, hieß es 1926 bündig in der *Beira-Mar*. Als *maiô* ist der Badeanzug dann auch ins brasilianische Portugiesisch eingegangen.

Spätestens 1927 hatte sich der Einteiler durchgesetzt. Doch was mussten, durften die Badenden auf dem Weg zum Strand tragen? Diese Frage beschäftigte Kolumnisten und Polizei gleichermaßen, und dies über Jahre.

»Gibt es das irgendwo in der Welt, daß man aus seinem inmitten einer Millionenstadt eingeschlossenen Zimmer heraus im Badeanzug zum Wasser geht und zwischen Scharen von anderen Stadtbewohnern baden kann!? Kommt man in den Morgen- oder späten Nachmittagsstunden in die Straßen, die auf die Aveniden zuführen, so sieht man überall in Bademäntel gehüllte Menschen dem Wasser zuwandern ... Aus entlegeneren Stadtteilen bringen Taxameter und Privatautos die Menschen im Badekostüm an die Avenidas«, beschrieb Jacques eine Szenerie, die auch heute noch ausländischen Erstbesuchern von Rios Südzone eine überraschte Notiz wert ist. Der Gebrauch von knöchellangen Bademänteln jenseits des Strandes, etwa auf dem Weg von und nach der Wohnung (den einige auch in Teilen mit der Tram zurücklegten) war seit Cavalcantis Dekret Vorschrift. Während sich viele daran nicht hielten und auf einem kurzen Weg zum Strand nur ein Tuch umlegten, ging die Vorschrift anderen nicht weit genug. Sie forderten Straßenkleidung. Die Kritik an der Kritik konterte mit dem Zivilisationsargument: »Die Polizei droht allen Haft an, die nicht Anzug oder langen Bademantel über der Badekleidung tragen. Schon recht. Wir müssen uns ja auch nicht an Nizza, Trouville, Dover, Miami, Palm Beach und den anderen modernen Badeorten orientieren. Bleiben wir lieber das provinzielle Copacabana von 1910«, biss der Chefredakteur der *Beira-Mar*, Théo-Filho, im Februar 1927 zurück.

Für die Provinz war Copacabana allerdings schon länger das Maß der Dinge:

»Am Strand von Barra verlieh das Meerbad unserem Bahia momenthaften Glanz einer zivilisierten Region, die sich in den Maillot kleidet und mit dem Automobil unterwegs ist, ein kleines, noch ein wenig ängstliches Copacabana«, kommentierte die Zeitschrift *A Luva* aus der Hauptstadt des nordöstlichen Staates Bahia im Mai 1930.

»Die Revolution von 1930« bedeutete einen Wechsel innerhalb des oligarchischen Herrschaftssystems in Brasilien. Getúlio Vargas

Im Badetrikot durch die Straßen von Copacabana (1938)

setzte auf Industrialisierung, entdeckte die städtische Bevölkerung als politische Manövriermasse und erließ eine faschistisch inspirierte Arbeitsgesetzgebung. Von einer neuen Moral hielt er hingegen nichts. Der neue Polizeichef von Rio de Janeiro, ein *gaúcho* aus Südbrasilien, begann im Sommer 1931 eine Kampagne gegen die schlechten Sitten, wie sie Copacabana noch nicht erlebt hatte. Wer nicht im fest geschlossenen Bademantel zum Strand ging, wessen Hose »zu kurz« (die gewünschte Länge war nicht definiert), wessen Badekleidung »zu leicht oder durchsichtig« war, wer sich am Strand das Hemd aufknöpfte, musste mit Verhaftung vor Ort und Bußgeldern rechnen. Das Fußballspiel am Strand wurde verboten, ebenso »lautes Rufen oder Schreien, sofern es sich nicht um Hilferufe handelt«. Auch setzte die Polizei wieder die Badezeiten an den Rändern des Tages durch, die in den Jahren im Zuge der Sonnenentdeckung kaum noch eingehalten worden waren.

Das Copacabaner Bürgertum begrüßte die Maßnahmen, wenn auch verhalten. Immerhin ging die Polizei nun gegen die vor, die ihm schon länger ein Ärgernis waren: die zumeist männlichen Strandbesucher, die nicht aus den Palästchen, Bungalows und ersten Apartments kamen, sondern aus den Favelas sowie aus den Arbeitervierteln im Norden der Stadt. Betroffen von dieser unerwünschten Klientel waren vor allem die nähergelegenen Strände in Botafogo, Flamengo und Lapa. In Copacabana war es tatsächlich die *jeunesse dorée*, die in Konflikt mit der Sittenpolizei geriet, und nicht nur sie, sondern auch »ehrbare Damen und Herren« der Gesellschaft, die sich in aller Öffentlichkeit peinliche Zurechtweisungen und Bestrafungen gefallen lassen mussten. In der Folge leerten die Strände sich zusehends, die Jungs verzogen sich zuweilen zum Fußballspielen an den wilden Strand von Gávea.

Ein Jahr hielt die Polizei ihr Moralregiment an der Copacabana aufrecht. 1932 wurde dann mit Pedro Ernesto ein Anwohner Copacabanas und Mitglied im renommierten Atlântico Club als Bürgermeister eingesetzt. Der Polizeichef verlor an Einfluss, die Polizisten zogen sich vom Strand zurück. Das Fußballspielen blieb allerdings verboten. In seinem Neuen Staat setzte Getúlio Vargas dann Fußball und Sport überhaupt bewusst als Element einer Nationalkultur und nationalen Ertüchtigung ein. Er hatte Hitler und die Olympischen Spiele 1936 in Berlin aufmerksam verfolgt.

Zirkeltraining an der Promenade

Das brasilianische Portugiesisch schrieb Sport lange *sports*, bevor er als *esporte* linguistisch heimgeholt wurde. Ähnlich erging es dem *foot-ball*, der zum *futebol* wurde. Die Briten waren das Maß der Dinge, und es ist daher wenig verwunderlich, dass der Vereinssport in Rio mit dem Rudern begann. In den 1870er Jahren wurden Ruderregatten populär, und es entstanden erste Vereine. Drei der vier großen Fußballvereine Rios – Botafogo, Flamengo und Vasco da Gama – begannen im letzten Jahrzehnt des 19. Jahr-

Wichtiger Teil brasilianischer Strandkultur: Muskelaufbau mit Meerblick

hunderts als Ruderclubs und haben die »Regatten« bis heute im offiziellen Vereinsnamen.

In den 1920er Jahren begann die große Zeit der »Strandclubs«. Der Strand diente jetzt vielfältiger Körperertüchtigung an vielen Stunden des Tages. Sportarten wie Tennis und Fußball wurden bereits Anfang der 1920er Jahre für den Sand eingerichtet, während im Meer die Schwimmerinnen und Schwimmer trainierten und ein wenig weiter draußen die Ruder-, Segel- und Motorboote vorbeizogen. 1927 wurden der Atlântico Club und Praia Club gegründet. Beide eröffneten ihre Clubgebäude in repräsentativen Villen direkt auf der Avenida Atlântica. Die Clubs waren exklusive Institutionen und organisierten selbstverständlich Bälle, Kunstauktionen, Tanztees und große Feste. Ihr Hauptzweck aber war es, Sport- und Strandaktivitäten zu organisieren. 1928 entstand die »Amateurliga für Strandfußball« mit Sitz in Copa.

Neben Fußball und Schwimmen spielten die Copacabaner vor allem Volleyball und *Peteca*.

Peteca soll indigenen Ursprungs sein und wurde von der Copacabana aus international populär. Dort sah 1936 der deutsche

Sportlehrer Karlhans Krohn am Strand von Copacabana Jugendliche, wie sie den mit langen Federn gespickten Gummipfropf mit der flachen Hand über ein Netz schlugen. Er führte das Spiel in Deutschland ein, wo es sich unter dem Namen *Indiaca* verbreitete.

Als originäre Erfindung Copacabanas gilt *Frescobol*, bei uns auch als Beachtennis bezeichnet. Beim Frescobol versuchen zwei Sportler miteinander, den kleinen harten Gummiball möglichst lange im Spiel zu halten. Meisterlich ist es dann, wenn dies durch harte Schläge geschieht und der Ball in fast waagerechter Kurve hin- und herflitzt. Frescobol soll 1945/46 entstanden sein, die typischen Holzschläger aber kamen in den 1950er Jahren auf. Da normale Tennisschläger der feuchten Salzluft nicht lange standhielten, kamen die Vollholzschläger mit kurzem Griff in Gebrauch, die bis heute verwendet werden und dem Sport seinen lange gebräuchlichen Namen gaben – *raquetinha* (kleiner Schläger). Der international bekannte Schriftsteller und Zeichner Millôr Fernandes widmete seinem Lieblingssport ein großes Fliesengemälde auf der Praça Sarah Kubitschek (auf der Avenida Nossa Senhora de Copacabana, zwischen den Seitenstraßen Djalma Ulrich und Almirante Gonçalves). Millôr hat die beiden Spieler fast wie Skulpturen dargestellt, die Gliedmaßen wie das wohldefinierte und harmonische Produkt einer langen Arbeit.

Wie Frescobol verbindet auch ein anderer beliebter Miteinander-Sport am Strand von Copacabana Fertigkeit mit Eleganz und Kraft mit Kunst – der *Altinho*. Und wie der Frescobol wurde auch der Altinho vom behördlichen Bann erfasst. Hier allerdings bleibt die Umsetzungsquote des Verbots gering. Altinho ist einfach unschlagbar, wenn es darum geht, den einige Meter weiter in den Sand gelagerten Mädchen den durchtrainierten Oberkörper und die Geschicklichkeit mit dem Ball zu zeigen. Die Gruppe spielt sich im Kreis einen großen und schweren Fußball zu und muss verhindern, dass dieser auf den Boden fällt. Alle Körperteile bis auf Arme und Hände kommen zum Einsatz. Die Kunst, dem Ball auch mit Kopf, Schulter und Brust die gewünschte Richtung zu geben, seine Fahrt zu verlangsamen, seinen Flug zu beschleunigen, ist atemberaubend anzusehen. Mädchen spielen übrigens zunehmend mit.

Die Fertigkeiten des Altinho sind Grundvoraussetzungen für eine weitere Sportart, die ebenfalls in Copacabana erfunden worden sein soll. Angeblich weil die Polizei wieder einmal das Fußballspiel auf großem Platz am Strand verboten hatte, nutzten die Spieler die vorhandenen Beachvolleyballplätze und schufen in den 1960er Jahren *Futevôlei*. Das Spiel wird im Deutschen zumeist als Fußballtennis bezeichnet, doch sind die Regeln tatsächlich dem Volleyball und Beachvolleyball sehr ähnlich: Der Ball muss nach drei Berührungen die Feldseite wechseln, üblich ist Annahme, Pass und Angriff – nur eben ohne Arme und Hände, dafür mit Kopf, Schultern, Brust und den Beinen. Anfänglich mit sechs Spielern auf jeder Seite (wie beim Hallenvolleyball), wird Futevôlei heute zumeist zwei gegen zwei gespielt. Seit 2010 gibt es Weltmeisterschaften; die brasilianische Hegemonie wird dabei von Paraguay ernsthaft in Frage gestellt – einem Land, das gar keine Küste hat.

Andere früher populäre Sportarten sind aus Copacabanas Sand verschwunden. Dazu gehört Boxen, einschließlich Kinderboxen, sowie Freistilringen, das in den 1940er Jahren ebenso populär war wie Peteca. Im Meer vor der Küste waren Schwimmwettbewerbe sehr beliebt. Heute startet allenfalls mal ein Triathlon an der Copacabana. Ungebrochen beliebt ist dagegen das *pegar jacaré* (Alligatorenfangen): eine der gut entwickelten Atlantikwellen so abzupassen, dass man auf ihr dem Strand zureitet – dasselbe Prinzip wie beim Surfen und beim Bodyboard.

Vom Maillot zum Bikini

Mit der Stoffreduzierung durch den Maillot hing ein anderer wichtiger Umbruch der 20er Jahre zusammen: das Sonnenbad. 1923 führten Trendsetter wie die französische Modepäpstin Coco Chanel an den europäischen Stränden die Ästhetik des gebräunten

Teints ein. Bald zog die Elite in Copa nach. Nach Jahrhunderten, in denen gebräunte Haut mit niederer (Feld-)Arbeit (in Brasilien zudem mit Mestizentum) und Blässe mit Noblesse konnotiert gewesen waren, bedeutete dies im Wortsinne eine Revolution. Der Umschwung kam ebenso schnell wie extrem. Die pralle Sonne hatte in Rio zu Recht keinen guten Ruf. Im Sommer 1917 etwa starben binnen zweier Woche 30 Menschen an übermäßiger Sonneneinstrahlung. Dem Modetrend zu Hilfe eilte wieder einmal die Medizin, die nun die therapeutische Wirkung von UV-Licht hervorhob, wie etwa der Franzose Auguste Rollier, der 1924 die Heliotherapie verkündete.

Badekleidung, Sport und die Frage des Teints – oder Mode, Medizin und die Veränderung gesellschaftlicher Konventionen – gehörten hier zusammen:

»Anders als die Moralisten sind die Hygieniker erfreut über die neue Mode. Das Material der heutigen, eher enthüllenden Strümpfe lässt die ultravioletten Strahlen durch, bräunt die Beine der Frauen und versorgt zugleich das Blut besser mit Sauerstoff. Erfreulicherweise hat die Sorge um die Gesundheit die Zeit vorgetäuschter Krankheiten abgelöst, in der es so schick war, wie ein Tuberkulosekranker auszusehen. Diese neue Zeit, die Epoche des Sports, bedeutet den endgültigen Triumph der *morenas*«, schrieb der Literat Medeiros e Albuquerque in der *Revista da Semana* 1928.

In gewisser Weise bereitete der »Triumph der *morenas*« die schon angesprochene Ideologie der Brasilidade, der Brasilianität, vor. *Moreno* war und ist eine sehr vielschichtige Kategorie. Sie kann »brünett« bedeuten, also dunkle Haare bei weißer Haut, oder die tiefe Sonnenbräune eines Weißen meinen. Vor allem aber bezeichnet sie diverse Abtönungen des »Mulatten«, oder auch des indigenen Mestizen, und nicht zuletzt dient sie als Euphemismus für den »Neger«. Vargas' Rede von der Harmonie der weißen, roten und schwarzen Rasse sah eine kulturelle und rassische »Führung« des lusitanischen Elements vor und bedeutete auch nicht das Ende der »Aufweißungs«-Bemühungen durch die geförderte

Einwanderung aus Europa. Moreno war nicht blassweiß, aber noch weniger bedeutete moreno dunkel oder gar schwarz in einem ethnischen Sinn.

Sonnenbräune, Meerbad und vor allem den Sport zu fördern war, der Historikerin Julia O'Donnell zufolge, »eher eine Strategie territorialer Distinktion als im engeren Sinne eine allgemeine Kampagne für Volksgesundheit«.

An der Copacabana erfüllte sich eine Konzeption von Elite, die den Strand im Sinne von sportlicher Ertüchtigung, Heliotherapie und Meerbad mit der Eugenik des europäischen wissenschaftlichen Rassismus verband. Die »zivilisierte« Welt des 19. Jahrhunderts hatte den Körper noch ihren Gegensätzen – der Natur, dem Wilden, der Barbarei – zugeordnet. Nun aber rückte er in die Zivilisationsvorstellung ein. Während Körperlichkeit bis dahin eher ein Merkmal unterlegener Rassen gewesen und Körpereinsatz ausschließlich mit (niederer) Arbeit verbunden war, wird die Arbeit am Körper nun geradezu zum Ausweis kulturell-zivilisatorischer Avantgarde. Es war in diesem Sinne, dass João da Praia im Oktober 1923 in *Beira-Mar* schrieb: »In Copacabana hat der Strand eine charakteristische und sehr besondere Form. Der Strand ist der Stadtteil. Wer den Strand beobachtet, weiß, wie das Leben in Copacabana zugeht.«

Nach der Revolution des Einteilers ließ die nächste eine Weile auf sich warten. Nachdem die Arme und Beine weitgehend freigelegt worden waren, vollzog sich der Fortschritt weniger auffällig. Der Hüftgürtel und andere obligate Accessoires der Badeanzüge für Herren und Damen in den 1920ern kamen und gingen. Vorne blieb der Maillot für Frauen hochgeschlossen, doch hinten tat sich etwas. Die Badeanzüge der Mittdreißiger Jahre waren im Rücken tief ausgeschnitten, und die gewagtesten erhöhten den seitlichen Beinausschnitt. Farben kamen auf, das Material verbesserte sich, die schlabbrige Wolle wich in den späten 1930er Jahren nach und nach dem Lastex, einem von Baumwolle oder Seide, später Nylon umsponnenen Gummifaden. Mit dieser US-Entwicklung hat erstmals ein Material Stretchqualität. Die Badeanzüge werden enger, figurbetonter. Die Frauen an der Copacabana kopieren die enganliegenden und sehr kurzen Badeanzüge, die mit Gürteln die Taille betonen. Immerhin: Copacabana wird der Schönheit seiner Frauen wegen bereits mit Santa Monica verglichen. Aber die moderne Badekleidung muss importiert oder zu Hause selbst genäht werden. Erst in den 1950er Jahren beginnt eine Textilfabrik in Petrópolis, Badeanzüge herzustellen, als Lizenznehmerin der Marke Catalina aus den USA.

In den 1930er und 1940er Jahren nahm am Strand von Copacabana der Typus einer »modernen Frau« Gestalt an: junge Frauen, deren Bademode am Rand der gerade noch tolerierten Nacktheit wandelte, mit der sie einen von Tennis, Reiten, Gymnastik und Schwimmen trainierten Körper mehr zur Schau stellten als verhüllten. Mit ihren Maillots, Sonnenbrillen und herzförmig geschminkten Lippen demonstrierten diese Frauen, dass sie den Strand als Bühne und als Raum der Anbahnung von nicht vorab definierten Beziehungen betrachteten.

Beira-Mar kritisierte 1940 den Austausch von Zärtlichkeiten am Strand und im Kino: Ein sittsamer Mensch könne gar nicht mehr ins Kino gehen, ohne unfreiwillig Zuschauer einer erotischen Extravorführung zu werden. Eine andere Zeitung schüttelte sich, man müsse sich in den Straßen oder sogar Bars Männer mit entblößtem Oberkörper ansehen, während die Damen ihre nackten Beine kreuzten und eine Zigarette zwischen den knallroten Lippen stecken hätten.

Wie so oft wirkte dieser starke Frauentyp auf Männer mindestens ebenso beängstigend wie faszinierend, was zeitgenössische Kommentare unterstreichen: »Sie sind ... sonnengebrannt. Stark. Fröhlich. Gesund. Ohne Strümpfe. Ohne Hut. Ohne Vernunft. Die Jungs beten sie an. Und haben Angst vor ihnen.« Die Unabhängigkeit birgt in dieser Sicht ein gesellschaftliches Risiko: »Wird sie heiraten wollen oder nicht? Peinliche Selbstbefragung. Alle wollen sie lieber zur Kameradin haben.« Oder nicht einmal das, wie ein anderer Kommentar behauptet: »Die anderen Frauen beneiden und verabscheuen sie. Die Männer beten sie an, aber fürchten sich vor ihrem Temperament. Das ist ihre Tragödie: von den Frauen verhasst, von den Männern gefürchtet – von allen zurückgewiesen.«

Um neue Trends in der Bademode öffentlich vorzuführen, brauchte es tatsächlich Mut, Stärke und Unabhängigkeit. Der Zweiteiler war schon Mitte der 1920er Jahre in Europa aufgekommen. In Rio soll es die Deutsche Miriam Etz gewesen sein, die am Strand von Arpoador selbstgenähte Zweiteiler einführte. Etz, 1933 mit ihren Eltern vor Hitler geflohen, war eine erfolgreiche Geschäftsfrau und später eine gefeierte bildende Künstlerin. Kaum zu vergleichen mit den späteren Bikinis und doch ein weiterer Schritt der Enthüllung, denn nun war auch die Region zwischen Oberteil und Bauchnabel freigelegt und, wie Beate Berger in *Bikini. Eine Enthüllungsgeschichte* schreibt, »eine symbolische Zweiteilung der Frauenkörper« vollzogen, die unter anderem dem Büstenhalter zum »unverzichtbaren Bestandteil der weiblichen Unterwäsche« machte und die Brüste, bis dahin eher versteckt und abgeflacht, hervorhob und in einen erotischen Kontext stellte.

1946 stellte Louis Réard den Bikini vor. Erneut eine Revolution, modisch wie moralisch. Vier kleine Dreiecke sollten von nun an genug sein, den Körper der Frau in der (Strand-)Öffentlichkeit zu bedecken. Die Idee war so gewagt, dass nur eine Stripperin den Mut fand, das vierfache Nichts einer atemanhaltenden Öffentlichkeit vorzustellen. Die Dreiecksform schien die Blicke geradezu direkt in die verbotene Mitte zwischen den Beinen zu ziehen.

Réards Kreation war seiner Zeit zu weit voraus. Sofort und fast weltweit ereilte seinen Bikini ein Verbot. In Rio gründete sich 1947 gar ein Anti-Bikini-Verein. Das Europa und die USA der Nachkriegszeit waren moralisch ambivalent, teilweise reaktionär; die Frauen wurden wieder stärker über ihre Familienrolle definiert, die Kleider wieder länger, obwohl sie weibliche Rundungen stärker betonten. Auch in Rio packten die beamteten Sittenwächter wieder den Schlagstock aus:

»Den Bewohnern von Copacabana von Funkstreifen die Kleider an den Leib prügeln zu lassen ist dasselbe, wie wenn jedem anderen Bewohner der Stadt an einem Regentag Galoschen, Schirm und Regencape verboten würden. Wer vorher mit dem schönsten Copacabana-Lächeln dem Kino in Hemdsärmeln zustrebte, schleicht jetzt mit vorsichtigem Blick wie ein Dieb um die Ecken. Die Mädchen wissen nicht mehr, welche Größe ihrer Shorts noch sittsam sein soll. Wir in Copacabana, von diesseits des Tunnels, werden unsere besondere Lebensart verlieren«, beschwerte sich Lúcia Benedetti 1949 in der *Revista de Copacabana*.

Natürlich ließ sich der Bikini auch in Rio nicht aufhalten. Doch es dauerte. Noch 1961 ließ Brasiliens Präsident Jânio Quadros den Bikini verbieten. In den 1960er Jahren ließ sich eine Art kultureller Trennung der Strände beobachten. Copacabana veranstaltete seine Misswahlen, der Renner der Strandsaison seit den 1950er Jahren. Die Kandidatinnen in den Clubs traten in Badeanzügen der kalifornischen Marke Catalina auf, und am Strand trugen die Mädchen, was sie beim Wettbewerb gesehen hatten. Die Starlets und Models aus den Theatern und den Zeitschriften hingegen wetteiferten am Strand von Copacabana um neue Varianten des Zweiteilers, die allerdings vom Bikini noch weit entfernt waren.

Modisch-mondän also das Treiben in Copacabana. In Ipanema versammelte sich dagegen eine Art Gegenkultur, die jung, jünger, existenzialistisch war. Der Bikini wurde zum modischen Bossa Nova dieser kleinen kulturellen Revolte – zum »neuen Ding«. Eine echte *garota de Ipanema* trug Anfang der 60er Jahre einen Bikini, den sie sich aus Stoff schneidern oder gar häkeln ließ und ihn dann zu Hause gut vor der Mutter versteckte. Daher wohl auch der Name »Muttertäuscher« für die Badeanzüge mit den rückseitig gekreuzten Trägern – vorne Maillot, hinten Bikini.

Brigitte Bardot hatte 1956 in *Et Dieu … créa la femme* (dt.: … und ewig lockt das Weib) einen weißen Bikini auf die Leinwände der

Welt und den Bikini mit der ihr eigenen Erotik zurück ins Bewusstsein gebracht. 1964 kam der französische Star nach Brasilien, übernachtete im Copacabana Palace und führte in dem kleinen Fischerdorf Armação de Búzios seinen Bikini aus. Wie es den Fischern danach ging, ist nicht überliefert; das Dorf jedenfalls überlebte diesen Popularitätsanschlag nicht und wurde zum mondänen Badeort und Sommersitz für Rios Oberschicht. An der Promenade findet man Brigitte Bardot noch heute sitzen, in Bronze gegossen. Den Sommerfliegen gleich vermehrte sich auch in Ipanema jener karierte Bikini, den die Französin in Búzios getragen hatte.

Man könnte sagen, dass diese Episode der letzte Moment bikinitechnischer Fremdbestimmung Brasiliens war. Der Tanga-Bikini entstand in Ipanema, das Photomodell Rose di Primo wurde seine Muse. Im weißen Tanga auf einem Motorrad, die Haare im Wind – mit diesem Bild gelangte der Tanga 1973 gleichsam über Nacht auf die Titelseiten von *Stern*, *Quick* oder der italienischen *L'Europeo*. Als Erfinderin gilt vielen eine Blondine namens Zilda Maria Costa. Sie soll ihren Bikini an den Hüften zusammengerollt und so den Tanga kreiert haben. Der Tanga kehrte zu Réards Ursprungsidee der vier Dreiecke zurück und verknappte sie vor allem beim Höschen. Er war (nicht nur) in Rio das Strandzeichen der Siebziger, in der Glamourversion à la Rose di Primo ebenso wie für die Truppe vom Pier in Ipanema. Dort führten der Sänger Caetano Veloso und der gerade aus dem Exil zurückgekehrte Ex-Guerillero und spätere Grünenpolitiker Fernando Gabeira Mini-Tangas in der Hippie-Variante aus: Wenig mehr als ein aus 100 Prozent Baumwolle gehäkeltes Körbchen für das Gemächt. Der Legende nach soll sich Gabeira damals den Stofffetzen von einer Freundin ausgeborgt haben. Neben dem Tanga ist der *fio dental*, der Zahnseiden-Bikini, eng mit Brasilien verbunden. Der Streit um das Urheberrecht dieser Variante des String ist insofern müßig, als sich jahrhundertealte Vorbilder aus Afrika oder Japan benennen lassen. »Erfinder« Alcindo Silva Filho, bekannt als *Cidinho da Bumbum*, variierte den String so, dass vorne, aber auch hinten oberhalb der Gesäßfalte, nur ein Stoffdreieckchen übrig blieb. Damit war garantiert, dass der Po voll zur Geltung kam und zum weiblichen Körperteil avancieren konnte, das die größte erotische Fixierung in Brasilien auf sich zieht. Cidinhos Bikiniladen mit Filialen unter anderen in Ipanema und Búzios heißt bis heute schlicht *Bumbum* – der Popo.

Die Boutiquen jener Jahre setzten ganz auf die Mikro-Bikinis, doch nicht allen Cariocas gefiel das, und für die weniger Wagemutigen oder Vernünftigen entstand *Salinas*, der Laden für die normalen, etwas dezenteren Bikinis. Mit einem durchaus dezenten Bikini gelang der Schauspielerin Leila Diniz 1971 am Strand ein Skandal. Zwischen Ober- und Unterteil prangte ein praller Bauch in der Sonne. Damals war es noch üblich, die Rundung einer Schwangerschaft unter weiter Kluft zu verbergen. Sie nackt zu präsentieren, war ungesehen und unerhört. Schon zu Lebzeiten galt Leila Diniz als Ikone des Widerstands gegen den Machismo und die moralischen Zwänge unter der Militärdiktatur. Ihr Tod durch einen Flugzeugabsturz nur ein halbes Jahr nach Geburt ihrer Tocher machte sie zur Legende. Bis heute wird sie angeführt als Idealtyp für die (Mittelschichts-) Frau aus Rio, die die Lebensfreude am Strand und Sexualität mit einer guten Portion Respektlosigkeit vor männlichen und sonstigen Autoritäten verbindet.

Lycra brachte der Bademode noch einmal ganz neue Möglichkeiten der Körper-

Bikinimode in Copacabana

modellierung. In den 1980er Jahren zogen von Brasilien aus die *Asa-Deltas* um die Welt. Delta-Flügel heißen in Brasilien die Drachenfliegersegel, und daran erinnert die charakteristische, an den Seiten hochgezogene, steile Dreiecksform des Höschens, das die Beine gleichsam ins Unendliche verlängert.

Die Bademode für Männer ist hingegen eher in die Länge gegangen. Das ist den Surfern zu verdanken, die die Bermudas – aus leichtem, schnelltrocknendem Nylon oder Polyester – an den Strand brachten.

In Farben, Formen und Design ist Brasilien bis heute eine Referenz in der internationalen Bademode, auch wegen Accessoires wie der *saída de praia*, jenen großen leichtgewebten Tüchern, die auf dem Weg zum Strand als Rock oder Kleid und im Sand als Unterlage dienen.

Heute geht alles am Strand von Copacabana, nur eines geht weiterhin nicht: Bikinis mit »europäischer« Stofffülle. Sofern die Carioca – wegen etwaiger Körperfülle – nicht zum Einteiler greift, trägt sie zwar keinen Tanga, aber immer noch ein relatives Fastnichts. Das zeitigt spezifische Verhaltensweisen. Frauen am Strand kommen auf jedem Fall bereits im Bikini und verlassen ihn auch so wieder. Ein Umziehen hinter einem Handtuch oder unter weitem Kleid ist schlechterdings undenkbar, auch für Männer. Darüber haben sie entweder nur ihr Strandtuch um die Hüfte geschlungen oder kommen in T-Shirt und kurzen, ganz kurzen Jeans, deren »Beine« auf Höhe der Reißverschlussunterkante enden. Alternativ tragen sie ein einfaches enganliegendes Kleid, das knapp unterm Po endet. Nicht für alle, aber für viele, vor allem jüngere Cariocas gilt: Nachdem sie am Strand einen passenden Platz gefunden hat, wird sie ihre Entkleidung zelebrieren. Und bringt damit ein gewisses, Rio-spezifisches Spannungsverhältnis zwischen Laszivität und festem Regelwerk zur Aufführung: Während sie für europäisches Empfinden fast einen öffentlichen Striptease hinlegt, tut die Akteurin gleichzeitig so, als läge ihr nichts ferner. Doch wird sie ihr T-Shirt langsam ausziehen, es sorgsam falten und verstauen, ebenso sorgsam das Bikinioberteil zurecht-rücken, sich danach aus den Hot pants winden und drehen, bis der bare Po freigelegt ist. Das alles kann Minuten dauern. Und wenn die Frau attraktiv genug ist, kann sie sich sicher sein, dass männliche (und auch weibliche) Augenpaare verstohlen jede ihrer Bewegung beobachten.

Woanders hätten Tanga und Fio dental möglicherweise konsequent zu Oben-ohne-Baden und Nudismus geführt. In Brasilien ist beides bis heute kaum anzutreffen. Beim Tanga war Schluss. Denn: Mit Tanga oder Zahnseidenbikini ist die Brasilianerin nackt angezogen, doch wird auch nur der Warzenvorhof sichtbar, ist sie angezogen nackt. Und nackt geht nicht.

Immer in Bewegung – Körper-Einsatz am Strand

Europäer wundern sich, »dass offenbar niemand am Strand ist, um auszuruhen, alle rennen, spielen, laufen, stehen und schauen aktiv umher«, wie der französische Anthropologe Stéphane Malysse notiert. Natürlich liegen Cariocas auch faul am Strand. Aber auch dann *tun* sie irgendetwas; sie halten Konversation, flirten, suchen die Umgebung aufmerksam mit ihren Blicken ab. Ein Strandbesucher, der auf einem großen Badehandtuch liegt und ein Buch liest, ist mit ziemlicher Sicherheit ein ausländischer Tourist. Auch an den Kiosken, die sich über die fünf Kilometer Strandpromenade verteilen, sitzen fast nur Touristen. Der Carioca trinkt sein Bier im Sand. Die Promenade ist – im körperästhetischen Sinne – Bühne und Arbeitsplatz zugleich. Vom frühen Morgen bis spät in die Nacht joggen, walken, biken, skaten die Cariocas über das Pflaster und die daneben eingelassene Radspur oder stählen ihre Muskeln in den offenen Trainingsbereichen des *calçadão*, des großen Bürgersteigs – energisch, programmatisch, systematisch, routiniert und regelmäßig.

Über den ganzen Strand spannen sich die Netze für Beachvolleyball und Fußballtennis. Wer hier einmal eine halbe Stunde zugesehen hat, muss sich von einem Klischee verabschieden: Dem Carioca sagt man ja gerne nach, er lebe im Modus des *jeitinho*, des »Irgendwie geht es schon«, wisse den Ernst des Lebens spielerisch zu nehmen und habe trotz der vielen Widrigkeiten – Verkehr, Bürokratie, Inflation oder Schwiegermutter – stets ein Lachen im Gesicht. Der Zuschauer in Copacabana aber erkennt bald: Beim Spiel hört der Spaß auf. Dann streiten die Cariocas um jeden Punkt, als ginge es um Prämien in den Hunderttausenden. Das Spiel, so scheint es, ist das Eigentliche im Leben.

Die Infrastruktur des Strandes und der Promenade ist ganz auf dieses multiple Bewegungsprogramm ausgerichtet. Der Raum ist genau eingeteilt und streng reglementiert. Die Parzellen mit den Holzpfosten für die Netze verpachtet die Stadtverwaltung für ein paar Reais. Die Verträge sind uralt und werden sorgfältig vererbt. In Leme sind größere Areale abgesteckt für den Strandfußball der Mannschaften; elf gegen elf, Tore in Originalgröße. Das Netz nimmt der Pächter mit nach Hause oder deponiert es beim *porteiro* eines der Gebäude an der Avenida Atlântica, der dafür einen Obolus kassiert. Für einen Aufschlag nimmt er auch die kleine benzinbetriebene Pumpe, mit der das Grundwasser unter dem Sand in die mobile Dusche hochgepumpt wird. Denn die Süßwasserdusche ist seit einigen Jahren Standard an den Netzen. So sehr die Cariocas den Strand lieben, so quer kommen ihrem Reinlichkeitsempfinden Sand und Salz.

Die Lust auf Sport wuchs derart, dass die Stadtverwaltung regulierend eingreifen musste. Sie versenkte Pfosten für Volleyballnetze und Fußballtore im Sand, regelte die Nutzung, sorgte für Hochmastbeleuchtung für das Spiel nach Sonnenuntergang, richtete Sportkurse ein für Jung und Alt, vom Fußball über Surfen bis Yoga. Scharen von Sportschulen haben auf dem Strand Copacabanas ihren Klassenraum, schon die Sechsjährigen wuseln hier durch den tiefen Sand dem Fußball hinterher.

Ganz wichtig: An vielen Stellen kann man am Strand die Muskeln trainieren. Die einfachen Eisenbarren und -reckstangen früherer Jahrzehnte sind durch moderne kleine Freilicht-Fitnesscenter ersetzt worden. In den strandnahen Vierteln der Südzone hat sich Körperarbeit schon immer als fruchtbare Branche erwiesen, entsprechend haben sich Fitnessstudios – in Brasilien *academias* genannt – vermehrt. Eine Website listet für Copacabana 63 dieser Körperlehrschulen auf, ohne Anspruch auf Vollständigkeit. Viele Frauen engagieren Personal Trainer für ein individuelles Körperbildungsprogramm. Der Teil der Fitnessstudios, der eine Bühne darstellt – und für den Nutzer gerne zahlen –, ist am Strand nicht nur kostenfrei, sondern entgrenzt. Von dieser Bühne herab schaut der Wohldefinierte nicht nur auf ein paar Gleichgesinnte, sondern auf die Welt, und sie auf ihn, so es sie interessiert.

Das hat Folgen: Fabio Gontijo hat das heutige Körperideal in Rio treffend als »neobarock« bezeichnet. Immer mehr Frauen demonstrieren Schultern wie Kleiderständer, Oberschenkel wie junge Baumstämme, Brüste wie Äpfel und, ganz wichtig, Pobacken wie halbe Melonen. Früher war der Oberkörper (Schultern, Bizeps, Brustmuskel) eher der Männlichkeit, der Unterkörper (Hüften, Beine, Po) eher der weiblichen Körperästhetik zugeordnet, doch diese vereinfachte Trennung geht zunehmend verloren. Maßgabe für das Körperideal sind die fast nackten *passistas* der Sambaschulen beim Karneval von Rio de Janeiro, jene allein tanzenden Schönheiten, die die einzelnen thematischen Gruppen verbinden. Diese Musen, wie sie gerne genannt werden, haben in den letzten Jahren immer skulpturösere – um nicht zu sagen hypertrophe – Formen auf die Piste des berühmten Sambodroms gebracht.

Es passt ins Bild, dass die Trainingsmode aus den Studios sich als Straßenkleidung etabliert hat. Typisch sind hier die enganliegenden Leggins (vor allem für Frauen) und ärmellosen Shirts (auch für die Männer).

»Die Frauen von Rio de Janeiro sind die am besten gekleideten der Welt. Ihre Art sich zu kleiden hält die Waage zwischen dem Bild ihrer Erscheinung und der in der Sonne gesteigerten Kraft der Farben der Natur«, urteilte der Schriftsteller Norbert Jacques im Jahre 1925.

Das kann man heute nicht mehr unterschreiben. In der weiblichen Mode in Rio herrscht eine Art Prinzip »Minus Zwei« vor: Alles sieht so aus, als sei es zwei Konfektionsgrößen zu klein für die Trägerin. Und es zwängen sich auch jene hinein, deren Körper zum kolportierten Ideal auf Distanz gegangen sind.

Wenn man Stéphane Malysse folgt, ist dieses Verhalten aber nur konsequent:

»Während in Frankreich das persönliche Aussehen nach wie vor auf die Kleidung, die Mode, ausgerichtet ist, steht in Brasilien offenbar der Körper im Mittelpunkt der Bekleidungsstrategien. Die Französinnen produzieren sich durch Kleidung, deren Farben, Muster und Formen ihre Körper künstlich formt und dabei oft natürliche Formen beschönigt oder verschwinden lässt (speziell an Po und Bauch), stellen die Brasilianerinnen ihren Körper als solchen zur Schau und reduzieren ihre Kleidung auf ein simples Instrument der Körperbetonung, nicht mehr als eine Art Ornament des Körpers.«

Das gelte, so Malysse, ganz besonders für die Badestadt Rio de Janeiro und nur abgeschwächt für strandfernere Großstädte wie São Paulo und Belo Horizonte. Doch in ganz Brasilien »überwindet diese hautnahe Kleidung die Begrenztheit des Körpers und unterstreicht genau die körperliche Dimension femininer Sorge um das Aussehen: Indem sie unter Ausschaltung einer schamgesteuerten Selbstkontrolle besonders kurze und enganliegende Kleidung wählen, scheinen diese Frauen ihr Verführungspotenzial zu testen und ihren Körper in eine erotisch-soziale Währung zu verwandeln. So können wir mit Baudrillard von einer sekundären Nacktheit sprechen: Die Sonnenbräune, die Muskeln, die engen Shorts kleiden den Körper im Sinne einer zweiten Haut.«

Und so liegt im Verhalten der Frauen von Rio auch eine gewisse Souveränität, die das Schönheitsdiktat der Medien-, Mode- und Kosmetikindustrie quasi-subversiv unterläuft. Zwar lautet die Botschaft dieser ausdifferenzierten Industrie tatsächlich: Du entscheidest, wie Du aussiehst. Doch viele können dies nicht umsetzen. Denn keineswegs haben alle Frauen Modelmaße noch alle Männer Athletenformat. Wenn wir ganz ehrlich sind, so sind diese nicht einmal bei den unter 30-jährigen in der Mehrheit. Die Lycramode und die superengen, tiefsitzenden Jeans lassen leicht erkennen, dass nicht nur Männer, sondern auch Frauen gerne ein beachtliches Bäuchlein ansetzen – und dieses schamfrei ausstellen. Wenn die Kleidung in Rio dazu da ist, den Körper zu akzentuieren, zu entblößen, dann gehört der Bauch zu den hervorgehobenen Rundungen. Ebenso setzen viele Frauen mit ohnehin schon beachtlicher Oberweite die hier übliche Kombination aus Push-Up-BH und tiefem Dekolleté ein. Die Frauen präsentieren ihre – am Ideal gemessen entgrenzten – Körper als sozusagen üppige Form von »begehrenswert«. Sie werden immer Männer finden, die sie so wahrnehmen. Niemand wird hingegen in der Öffentlichkeit durch Blicke oder Kommentare diese Selbstausstellung missbilligen oder abwerten. So nimmt ein großer Teil der Bevölkerung in Rio an einem erotischen Schau-Spiel teil, das am Strand beginnt und sich auf die Straße sowie in die Normalität verlängert – frau trägt das eben so in Rio. Dennoch bleibt es Schau und Spiel und legt die Konnotation von Begehren und Erotik nie ab. Im Gegenteil.

Im Sinne des mythischen Rio de Janeiro ist das auch nur konsequent: Denn im Mythos Rio verbindet sich die allgegenwärtige Üppigkeit einer paradiesischen Natur im Stadtgebilde mit den Körpern seiner Bewohner. Rio de Janeiro ist ja nicht nur die Stadt am Meer, sondern als Ganzes eingelassen in eine wie hingewürfelte Felsenkette. Überall stößt man auf steile Hügel und Höhen. In einer endlosen Kette repräsentieren Kunst und Werbung die Stadt über die Kegel von Zuckerhut, Corcovado oder Dois Irmãos. Nicht selten gehen die Stilisierungen der Silhouette der Stadt über in Körper-Kurven. Rio ist als Stadt ausgeprägt dreidimensional und plastisch. Und es scheint, als verlangte die Plastizität der Stadt nach äquivalenten menschlichen Formen. Den scharfkantigen

Hochhäusern zum Trotz markiert die ganze Stadt, und Copacabana besonders, einen Sieg der Kurve über die Linie. Die Konkave der Bucht, die Ondulationen der Hügel, der Sinusschwung des Zuckerhuts, das Wellige der Wogen und im Pflaster entlang der berühmten Promenade von Copa zeichnen die Stadt in feminin konnotierte Rundungen.

So ist die mythische Stadt Rio weiblich in einem ganz körperlichen Sinne, als Geliebte und Objekt des Begehrens, wie im berühmten Flugzeug-Samba von Antônio Jobim:

»Ich erblicke Rio de Janeiro / Und meine Seele singt / Endlos wie Deine Strände, Dein Meer / Ist meine Sehnsucht nach Dir / Rio, Du bist für mich geschaffen ... Diesen Samba habe ich geschrieben / Weil ich Dich so gern habe, Rio / Die *morena* tanzt den Samba / Ihr ganzer Körper schwingt / Rio, Sonne, Himmel, Meer / In einer Minute sind wir am Galeão-Flughafen / Copacabana, Copacabana ... Gurt anlegen, wir sind gleich da / Das Wasser glitzert, die Piste liegt voraus / Und wir landen...«

Die Sehnsucht nach der geliebten Stadt und der erotischen *morena* werden eins. Sonne und Meer machen die Stadtgeliebte unwiderstehlich. Wer von der Vereinigung mit der Geliebten träumt, träumt sich dabei an die Copacabana.

Strandpolitik und Sandgesellschaft
Arbeiten und leben an unsichtbaren Grenzen

Traumversunken lagen wohl auch die Bewohner Copacabanas in jener Nacht vom 4. auf den 5. Juli 1922 in ihren Betten. Doch als die Kanonen des Forts von Copacabana feuerten, schreckten die Menschen aus dem Schlaf hoch. Viermal hörten sie das Wummern. Die ersten beiden Schüsse gingen in Richtung der Cotunduba-Insel, einem unbewohnten, der Küste auf Höhe von Leme vorgelagerten Landflecken; der dritte zielte auf den Felsen unterhalb des Forts in Leme am anderen Ende des Strands und der vierte auf den Stützpunkt des dritten Infanterieregiments an der Praia Vermelha.

1893 hatte ein noch fast unbebauter Strand von Copacabana die revoltierenden Kriegsschiffe unter dem Kommando Luís Filipe de Saldanha da Gamas nur vorbeifahren sehen, bevor diese von der Guanabara-Bucht aus die Stadt beschossen. Das exklusive Stadtviertel Rios, die gleichsam geschichtslos in den Weltruhm katapultierte Moderne der Stadt, hatte sich in den ersten dreißig Jahren seiner Existenz stets fern gehalten und fern gewähnt von den politischen Krisen, den sozialen Konflikten oder auch den Epidemien, die drinnen die Stadt jenseits des Tunnels in Bewegung und Aufregung hielten. Für zwei Nächte und zwei Tage aber war Copacabana plötzlich Bühne einer handfesten nationalen Krise.

1889 war Brasilien Republik geworden, und nach den Machtkämpfen der ersten Jahre hatte sich ein stabiles Machtkartell etabliert. Es trug den Spitznamen »Milchkaffee«, da es nach eben dieser einfachen Mischung funktionierte: Die wirtschaftsstärksten Bundesstaaten São Paulo, Zentrum des lukrativen Kaffeeanbaus, und Minas Gerais, wo das Vieh so prächtig gedieh, taten sich zusammen. Sie verzichteten auf Konkurrenzen und wechselten sich in der Präsidentschaft schlichtweg alle vier Jahre ab, um durchgängig eine Politik zu garantieren, die auf die Förderung des Exportsektors – speziell von Kaffee – ausgerichtet war. Die Wahlen wurden entsprechend gelenkt.

Auf die Dauer konnte das nicht gutgehen. Auch andere Staaten hatten Ambitionen und Gewicht. Opposition gegen die alteingesessenen Oligarchien leistete immer wieder das Heer; gewichtige Teile der brasilianischen Armee haben sich (wie vielerorts in Lateinamerika) ihre gesamte Geschichte hindurch immer auch als politische Akteure verstanden, und vor allem jüngere Offiziere niederen Patents sympathisierten mit einer Diktatur, die das nationale politische System nach dem Ende der Kolonialherrschaft stabilisieren und auch für Modernisierung und soziale Entwicklung sorgen sollte. Gegen die Wahl von Artur Bernardes aus Minas Gerais zum Präsidenten hatte sich Rio Grande do Sul mit Bahia, Pernambuco und dem Staat Rio de Janeiro verbündet. Der übliche Wahlbetrug sicherte Bernardes am 1. März 1922 trotzdem die Wahl. Aber dann gab es Ärger mit der Armee. Es kam zur Rebellion.

Die nächtlichen Schüsse vom Fort Copacabana waren das Signal für die Erhebung von Teilen des Militärs gegen die Regierung. Auch das Fort in Leme, die Militärschule Realengo und einige Kasernen gerieten in die Hände der Aufständischen. Doch wie so oft bei Rebellionen in der brasilianischen Geschichte scheiterte auch diese an mangelnder Vorbereitung ebenso wie an der Größe des Landes und den damit verbundenen Komplikationen. Schon am Nachmittag des 5. Juli hatten die regierungstreuen Truppen alles wieder unter Kontrolle.

Eine Ausnahme bildete das Fort in Copacabana. Dort wurde weiter geschossen; die Granaten trafen unter anderem das Hauptquartier der Streitkräfte, Einrichtungen der Marine und den Neuen Tunnel. Die Zahl der Toten war gering, doch der Schrecken groß, denn die Kanonen des Forts reichten über die Hügel hinweg, und einige ihrer Rundeisen gelangten bis ins Stadtzentrum.

Drei Kriegsschiffe fuhren vor Copacabana auf. Über die Straßen des Viertels rückte Feldartillerie vor. Am Nachmittag begann der

Beschuss des Forts. Doch bald schon fiel die tropische Nacht über beide Seiten, und sie stellten das Feuer ein. Im Schutz der Dunkelheit näherten sich regierungstreue Bodentruppen über die Straßen Barata de Ribeiro und Hilário de Gouveia sowie über die Praça Serzedelo Correia dem Fort. Am Morgen des 6. Juli eröffneten die Kriegsschiffe das Feuer. Dem Kreuzer *São Paulo*, der sich unvorsichtig auf 7.000 Meter genähert hatte, konnte das Fort einen Treffer versetzen. Doch der andere Kreuzer sowie der Zerstörer *Paraná* schossen zurück und trafen die Befestigungsanlagen mehrfach. Dann tauchten noch zwei Wasserflugzeuge auf und warfen Bomben.

Es wurde wahrhaft brenzlig für die Aufständischen unter Führung des Hauptmanns Euclides Hermes. Die Offiziere diskutierten heftig, wie weiter zu verfahren sei. Die Runde beschloss, die Gefangenen freizulassen und auch die meisten Soldaten – rund 300 hielten sich noch im Fort auf – zu entsetzen. Kommandant Hermes sollte im Kriegsministerium verhandeln. Im Fort verblieben 28 überwiegend junge Leutnants und einfache Soldaten unter der Führung von Antônio Siqueira Campos.

Hermes wurde im Ministerium sofort verhaftet. An die restlichen Rebellen erging die Aufforderung, sich bedingungslos zu ergeben. Das taten sie nicht, und so sorgten militärisches Ehrverständnis und Verzweiflung für einen Showdown am Strand. Die legendären »18 do Forte de Copacabana« – tatsächlich eine wohl etwas größere Gruppe von vier Offizieren und etwa 20 Gefreiten und Technikern – entschlossen sich zum letzten Gefecht. Mit Karabinern und Pistolen bewaffnet, verließen sie das Fort durch das Hauptportal. Während ihres Marsches sprachen sie mit Passanten und Journalisten und kündigten an, in keinem Fall kampflos die Waffen zu strecken, sondern im Tod das ruhmreiche Ende ihrer militärischen Karriere zu suchen. Der Reporter der *Gazeta de Notícias* verzeichnete an dieser Stelle seiner Reportage »tiefe Bewegung unter den Umstehenden, die diese Worte hörten«. Die Gruppe zog über die Avenida Atlântica. In lockerem Verbund schritten sie über den berühmten Bürgersteig mit den schwarz-weiß gepflasterten Wellen, begleitet von Neugierigen, Reportern und Photographen. Sie riefen »Es lebe das Heer, es lebe Marschall Hermes, es leben die Verteidiger des Forts von Copacabana«. Erstaunt drehten sich Passanten um, die ihrem Tagwerk nachgingen. Der Irrsinn und Heroismus der Handvoll vermischte sich in grotesker Weise mit dem normalen Alltag eines Stadtteils am Meer. Unterwegs hielten sie an einem Haus und baten die Bewohner um Wasser. Der Reporter versuchte vergeblich, Siqueira Campos von der Sinnlosigkeit des Unterfangens zu überzeugen. Etwa in der Mitte des vier Kilometer langen Strandes bog die Gruppe in die Rua Barroso – die heutige Rua Siqueira Campos – ein, erblickte zwei Kompanien des dritten Infanterieregiments, die an der Praça Serzedelo Correia lagerten, und stürzte sich auf die erstaunten Soldaten. Der Überraschungseffekt trug nicht lang. Nach einem halbstündigen Feuergefecht zogen sich die Angreifer zur Avenida Atlântica zurück. Gegen die große Übermacht von etwa 600 Soldaten mit Maschinengewehren hatten sie keine Chance. Da die Strandbefestigung gerade wieder einmal in Bau war, suchten sie hinter Stein- und Sandhaufen Schutz. Das letzte Gefecht war kurz, öffentlich und endete mit einer klassischen heroischen Geste: Als die Munition ausging, zog man das Bajonett blank. Die meisten starben. Einige überlebten, darunter Siqueira Campos, der einen Bauchschuss erlitt. Auch zu Neugierige und zu Langsame wurden durch umherfliegende Kugeln verletzt.

Siqueira Campos sehen wir heute, in Bronze gegossen, auf der Promenade stehen. Die Gedenktafel unter der Statue zitiert ihn wie folgt: »Dem Vaterland muss man alles geben; nichts darf man von ihm erbitten, nicht einmal Verständnis.« Was seine Richter betraf, ahnte Siqueira Campos offenbar Ähnliches und floh direkt aus dem Militärhospital nach Argentinien. Er starb 1930 bei einem Flugzeugunglück in Montevideo.

Das Ende vom Aufstand in Copacabana markiert so etwas wie den Beginn des *tenentismo*, einer Bewegung, die von jungen Offizieren (Leutnants – *tenentes*) an den Militärakademien ausging. Die Herrschaft der wenigen Alteingesessenen und der immerwährende Betrug am Volk sollten ein Ende haben. Die *tenentes* entdeckten die soziale Frage, einige schlossen sich der Arbeiterbewegung an, etwa der Kommunistischen Partei Brasiliens, die Anfang 1922 gegründet und nach gerade einmal fünf Monaten verboten wurde. Einer der bekanntesten Leutnants war Luís Carlos Prestes, Anführer einer Kolonne, die sich nach dem Scheitern eines Umsturzversuches in São Paulo 1924 ins Landesinnere flüchtete. In den Folgejahren wanderte sie 24.000 Kilometer durch Brasiliens Hinterland. Die jungen Männer aus Rio und São Paulo wurden im Norden einer Armut und Unterentwicklung gewahr, die sie nie für möglich gehalten hätten. Prestes ließ sich 1930 von der Kommunistischen Partei Brasiliens anwerben und ging in die Sowjetunion. Dort lernte er die Münchner Jüdin Olga Benario kennen. 1935 gingen sie gemeinsam nach Brasilien, um einen kommunistischen Putsch gegen die Regierung von Getúlio Vargas mit anzuführen, der ebenfalls erfolglos blieb. Nach monatelanger Suche stöberte die Geheimpolizei Prestes und Benario in ihrem Versteck in Rio auf. Prestes kam ins Gefängnis. Die schwangere Olga Benario wurde an die Gestapo ausgeliefert, zu der Vargas gute

Die »18 vom Fort« auf ihrem Weg zum letzten Gefecht, von links: Eduardo Gomes, Siqueira Campos, Nílton Prado und der Zivilist Otávio Correia

Beziehungen unterhielt. Anita Prestes kam im November 1936 im Frauengefängnis Barnimstraße in Berlin zur Welt. Die Gestapo übergab sie 1938 der Großmutter Leocádia Prestes. Olga Benario wurde ins KZ Ravensbrück verbracht und 1943 in der Gaskammer der Tötungsanstalt Bernburg in Sachsen-Anhalt ermordet.

Staatspolitik wird in Copacabana heute nicht mehr gemacht, Präsidenten oder Minister wohnen hier auch längst nicht mehr. Den letzten nationalpolitischen Aufreger im Viertel gab es 1954, allerdings einen ganz großen. Vor seiner Wohnung in der Rua Tonelero in Copacabana wird auf Carlos Lacerda, Führer der politischen Rechten Brasiliens und wichtigster Gegner des Präsidenten Vargas, ein Attentat verübt. Lacerda wird nur leicht verletzt, doch neben ihm stirbt der Major Rubens Vaz an den Schüssen. Die Attentäter werden schnell gefasst, die Spuren führen in die persönliche Garde von Präsident Vargas, deren Chef zugibt, das Attentat befohlen zu haben. Brasilien stürzt in die bis dahin größte Staatskrise seiner Geschichte, denn 19 Tage später begeht Vargas im Präsidentenpalast Selbstmord. Der Tod des »Vaters der Armen« provoziert so gewaltige Massenproteste, dass Lacerda ins Ausland flüchten muss. Ein Jahr später nimmt er an einem rechtsgerichteten Putschversuch gegen den gewählten Präsidenten Juscelino Kubitschek teil. Dieser Versuch scheitert. Erfolgreicher ist Lacerdas Teilnahme am nächsten. Es ist der Militärputsch vom 31. März 1964, dem Beginn der 20-jährigen brasilianischen Militärdiktatur.

Von der »Neuen Aristokratie« zum Massenbetrieb

Bei dem bislang einzigen Mannschaftskampf am Strand von Copacabana, bei dem beide Seiten Schusswaffen einsetzten, hatten Siqueira Campos und seine Kameraden im Juli 1922 die damals größte Baustelle Copacabanas in Sichtweite. Hinter der Inhangá-Felsenkette, die damals noch bis an den Strand reichte, entstand: das Copacabana Palace Hotel.

Bis heute versteht man beim Anblick des majestätischen Weiß schnell, was der »Palast« ab 1923 verkörpern und befördern sollte: die Konzeption Copacabanas als »aristokratisches« Viertel. In Leme und Copacabana, und zunehmend auch in Ipanema und Leblon sollte sich die »Strandaristokratie« ansiedeln. Eine Schicht, die nicht nur ihrer sozialen Stellung, sondern auch ihrem Lebensstil nach etwas Besonderes war. Dieses Besondere stellte nicht zuletzt der Strand sicher: Im Strandleben und in den neuen Ritualen einer bewussten Körperlichkeit triumphierten Exklusivität und die brasilianische Moderne.

Wie die Historikerin Julia O'Donnell betont, ist es schwer zu rekonstruieren, wie weit diese Idee einer in sich geschlossenen »Aristokratie« tatsächlich trug. Unzweifelhaft ist aber zweierlei: In wachsendem Strom zogen Menschen nach Copacabana, die zumindest die finanziellen Voraussetzungen für einen aristokratischen Lebensstil mitbrachten. Und mit ihnen wuchs eine ganz andere gesellschaftliche Schicht in Copacabana: die Hausmädchen, Köchinnen, Wäscherinnen, die Portiers und Chauffeure, die Kesselflicker und Scherenschleifer, die Straßenhändler, die Obst, Gemüse und Erfrischungen feilboten. Kurz, all jene Dienstleister, die die »Aristokratie« für ihren Lebensstil brauchte und beschäftigte, und die versuchten, sich nahe ihrer Arbeitsstätte anzusiedeln. Auf den Hügeln, wo Platz und Baugrund noch nicht verkauft war, an den steilen Hängen, wo bei starkem Regen das Wasser auf seinem Weg hinab alles mit sich riss, auf den Felsen, die zum Militärgelände gehörten wie der Babilônia-Hügel in Leme.

So trugen die soziale Differenzierung ebenso wie der Erfolg Copacabanas bei Touristen aus der ganzen Welt langsam dazu bei, das Aristokratisch-Exklusive seinem Ende zuzuführen. Die, die nur unter sich sein wollten, gaben Copacabana auf. Die traditionellen Strandclubs, wie der Atlântico, der Praia oder der Arpoador, die sich für Neumitglieder stets offen gehalten hatten, schlossen Mitte der 30er Jahre. Die alteingesessenen Familien zogen sich in umgrenzte und weniger sichtbar gelegene Clubs zurück, wie den Caiçaras an der Lagoa Rodrigo de Freitas oder den Marimbás nahe des Forts Copacabana. Und sie begannen in Richtung Leblon abzuwandern, das in den 30er Jahren ähnlich idyllisch anmutete wie Copacabana dreißig Jahre zuvor.

Copacabana begann, zum Massenbetrieb zu werden. Bereits Ende der 1920er Jahre hatte sich ein Strandleben ausgebildet, das dem heutigen verblüffend ähnelt. Photos jener Jahre zeigen überlaufene Strände. Noch stehen die Sonnenschirme nicht dicht an dicht. Dass UV-Strahlung ernsthaft schaden kann, ist nicht unbekannt, aber noch lange kein Thema. Jung und modern ist es dagegen, der Sonne zu huldigen, in ihrem Licht zu baden. Eher schon der Hitze wegen sind zusätzlich Zelte aufgestellt oder haben Frauen Handschirme aufgespannt. Die bürgerliche Tradition des Picknicks wirkt noch nach, geht aber sichtbar in das moderne Strandleben über. In den Gruppen, die auf Korbstühlen sitzen oder direkt im Sand lagern, mischen sich Männer im Anzug und Frauen in voller Toilette unter die immerhin schon ärmellosen und kniefreien Einteiler.

Heute staunt jeder Erstbesucher, wenn er in Copacabanas Asphaltdschungel den Geschäftsmann im Anzug, Krawatte und Aktenkoffer sieht, wie er auf dem Weg zum Taxistand oder zur U-Bahn ein paar Worte mit seinem Nachbarn wechselt, der gerade vom Strand zurückkehrt und nicht mehr trägt als eine Badehose und ein paar Gummisandalen. Dies nahm in den 1920er Jahren am Strand seinen Anfang. Am Strand trifft sich die Gesellschaft, trifft sich die Familie.

Noch vor 120 Jahren war der Strand nur die Verlängerung der natürlichen Vegetation ans flüssige Element, eine Art Meeres-Acker. Der Fischer war sein Bauer, der Städter nur ein sonntäglicher Besucher. Bis die Stadt in den Strand einfiel. »Dem Meer war eine Stadt eingeschrieben«, hat der Dichter Carlos Drummond de Andrade einmal notiert. Sehr zu Recht steht der Satz auf einer Bank am *calçadão*, dem Wellenpflaster, zu lesen, auf dem der

Dichter in Bronze sich einen Dauersitz erworben hat. Der Raumnutzungsplan veränderte sich.

Heute ist dieser Strand Markt und Arbeitsplatz. Unüberhörbar. Ein entspanntes Dösen an der Copacabana ist ein Luxus und ein Ding der Unmöglichkeit an einem sonnigen Sommertag. Nicht nur des ameisenhaften Gewimmels wegen, die Verkäufer lassen einem keine Chance. Sie stapfen im Zickzack durch die Lagernden, rufen oder singen den kurzen Slogan, der ihre Ware anpreist. Strandverkauf ist Schwerarbeit. Die mobilen Verkäufer laufen nicht die ganzen vier Kilometer ab, sondern innerhalb eines Abschnitts hin und her. »Ihr« Territorium markieren sie mit ihrer Stimme, dem Slogan, der eine Beziehung herstellt zum Kunden, von denen viele ja auch immer denselben Strandabschnitt frequentieren. An einem langen Sommertag sind sie viele Kilometer im heißen und tiefen Sand unterwegs, den sie in geübtem Schritt bewältigen, indem sie die Füße immer ein wenig nach oben ziehen. Als wären die brennende Sonne und der Sand nicht schon genug Erschwernis, verhindert das Geläuf, ein Wägelchen zu benutzen. Nur einige Eisverkäufer können nicht darauf verzichten und mühen sich durch den nassen, aber festeren Sand entlang der Brandung. Alle anderen müssen ihre Ware schleppen.

Mate-Bruno hat zwei Aluminiumfässchen geschultert, die aufgefüllt zusammen 60 Kilo wiegen, »61 Kilo und 900 Gramm, um genau zu sein«. Viel mehr wiegt der kleine, kräftige Mann selbst nicht. Er ist eine Institution, war einmal das »Gesicht des Sommers« einer großen Tageszeitung. Im rechten Fässchen ist bittersüßer Matetee drin, links sauersüßes Zitronenwasser. Am besten schmeckt die Mischung. Mit der Souveränität einer hunderttausendfach wiederholten Bewegung wirft er seit 44 Jahren die kleinen Hähne auf und zu. Wer schnell abtrinkt, bekommt nachgefüllt.

Sie verkaufen: eiskalte Getränke, am Liegestuhl zubereitete Caipirinhas, Eis, Kekse, Chips, die typischen »Biscoito Globo« (süße oder salzige, in Fett ausgebackene Kringel aus Maniokstärke), eiskalte Getränke, 40 cm lange Garnelenspieße, »natürliche«

Sandwiches – Vollkorntoastbrot mit Thunfischmayonnaise, die nicht nur ökologisch eher bedenklich sind –, Brillen, Bikinis, Badehosen, eiskalte Getränke, Sonnenschutzcreme, Mützen, Strandtücher, Tätowierungen, Massagen, eiskalte Getränke.

Die Gewinnmargen sind klein, und dennoch ist Strandverkauf ein Geschäft, das sich lohnen kann. An einem sehr guten Tag mache er 75 Euro Umsatz und etwa 54 Euro Gewinn, rechnet Cristiano vor. Dann war er aber auch sechsmal beim Getränkehändler, um seine Kiste vollzuladen, und ist gute zehn Stunden am Strand auf und ab gestapft. Cristiano ist zwölf Jahre alt, natürlich Flamengo-Fan, aus Benfica in der Nordzone, und verkauft Wasser, Bier und Softdrinks, die er mit heller Stimme anpreist. Er lebt allein mit seiner Mutter, der Vater ist tot. Zur Schule geht er am Vormittag vor der Arbeit, denn er will eine gute Ausbildung. Zum Spielen bleibt wenig Zeit, doch wenn, dann geht er am liebsten – an den Strand.

José Silva de Jesús ist nicht nur Träger eines gesamtbrasilianischen Namens, katholisch und portugiesisch bis auf den letzten Buchstaben. Er kommt wie die meisten der Strandverkäufer aus dem Nordosten, jenem Gebiet von Maranhão bis Bahia, das lange als Armenhaus des Landes galt. In den hinterländischen Trockengebieten, dem *Sertão*, lässt die Dürre periodisch das Vieh verenden und die Menschen fliehen. Die Kindersterblichkeit ist dort so hoch wie in Bangladesch, und die anderen Sozialindizes sind ebenso niedrig. Ex-Präsident Lula da Silva stammt ebenfalls aus dem Nordosten. Als Kind machte sich Lula mit Mutter und Geschwistern nach São Paulo auf, möglicher Arbeit auf der Spur, die es in Pernambuco nicht gab. José stammt aus Feira de Santana, dem Tor zum Sertão im Bundesstaat Bahia. Er wohnt in Copacabana selbst, in der Favela Chapéu Mangueira. Doch in Feira de Santana hat er ein Stück Land gekauft, und wenn die Sommersaison im April zu Ende geht, steigt er in den Bus und fährt nach Bahia. Seine Frau und eine Tochter sind dort geblieben oder zurückgekehrt, vier Söhne und eine weitere Tochter leben mit ihm in Rio. Auf seinem

Acker wachsen Mais, Bohnen, Melonen. Die Kinder sind schon erwachsen, er selbst ist 58 und will arbeiten, »so lange es die Beine hergeben«. Nicht wenige der Verkäufer sind alles andere als jung; für Ungelernte ist der Strandverkauf, trotz eines kleinen Schlechtwetterrisikos, eine Möglichkeit, sich eine Zukunft zu erlaufen.

Im Gespräch haben mir mehrere stolz berichtet, mit ihrer Arbeit Wohnungskäufe und das Studium ihrer Kinder finanziert zu haben. Laércio zum Beispiel verkauft seit 52 Jahren Eis an der Copacabana. Er steht um vier Uhr auf und ist um 22 Uhr wieder zu Hause. Im Sommer verdient er im Monat umgerechnet 1.500, 2.000 Euro, wenn es (wie im Winter) schlecht läuft, 800 Euro und hat damit immer noch mehr als mit der staatlichen Rente. Aber die lohnt sich in Brasilien ohnehin nur für die Beamten. So stapft Laércio mit seinen 74 Jahren immer noch durch den Sand. Langsamer als früher sei man halt, aber die Hitze, die stechende Sonne mache ihm immer noch nichts aus. Er schwimme morgens immer 50 Meter in den Wellen, das lockere auf für den Arbeitstag. Das sei nichts für jedermann, sein Job hier am Strand, kein Zuckerschlecken! Die Hände zittern. Na ja, der Blutdruck sei eben doch ziemlich hoch, gibt er zu. Aber er liebe seinen Arbeitsplatz, weil hier niemand diskriminiert werde, alle seien gleich, ob arm, ob reich.

Die Verkäufer arabischer Snacks tragen gerne weißen Burnus, die Mate-Verkäufer die knallorangefarbene Uniform der Marke, die sie anbieten. Doch viele gehen ihrer Arbeit in T-Shirt, Badehose und Bikini nach. Das gilt auch für die Rettungsschwimmer, die Polizisten und die Taschendiebe. Letztere mimen Badegäste, einer oder zwei beobachten die nähere und fernere Umgebung, der dritte lässt sich langsam neben den beiden dösenden Touristinnen nieder, fischt langsam die Geldbörse aus der Tasche, steht langsam auf und geht langsam weiter. All das geschieht am helllichten Strandtag. Natürlich gibt es immer einige, die das beobachten, vor allem die erfahrenen Anwohner haben dafür einen Blick, aber sie unternehmen nichts. »Die sind immer zu mehreren, wenn ich jetzt nach der Polizei schreie, bekomme ich vielleicht ein Messer

an den Hals, dann werde ich bedroht und kann nicht mehr hier-
herkommen. Also bleibe ich still«, lautet die lapidare Begründung.

Das Panorama der Postos – in den Augen des Flaneurs

Das heutige Strandleben in Copacabana ist also eine komplexe
sozio-ökonomische Veranstaltung. Die Stadtverwaltung entsen-
det Personal – Polizei, Parkplatzwächter und in den Morgenstunden die Müllmännerbataillone, die in großer Effizienz tonnenwei-
se Unrat im Sand aufsammeln. Nichts passiert, niemand handelt
ohne Genehmigung und Aufsicht – zumindest offiziell nicht. Alle
paar Jahre modernisiert die Stadt die Kioske entlang des berühmten Wellenpflasters. Aus den einstmals bunten Verschlägen, die
Dosenbier ausschenkten, sind kleine Franchise-Unternehmen geworden, erbaut aus viel Kunststoff und Plexiglas, einige mit richtiger Küche und recht großem Speiseangebot. Die Rettungsposten
sind jetzt mit unterirdischen Toiletten, Duschen und Wickelräu-
men ausgestattet. Und etwa 50 Meter strandeinwärts stehen in
regelmäßigen Abständen *barracas*, die Strandstände. Kräftige Lei-
nen- oder Plastikplanen über gut vertäutem Aluminiumgestänge
fliegen auch an windigen Tagen nicht weg. Etwa 15 Meter auf
beiden Seiten der Barracas laufen zwei gedachte Linien auf die
Brandung zu – der Zuständigkeitsbereich dieses Kleinunterneh-
mens, das Gebühren an die Stadtverwaltung abführt und seine
Kunden umfassend versorgt: mit Sonnenschirmen, Strandsesseln,
Getränken, Essen – zum Teil frisch frittiert unter der Barraca –,
alles auf Wunsch an den Platz gebracht.

Schwerstarbeit ist auch das. Waguinho, an Lemes Posten Zwei,
ist erst 38. Doch das viele Schleppen der Liegestühle und Sonnenschirme hat ihm schon die Bandscheiben ruiniert. Das macht
ihm große Sorgen. Seine Barraca ist, wie oft, ein Familiengeschäft.
Doch beide Eltern sind in die Jahre gekommen, und 12–14 Stunden Arbeit täglich, die ganze Zeit in der Sonne, halten sie nicht
mehr durch. Ein jüngerer Bruder hilft aus, aber noch jemanden

einzustellen ist nicht drin, das Geschäft geht schleppend, die Preise sind zu stark gestiegen, die Leute bringen zunehmend ihr Bier oder ihren Snack von zu Hause mit, und ihren Liegestuhl auch. Waguinhos drei jüngere Kinder besuchen eine öffentliche Schule. Wenn wir in Deutschland über gescheiterte Chancengleichheit im Bildungswesen diskutieren, so kann man brasilianische öffentliche Schulen getrost als Chancenvernichter bezeichnen. Auch in der dritten Legislaturperiode unter Regierung der linken Arbeiterpartei hat sich an der Grundschulmisere Brasiliens wenig verbessert. Wer eine vernünftige Schulausbildung für seine Kinder will, muss sie in eine Privatschule geben, so lautet auch heute noch die Regel. Seine Kinder hätten das Zeug zum Studieren. »Nimm sie aus dieser Schule raus!«, habe die Lehrerin zu Waguinho gesagt. Hoffnung keimt zuweilen durch die schichtübergreifenden Begegnungen der Strandgesellschaft auf. »Einer aus der Volleyballgruppe ist Direktor einer Privatschule. Ich kenne ihn seit vielen Jahren. Er würde meine drei Kinder nehmen, bot mir an, nur für eines zu bezahlen, die anderen beiden nehme er umsonst.« Doch 700 Euro Schulgeld im Monat ist für die Familie vom Chapéu Mangueira letztlich genauso unerschwinglich wie 2.100 Euro.

Der Strand ist also nicht bloß weiß, sondern trägt jene Textur, mit der die Sandgesellschaft ihn beschrieben hat. Und er ist nicht einfach Fläche, sondern mehrfach segmentierter Raum. Für Gliederung und Orientierung zugleich sorgen neben den Barracas vor allem die bereits erwähnten *postos*, die Rettungsposten. Die ersten Rettungsschwimmer wurden um 1917/18 unter den Fischern am Ende von Copacabana rekrutiert, dem *Posto Seis* (Posten Nummer Sechs). Die Posten glichen Mastkörben auf acht Meter hohen schmalen Holzpfählen, verankert im Sand mit drei Stahlseilen, den Ausguck und sein Fernrohr schützte ein großer Schirm vor der Sonne. Die sechs Posten gibt es noch heute, allerdings sollte man Eins und Sechs nicht suchen. Es sind heute lediglich imaginäre Marken des Beginns von Copacabana am Leme-Felsen und des Endes von Copacabana am Felsen des großen Forts.

An den Posten haben sich seitdem die *tribos* (»Stämme«) versammelt. Die anthropologische Metapher hat sich eingebürgert, um »Szenen« zu beschreiben, die dort jeweils ein Terrain in Beschlag nehmen. Die Gleichzeitigkeit von Abgrenzung und dem offenen Auge für eine neue Bekanntschaft macht die Dialektik aus, in der viele die Copa ansteuern. Ende 2012 wählten brasilianische Singles in der Umfrage eines Kontaktportals Copacabana zum besten Flirtstrand des Landes. Doch die Familien haben ebenfalls ihren Ort, am Posten Eins vor allem und auch am Posten Sechs. Wochentags, besonders morgens und am späteren Nachmittag, betreuen hier zahlreiche Kindermädchen den Nachwuchs der beruflich wie sozial sehr eingespannten Oberschicht von Rio, zuweilen werden auch leibliche Mütter gesichtet, Väter nicht. Schon nahe des zweiten Postens, Höhe Hotel Leme Palace, lassen sich gern junge Schöne aus der Nachbarschaft sehen, spielen trotz Verbot Altinho und Frescobol und lassen den Joint kreisen, wenn die Strandpolizei nicht in Sichtweite ist. Posten Zwei ist auch der Hausstrand der Favelas Chapéu Mangueira und Babilônia. Ihre »Oberschicht«, wenn man das so sagen kann, mischt sich gerne unter die Goldbraunen der Mittelklasse vom »Asphalt«, die also nicht auf den Favela-Hügeln leben, wo die Straßen oft nicht geteert sind.

Posten Vier bietet ein ähnliches Bild, nur goldbrauner, und mehr Surfer, wenn die Wellen stimmen. In den 1920er und frühen 1930er Jahren traf sich dort die »Aristokratie«. Dort gab die Eleganz ihr Stelldichein, die sich auf wohlorganisierten Strandfesten an der Avenida Atlântica vergnügte. Im Sand hatten der Atletico Tennis Club und andere ihre Zelte aufgestellt. Die jungen Damen trafen sich dort sonntags nachmittags zum Flanieren, dem *footing*. Es galt, die Einkäufe der abgelaufenen Woche vorzuführen und sich im Flirt zu üben.

Flirtwilligen sei heutzutage am Posten Vier ein genauerer Blick empfohlen. Ist die Schöne im knappen Bikini auch tatsächlich eine Sie? Da kann man sich schnell vertun. Vor den Hotels des Posten

Vier sind die Sonnenschirme bunter, und nur dort finden sich größere Strandliegen aus Hartplastik. Dort liegen die, die es nicht besser wissen, auf großen weißen Handtüchern im Sand. Dort geht das Kokosnusswasser besonders gut. Und dort stellen sich die dunklen Schönen ein, die gekauften Gefährtinnen für eine Nacht, eine Woche oder einen Urlaub. Kurzum: Dort liegen die Touristen.

In den 1980er Jahren öffnete Gouverneur Leonel Brizola den Rebouças-Tunnel – eine wichtige Nord-Süd-Verkehrsachse der Stadt – für Busse und ließ direkte Verbindungen zwischen der Nordzone und den Strandvierteln der Südzone einrichten. Ein Sonntagsausflug nach Copacabana wurde damit für viele Arbeiter aus dem Norden und den Vorstädten erstmals zeitlich und finanziell erschwinglich. Ein Gutteil dieser Neubesucher nahm den Posten Drei in Beschlag. Dort, Höhe Praça Lido, halten alle Busse zum ersten Mal, wenn sie Copacabana erreichen. Um den Posten Drei, zwischen den beiden traditionellen Luxushotels Copacabana Palace und Windsor Atlântica, versammeln sich viele von denen, die heute das Bild des Viertels prägen. Die betuchten Touristen sehen sich von Dienstleistern und Kleinhändlern umschwärmt, die Sonnenhüte, Schmuck, Snacks oder Sex im Angebot haben. Die alleinstehenden älteren Damen aus den Wohnfabriken mit 20 oder mehr Einheiten pro Stockwerk, für die vor allem der Anfang der Rua Barata Ribeiro berüchtigt ist, bleiben gerne an ihrem Strandabschnitt am Lido. Viele der Prostituierten von Copacabana teilen sich in diesen Hochhäusern der Barata Ribeiro für die Arbeitswoche eine *quitinete* (kitchenette): eine Wohnung ein Raum ein Fenster eine Küchenzeile ein Miniduschbad. Ihr Revier sind die Bars und Stundenhotels rund um den Lido. Tagsüber erholen sie sich gerne am Strand vom Posten Drei und bessern ihren Teint nach.

Und Alteingesessene, denen Geld und ein wenig Glück eine Wohnung in den superben Art-déco-Gebäuden um den Lido beschert haben, bleiben auch gerne in der Nähe. Die Männer spielen am liebsten Karten auf der Praça Lido und auf den Bürgersteigen der Seitenstraßen Duvivier und Ronald de Carvalho. Am Strand haben sie auch ihr festes Quartier, und sie rümpfen verstohlen die Nase, wenn ein Transvestit stolz tänzelnd seine Silikonbrüste ausführt, bevor sie ihm – oder ihr – lächelnd ein »Tudo bem?« zuwerfen.

Der Abschnitt zwischen der Rua Rodolfo Dantas und dem Copacabana Palace ist das Gebiet der unteren Klassen der ausdifferenzierten Homosexuellenszene Rios: Transvestiten und Transsexuelle, alternde Machoschwule und junge Feminine, muskulöse »Boys«, Diskrete und Neuankömmlinge, Touristen, die einer Empfehlung ihres Gay-Reiseführers gefolgt sind, schwule Kleindealer und nicht zuletzt zahlreiche Strichjungen. Natürlich sind auch die Liegestuhlverleiher dort schwul oder zumindest »Sympathisanten« der Szene.

In den letzten Jahren ist auch hier die Regenbogenfahne gehisst worden. Traditionell markierte sie den Gay-Abschnitt in Ipanema zwischen Posten Acht und Neun, vor allem auf Höhe der Rua Farme de Amoedo. Dort versammeln sich die modernen Schwulen (und in geringerer Zahl auch Lesben), in Brasilien »Barbie« genannt. Die Währung auf diesem Erotikmarkt ist ein Y-förmiger, zumeist enthaarter Körper, der konsequent in Fitnessstudios und mit Hilfe von Hormonpräparaten modelliert wurde. Barbies haben Geld und Bildung. Sie richten sich am globalisierten, von der US-Szene geprägten Schwulenbild aus, kleiden sich nach der angesagten Mode und sind mit den Normen, Körpercodes und Verhaltensregeln der internationalen LGBT-Szene vertraut.

Am Posten Sechs erreicht Copacabana sein Ende, der Strand läuft gleichsam aus, wird schmaler und steigt fast auf Straßenhöhe an, bevor er an die Steinmauer stößt, über der sich das Fort erhebt. Und plötzlich schwillt dort die lärmende Sonnenindustrie in eine fast idyllische Beschaulichkeit ab. Der Stein beschwichtigt die atlantische Brandung. Kleine Fischerboote sind im Sand aufgebahrt, ein paar Kinder buddeln und planschen gefahrlos in den sanften Wellen. Netze dümpeln und trocknen. Die Fischer gab es dort schon immer, früher wohnten sie am Strand. Doch sie fahren noch jeden Tag hinaus. Am meisten Gesumms gibt es hier noch vormittags im Fischverkauf, der Fliegen und des Austauschs von Neuigkeiten unter den Nachbarinnen wegen. Wie überwacht von den jungen Rekruten des Forts, die am Eingang strammstehen, liegt über diesem Dreieck zwischen Wasser, Fort und Hotelfront eine überraschende Ruhe und Verschwiegenheit, fast so wie Anfang des 20. Jahrhunderts, als sich hier die Herren zu den leichten »Französinnen« ins Cabaret *Mère Louise* stahlen. Schick war er mal, der Posten Sechs, ein Laufsteg in Ergänzung und Nachfolge des Posten Vier. Während des Karnevals fanden hier die berühmten Kostümbäder statt, ebenso beliebt war das Fest zu Ehren von Sankt Peter, dem Schutzpatron der Fischer. Hier kamen Athleten ins Ziel, die sich am populären Wettschwimmen »Leme-Kirchlein« beteiligten. Die Mandelbäume, die die Stadt Mitte der 1930er Jahre pflanzen ließ, verliehen dem Strandende unter dem Kirchlein etwas Pittoreskes und eben Beruhigendes. Ihr Schatten kontrastierte bis zu seiner Schließung 1946 mit den Lichtern des *Cassino Atlântico*. Heute schützen sie die Kartenspieler vor der Sonne.

Die Stämme wandern oder rochieren entlang des Strandes. Posten Neun galt seit Fernando Gabeiras gehäkeltem Minitanga als Stammsitz der jungen »Alternativen«, die in Ruhe ihre aus der Mode gekommenen Bikinis auf das Strandtuch betten, Joints rauchen, abends dem Sonnenuntergang applaudieren und dazu vielleicht an der Gitarre zupfen. Die »Neun« wurde zum stehenden Begriff, der Ruhm sorgte für ungewohnte Publikumsmassen. So zogen die, die sich als konventionslos begreifen, in Santa Teresa, Baixo Gávea ausgehen oder die Lapa frequentierten, als sie noch nicht das »Schwabing Rios« war, nach »Fast Neun« weiter, zu den Kokospalmen. Das ist immer noch weit genug entfernt von den Altersgenossen am Posten Zehn, auf Höhe des elitären *Country Club*, die stets das Neuste und Teuerste ausführen, manchmal sogar in High Heels am Strand erscheinen und sich dort unter die

Stars und Sternchen der Medienszene mischen. Auf Höhe Cap Ferrat – so heißt ein Luxuswohnkomplex am Strand – trifft sich gerne die heutige *jeunesse dorée* Rios.

Die eigentlichen Herren des Strandes aber sind nicht die Touristen, nicht die Gays oder die Geldjugend. Es sind die Familien, die sich Wochenende für Wochenende am Strand treffen, am selben Ort, zum Beispiel an ihrem Volleyball- oder Fußballtennisfeld, das sie seit Generationen gepachtet haben. Diese Orte sind gelebte Tradition. Hier finden wir die Sesshaften, die ihren Familien diesen Flecken erobert haben, ihn seit Jahrzehnten verteidigen und pflegen. Nicht selten stehen sich Söhne und Väter am Netz gegenüber, und die Großmutter schaut vom Liegestuhl aus zu, während sie mit ihrer Nachbarin schwatzt. Hier werden Geschäfte geschlossen und Ehen angebahnt. Pedrão vom Morro, kräftig und schwarz, hat nebenan eine Lizenz zum Verkauf eiskalter Getränke erworben, man kennt und begrüßt sich, man lässt anschreiben. Gegen einen monatlichen Obolus spannt er morgens das Netz, verlegt das Seil, das das Spielfeld begrenzt, und installiert die Pumpe. Unterm Sand liegen keine Pflastersteine, sondern Betonplatten, die Hohlräume abdecken. Nicht ganz legal, aber geduldet bohrten Getränkehändler und Feldhüter nach Grundwasser. Die Felder müssen gewässert werden, damit sich die Spieler nicht die Fußsohlen verbrennen, und Geschäftstüchtige stellten fest, dass Süßwasserduschen Kunden anlockten. Das Wasser war zwar sauber, doch übelriechend, faulen Eiern nicht unähnlich; den Kopf darunterzuhalten, kostete jedes Mal einige Überwindung. Heute sind die Duschen nicht mehr wegzudenken aus dem Strandbild; das Wasser kommt mittlerweile auch aus dem regulären Leitungsnetz.

Wie Knoten eines weitmaschigen Netzes ziehen sich diese Generationsterritorien über die viereinhalb Kilometer Strand. Rio und Copacabana mögen schrill, bunt, freizügig und libertinär daherkommen, doch was in Rio zählt, sind die Familien. Und in ihnen herrschen ziemlich konservative und oft gar nicht weltoffene Anschauungen vor. Die Familien kennen »ihren« Standbetreiber beim Namen, eine vermeintliche Beziehung von Gleich zu Gleich. Pedrão gehört zur Familie im Sinne des Herrenhauses von Gilberto Freyre, so wie die Empregada.

Ein Strand für alle?

Der Strand segmentiert sich in der Breite, aber auch entlang der Zeitachse des Tages. Frühmorgens gehört der Strand den Alten, die sich zum Frühsport im Sand treffen oder auf dem Wellenpflaster ihren Strandspaziergang machen und dabei oft sehr sportlich ausschreiten oder vor einem der Kioske eine Kartenspielmatinee abhalten. Frühmorgens gehört das Meer den Surfern, die sich trotz ihres Bohèmerufes den Wecker stellen, denn die Wellen rollen am besten, bevor die Hitze kommt.

Nach Sonnenuntergang formieren sich neue Territorien im Sand. Nahe des Wellenpflasters, so weit der Schein der großen Lichtmasten reicht, wird Vereinssport abgehalten. Strandfußball- und Volleyballkurse für Kinder und Erwachsene, Gymnastikgruppen, Muskeltraining. Wie Stellnetze ziehen sich die Volleyball- und Fußballtennisnetze über den Strand und fischen die Feierabendenergien weg wie die Küstenfischer Barsch und Hering.

Zur Brandung hin schlucken Dunkelheit und das leichte Gefälle Liebende und Lasterhafte oder auch nur eine Freundesbande mit ein paar Dosen Bier, was nicht nur die schöne Abgeschiedenheit, sondern auch das Risiko von Überfällen steigert.

Sonntags ist die strandseitige Hälfte der Avenida Atlântica für den Autoverkehr gesperrt. Der Strand schluckt die Straße. Mobile Kinderspielplätze entstehen, kleine Elektroautos können gemietet werden, Gaukler tauchen auf, zwischen den Menschen fegen Rollschuhfahrer hindurch, verfolgt von den Skatern. Demos ziehen vorbei, ein Prediger versucht sich Gehör zu verschaffen, Porträtmaler warten auf Kunden. So wächst sich der Strand zum Kaleidoskop gesellschaftlicher Beziehungen aus, zum unerschöpflichen Quell mikrosoziologischer Beobachtungen.

Denn eines ist der Strand in Brasilien – zum Leidwesen der Aristokratien in Copacabana – immer gewesen: öffentliches Gebiet. Ein Gesetz von 1831, aus der Anfangszeit des brasilianischen Kaiserreichs, definiert dieses öffentliche und nicht privatisierbare Terrain als einen Streifen von 33 Metern landeinwärts, gemessen ab der Linie der mittleren Flut. Sofern keine Sicherheitsinteressen der Marine entgegenstehen, muss der Zugang zu den Stränden stets frei sein. Das gilt auch für Strände, die zu Resorts gehören oder zu Privatinseln (die es gibt). Der Strand ist öffentlich, der Zugang für das Publikum muss prinzipiell möglich sein.

Darauf sind die Brasilianer, die ein Land mit immerhin 8.000 Kilometern Küste und unzähligen schönen Stränden bewohnen, zu Recht stolz und durchaus empört, wenn sie in Frankreich oder Spanien an eigentlich öffentlichen Stränden vor Zäunen und Kassenhäuschen stehen. Dieses Allgemeinheitsprinzip ist für Brasilien wichtig, ist aber kein Gleichheitsprinzip. Es macht aus dem Strand noch keinen demokratischen Ort.

Dies wird gerne, und gerne auch absichtlich, verwechselt. Es gibt ein verständliches Interesse, das brasilianische Konzept der »Rassendemokratie« auch an einem so wichtigen Ort wie dem Strand verwirklicht zu sehen. Doch nur weil sich am Strand der weiße Geschäftsführer und sein schwarzer Chauffeur begegnen können, beide eine Badehose anhaben und der eine zumindest keine rechtliche Handhabe hat, den anderen vom Strand entfernen zu lassen, haben sich die sozialen Beziehungen zwischen den beiden und ihren sozialen Gruppen noch lange nicht verändert.

Deshalb ist die Geschichte vom Strand Copacabanas auch eine Geschichte sozialer Konflikte.

1929 führt *Beira-Mar* erstmals Klage über einen überfüllten Strand: Im Wasser sei Schwimmen kaum noch möglich; zusätzlich verschreckten Reiter die Strandgäste, und die Kapitäne zahlreicher Segler und Bötchen steuerten gefährlich nah an den Badenden vorbei. Vor allem aber stört den Chefredakteur Théo-Filho »jenes entfesselte Bohei, das Brodeln dieser Kreaturen aller Farben und

Nationalitäten, gut oder schlecht gekleidet, sauber oder schmutzig; Badeorte, die von Kapitalisten und Köchen, von Diplomaten und Chauffeuren, von Künstlern frequentiert werden, mögen demokratisch sein, aber niemals elegant und mit der Ambition, eine Côte d'Azur, ein Palm Beach, ein Nizza oder ein anderes wahrhaft aristokratisches Seebad zu sein.«

Die Badeanstalten an den Stränden im Zentrum wie Santa Luzia und Boqueirão waren seit Jahren geschlossen, andere im Zuge der Landgewinnung zugepflastert worden. Keine Frage: Weniger der Platzmangel als die soziale Durchmischung steuerte hier die Problemwahrnehmung. Die jungen Burschen aus den Favelas, und sicher nicht nur aus denen von Copacabana, die Arbeiterinnen und Arbeiter aus den Vorstädten im Norden wagten sich und wogten an den Sommerwochenenden an den Strand, der ihrem Land so viel Ruhm im Ausland eintrug.

50 Jahre später führte Gouverneur Brizolas Politik der Anbindung von Copacabana und Ipanema an die Arbeiterviertel sofort und massiv zu Beschwerden von Anwohnern und Angestammten:

Schwer beladener Bikiniverkäufer in Ipanema

»Unerträglich, diese Leute, dreckig, schlechte Manieren, leider sind es auch Brasilianer, aber eigentlich eher eine Unterrasse«, erklärten junge Goldbraune 1989 in der Reportage *Os pobres vão à praia* (Die Armen gehen an den Strand), die auf *Youtube* zu sehen ist. Vor dieser Unterrasse flohen viele an den neuerschlossenen Strand der Barra da Tijuca. Diesen band die Stadtautobahn Linha Amarela Ende der 1990er Jahre an den Norden an. Ein anonymes Manifest mit dem Titel »An die Vorstädter«, illustriert mit einem Steinzeitmenschen, stellte eine Reihe von Verboten auf wie »am Strand sein Geschäft zu verrichten«, »mit Kokosnüssen Fußball zu spielen«, »Gegenstände Dritter mitgehen zu lassen« oder eigenes Essen mitzubringen. Die Autoren wurden nie ermittelt. Die Proteste wiederholten sich hier wie auch in Ipanema zu Beginn des Jahrtausends, als die U-Bahn in diesen Stadtteil verlängert wurde, und zehn Jahre später aus demselben Anlass in Leblon.

Die Protestler führten Umweltschutz an, doch schnelle Zungen und die Kommentare im Internet ließen keine Zweifel, dass es darum ging, nicht noch mehr Arme, Zerlumpte, Taschendiebe und Gelegenheitsräuber in ihr Viertel zu lassen. Als ob die Favelas oben auf den Hügeln und die *arrastões* nicht schon reichten, jene schleppnetzartigen Raubzüge, bei denen Gruppen von Jugendlichen über den Strand stürmten und, begünstigt durch die kollektive Panik, Geldbörsen, Taschen, Ringe oder Markenturnschuhe abgriffen. Copacabana war bei diesen Schleppnetzräubern besonders beliebt.

Mittlerweile verwirklicht sich der Wunsch nach Distinktion auf subtilere Weise, der abschätzige Blick der Mittelklasse aber hat sich nicht grundsätzlich gewandelt. Bis heute unterscheiden sich am Strand, zumindest in der Optik der Mittelklasse, die »legitimen« von den »illegitimen« Strandgängern, den *farofeiros*. Farofeiro ist eine komplexe Kategorie, die ebenso autonomes Andersverhalten beschreibt wie soziale Missliebigkeit: Farofeiros kümmern sich nicht um die Regeln. Anders als die Mittelklasse, die durch den Einkauf bei den mobilen Händlern gerne ihre finanziellen

Freiheiten ausstellt, bringen sie sich ihre Sandwiches selbst mit, graben Löcher in den Sand und setzen sich (als Frau) in den Sand statt auf das Strandtuch. Junge Mittelklasse-Farofeiras zelebrieren ihre Unangepasstheit, ihre Spontaneität und finden dafür auch einige Bewunderer. Doch hauptsächlich drückt »Farofeiro« einen Klassendünkel aus. Niemand nennt sich selbst so; die Mittelklasse wendet die Bezeichnung gegen die Armen aus den Favelas, die an den Südständen auftauchten, ohne um Erlaubnis zu fragen. Sie brachten sich Reis, Bohnen und eben *farofa* (geröstetes Maniokmehl) mit. Da am Strand die Distinktion über Kleidung (trägt man nicht) oder Accessoires (zeigt man besser nicht) wegfällt, wird der Konsum im Gewand der Etikette zum Kampfbegriff. Hinzu kommt, wie immer in Brasilien natürlich nicht laut ausgesprochen, die Hautfarbe als Unterscheidungskriterium. Farofeiros aus den Favelas, aus der Nordzone, sind schwarz. Auch im 21. Jahrhundert gilt in Brasilien eine Farbenlehre, die dunkelhäutig und arm zusammenliest. Ausnahmen bestätigen die Regel. Und selbst wenn Brasilien irgendwann ein einig Volk brauner Mestizen sein wird, wenn den Weißen am Strand ihre indigen-afrikanische Genbeimischung zu schneller und tiefer Sonnenbräune verholfen hat und der frühere Präsident Fernando Henrique Cardoso seinerzeit verkündete, auch er sei ein »kleiner Mulatte« und habe »einen Fuß in der Küche« – also bei den schwarzen Hausangestellten –, so bleiben Schwarze am Strand dennoch entweder Selbstversorger-Badegäste aus den Favelas, ambulante Verkäufer oder Bademeister und Polizisten, beides Niedriglohnberufe in Brasilien. Ausnahmen bestätigen auch hier die Regel.

Nun wollen die anderen am Strand keineswegs weiß bleiben. Eine tiefe Bräune bezeugt ja gerade das Privileg von wohnlicher Nähe zum Strand und von Freizeit, die dort verbracht werden kann. Weiß, und nach einem Sonnentag knallrotweiß, das sind nur die *gringos*, die Touristen, die eine andere Kategorie von Nichtzugehörigen ausmachen. Sie sind der Mittelklasse zwar näher aufgrund der geteilten Verfügung über Geld und Zeit, aber gleichwohl ausgeschlossen aus den gewachsenen Strukturen von Klasse, Familie, Freundschaft und Klüngel, die den Strand tief durchziehen. Touristen sind Oberflächenstrandbesucher. Der *bronzeado*, die satte, bronzene Bräune, ist seit der kulturellen Wende der 1920er Jahre das Zeichen von Schönheit, Gesundheit und Vitalität – der Weißen. *Moreno* ist eine positive Kategorie, wenn sie Braunsein als hergestellten, vorübergehenden, reversiblen Zustand beschreibt. Wie im vorherigen Kapitel gezeigt, ist das Braune Teil des Brasilianitätskonzepts geworden – die Farbe der »Mestizennation«. Doch als sehr gebräuchlicher Euphemismus bezeichnet Moreno einen Angehörigen der sozialen Gruppe der Schwarzen, also derer, die dunkel geboren und arm bleiben werden. Das ist das Komplizierte am brasilianischen Rassismus: Er hat nie eine Apartheid gebraucht und nie einen Ku-Klux-Klan; er versteckt sich hinter einem freundlichen Verhalten, hinter Klientelbeziehungen, hinter einem rassendemokratischen Diskurs und zahlreichen Euphemismen, er nimmt sprachlich nur selten Gestalt an, verlässlich dagegen – und in aller Härte – in der Arbeitswelt, der Lebenserwartung, dem Bildungsniveau, den Sozial- und Kriminalitätsstatistiken. Und während die Farofeiros am Strand sich wütend mit billigem rotgefärbtem Öl einreiben, so als wollten sie zeigen, wir können uns auch *bräunen*, kultiviert die Gebräunte ihren Hautstreifen, den die Träger des Bikinioberteils verdecken. Dünn und scharf gezeichnet muss er sein. Und weiß.

All dies ist der Strand und ist es doch nicht allein. So wenig der Strand nur freie Oberfläche ist, so sehr lässt er sich doch, im Modus des Alleinseins unter vielen, von jedem selbst *be-schreiben*. Am Strand reproduzieren sich die Ungleichheiten der brasilianischen Gesellschaft und die Umgangsformen der sozialen Gruppen Rios miteinander. Und gleichzeitig transzendiert der Strand Haus und Straße, privaten wie öffentlichen Raum. Es ist paradox: Er gibt die Intimität der Masse preis und leuchtet sie mit gleißendem Sonnenlicht aus, er entblößt die Körper fast völlig und erlaubt doch keine

Berührung, nicht einmal den offenen Blick, er reizt alle Sinne aufs Äußerste und fordert zugleich ihre Betäubung ein.

Der Strand hat Regeln, der Strand hat Grenzen, der Strand ist Seismograph, Spiegel und Reflex gesellschaftlicher Prozesse in Brasilien. Der Strand ist frei zugänglich und also öffentlich, aber er existiert nicht ohne das, was ihn umgibt und was all die Menschen mitbringen, die ihn aufsuchen. Insofern ist der Strand Ausdruck von Demokratie und Klientelpolitik gleichermaßen, so freundlich, so rassistisch, so ungleich oder so schön wie Land und Leute überall in Brasilien.

Copacabana vertikal

Hügel und Asphalt, Dekadenz und Wiederaneignung

Rio zeichnet eine extreme Dreidimensionalität aus. Nie ist die Stadt nur Fläche. Das Voluminöse und die Vertikale bestimmen ihre Topographie und die Wege. Was auf dem Stadtplan kaum entfernt scheint, kann unerreichbar sein oder nur unter großem Umweg.

In Copacabana liebkost allein der Strand die Horizontale. Das Viertel wird eingefasst und eng begrenzt durch die steilen Felsmassive der Hügel Leme, Chapéu Mangueira, Babilônia, São João, Cabritos, Pavão und Cantagalo. Zudem ist Copacabana fast komplett mit Hochhäusern bestanden. Copacabanas Straßen sind Schluchten. Auf 2,6 Quadratkilometern bebauter Fläche von den insgesamt 4,05 Quadratkilometern des Viertels drängen sich etwas mehr als 160.000 Einwohner in 88.000 Wohneinheiten auf 100 Wohnblocks verteilt. Nirgendwo in Rio ist die offiziell erhobene Bevölkerungsdichte höher. Copacabana ist eben die »Stadt, die dem Meer eingeschrieben war«, die Stadt am Strand, die Stadt in der Stadt. Man glaubt gar nicht, wie viele Copacabaner es gibt, die jahrelang nicht an den Strand gehen, obwohl sie nur ein paar Blocks von ihm entfernt wohnen.

Diese zusammengestauchte Kleinstadt gehört zu Copacabana wie der Strand, aber nicht mehr zum Mythos. In dieser Form ist sie entstanden, als der Sehnsuchtsort an sich selbst zu ersticken drohte. Und doch, oder gerade deswegen, ist sie ein besonderer und vitaler Lebensraum.

Sodom und Gomorrha

»Wehe Dir, Copacabana!« Unter diesem Titel begegnete den Lesern der beliebten Illustrierten *Manchete* im Januar 1958 apokalyptisch Anmutendes. Im Stil einer biblischen Prophezeiung warnte der Text Sodom-Copacabana vor seinem Ende: »Wehe Dir, Copacabana, denn ich habe dir schon deutlich Zeichen gegeben, dass der Abend Deines Tages gekommen ist, und Du hast es nicht gesehen; aber meine Stimme wird Dich erschüttern bis in die Eingeweide. Wehe Dir, Copacabana, denn sie nannten Dich Prinzessin des Meeres und haben Dich mit Lügen bekränzt, und Du hast gelacht, trunken und eitel, im Schoße der Nacht.«

Die Sintflut wird über Copacabana kommen: »Deine Bauten aus Beton sind groß und stellen sich dem Meer wie eine große Mauer herausfordernd entgegen, aber sie werden dem Erdboden gleichgemacht. Die Fische werden in Deinen Straßen schwimmen und der stinkende Schlick der Ebbe wird Dein Gesicht bedecken. Die Tintenfische werden in Deinen Kellern wohnen, die Teufelsrochen in Deinen Schaufenstern, und die Barsche sich in Deinen Einkaufsgalerien einnisten.« Die eitlen Mädchen und die Playboys am Strand werden hinweggeschwemmt werden wie die Prostituierten. Im gepanschten Whisky der Bars verenden nun die Fische. Am Ende bleibt die Frage: »Wer wird dann mit dem Quadratmeterpreis spekulieren? Es wird ja keine Quadratmeter mehr geben!«

Tatsächlich hatte die Flut den Strand beträchtlich verschmälert, und Überschwemmungen der Avenida Atlântica waren immer häufiger geworden. Noch hatte die große Stranderweiterung der 1970er Jahre nicht stattgefunden, als die Avenida Atlântica ausgebaut, der Strand ganz neu aufgeschüttet und auf den gesamten vier Kilometern Länge um bis zu 70 Meter ins Meer verbreitert wurde.

Aber nicht darum ging es. Die Leser wussten genau, was Rubem Braga meinte. Es war eine äußerst ambivalente Zeit, in der der bekannte Journalist diesen Text veröffentlichte. Der Bossa Nova stand kurz vor seinem Ausbruch, in den Clubs, Bars, Casinos drängten sich Abend für Abend gutbetuchtes Publikum und die, die daran verdienen wollten, wie Drogenhändler und leichte Mädchen. Der viele Whisky auf Eis konnte die Hitze der Nacht kaum kühlen, und schon gar nicht die Immobilienpreise. Wie es oft passiert, trug auch dieser Sehnsuchtsort auf seinem letzten Gipfel längst den Keim seines Niedergangs in sich. Copacabana brummte und warf immer längere Schatten. In den Augen vieler Beobachter war Copacabana zu einem riesigen Babel verkommen. Nicht mehr die elegante Strandbesucherin, sondern Straßenkinder, Taschendiebe, Betrunkene, Nutten, Transen, Dealer und Dealer in Uniform gerierten sich als Protagonisten dieses dekadenten Copacabana. Das Exklusivitätskonzept von CIL hatte endgültig ausgedient, denn die Bevölkerung in Copa war zwischen 1950 und 1960 um 42 Prozent auf 183.846 Menschen angewachsen. Zehn Jahre später lebten gar 250.000 Menschen im Viertel, das sind gut 50 Prozent mehr als heute. 98,8 Prozent von ihnen lebten 1970 in den teils winzigen Apartments.

Selbst an der Avenida Atlântica, dem »Schaufenster des Stadtteils«, waren Ende der 50er Jahre nur noch etwa 20 Häuser verblieben, eingeklemmt und beschattet von den hohen Apartmenttürmen. Die heutige Physiognomie des Viertels wurde also in wenigen Jahren etwa ab Mitte der 50er Jahre festgelegt. 1960 war der physische Raum Copacabanas praktisch in allen drei Dimensionen belegt – nur unterirdisch war noch Platz, etwa für die Tiefgaragen, die ab 1957 Vorschrift wurden (jede Wohnung musste über mindestens einen Stellplatz verfügen), sowie dann 40 Jahre später für die U-Bahn, die 1998 ihre erste Station in Copacabana an der Praça Cardeal Arco Verde eröffnete. Die Schienen liegen 48 Meter tief unter dem Asphalt der Rua Barata Ribeiro.

Alle wollten nach Copa, auch die, die es sich nicht leisten konnten. Sie nahmen nicht selten in Kauf, beengter und lauter zu wohnen als vor ihrem freiwilligen Umzug. Zum berüchtigten Symbol der Ein- oder Zweiraumwohnungen, oft mit weniger als 30 Quadratmetern Wohnfläche, wurde ein Gebäude mit der Nummer 200 – so berüchtigt, dass es später zur 194 umgewandelt wurde und es heute keine Adresse Rua Barata Ribeiro Nummer 200 mehr gibt. Das 1959 erbaute Gebäude hat auf elf seiner zwölf Stockwerke jeweils 45 Wohnungen, im obersten Stockwerk dann nochmal zwölf, was zusammen 507 Wohnungen ergibt. 300 davon sind Einraumwohnungen von 24 Quadratmetern, die anderen haben ein kleines separates Schlafzimmer. Im Gebäude wohnen mehr etwa 1.300 Menschen. 1963 wurde der Bau solcher Gebäude verboten, eine Mindestgröße für Wohnungen beziehungsweise eine Maximalzahl von Wohneinheiten für eine bestimmte Grundfläche festgelegt.

Nicht weit davon lebt Maria Emília Lima, ebenfalls in einer Einraumwohnung. Vorne tobt der Durchgangsverkehr Richtung Ipanema, hinten aber leuchtet überraschendes Grün durch das einzige Fenster, ein Panoramablick aus dem 8. Stock, und ruhig ist es obendrein. An diesem Teil der Straße stehen die rechtsseitigen Gebäude am dicht bewaldeten São-João-Hügel, »man kann zuweilen sogar Affen beobachten«. Früher wohnte sie mit ihrem Mann und zeitweilig mit dem jüngsten Sohn an der anderen Durchgangsstraße in einem Loch von vielleicht 20 Quadratmetern. Das Fenster ging auf einen Luftschacht, man konnte den Himmel nicht sehen, es wurde nie richtig hell in der Wohnung. Maria hatte ein geräumiges Haus gekauft, günstige Bedingungen, niedriger Preis. Nur lag es auf der anderen Seite der Bucht, in São Gonçalo, bei den Verkehrsverhältnissen zwei Stunden Fahrt bis ins Zentrum Rios, zu weit für den schon alten Vater, der beim Sohn in seiner kleinen Druckerei mithalf, und auch für Maria, die in Copacabana als Sprechstundenhilfe arbeitet. Also zogen sie aus der kleinen Neubausiedlung mitten im Grünen in das Loch in Copacabana – und waren zufrieden. An den Strand ging José jedoch nie.

Viele Wohnungen waren in den 1970ern doppelt und dreifach belegt. Die Mieter arbeiteten zu verschiedenen Tageszeiten, tagsüber die Straßenhändler und kleine Angestellte, nachts die Musiker und Prostituierten. Sie teilten sich die Kosten und die Nutzung einer Wohnung, außerdem wurde, obwohl angesichts der winzigen Flächen kaum vorstellbar, viel untervermietet. Prostitution ist stets umstrittener Broterwerb in Copa mindestens seit den 1930er Jahren. Als die großen Gebäude mit ihren kleinen Wohnungen aufkamen, zogen die Prostituierten dort nicht nur ein, sie nutzten sie auch für ihren Beruf, was für viel Spannungen unter den Bewohnern sorgte.

Der endlose Verkehr hatte und hat im einstmaligen Luftkurort ernsthaft gesundheitsgefährdende Luftverschmutzung und Lärmbelästigung zur Folge. Die Zeitung *Jornal do Brasil* zählte 1983 an der Ecke Figueiredo Magalhães und Avenida Atlântica 6.600 Busse pro Tag und sprach von 100.000 Autos im Viertel.

Die Vervielfachung der Wohnungen und der Zuzug der Menschen veränderten das Gesicht Copacabanas. Das Viertel mischte sich sozial kräftig durch, der aristokratische Gestus ging nicht nur am Strand, sondern auch im Residenzteil Copacabanas verloren. Er wurde zugunsten einer »Copacabana-Ideologie« ausgetauscht, wie der Anthropologe Gilberto Velho das nannte, der Ende der 1960er Jahre Feldforschung unter diesen neuen Kleinbürgern Copacabanas betrieb. Es ging ihnen nicht darum, Teil der Bohème zu werden – auch wenn sie sicher gerne mal im Copacabana Palace frühstücken gegangen wären. Sie suchten nicht die urbane Utopie, nicht die radikale Modernität und auch nicht das gesunde Leben nach dem strandgebundenen Ertüchtigungskonzept. Wohl aber ging es ihnen darum, ein Stück all dessen symbolisch auf sich selbst zu übertragen.

In Rio schreibt die Wohnadresse das Individuum in die sozialen Hierarchien ein. »Ich wohne an der Copacabana« hat bis heute den Klang des Besonderen. Sie mussten ja nicht sagen, wie sie dort leben. Mittellos in Copacabana waren sie reicher als die gut Versorgten in irgendeinem Vorort: reicher an Status und sozialem Kapital.

Viele, die es sich leisten konnten, zogen hingegen weg, nach Ipanema, Leblon oder gleich hinaus nach Neu-Rio, an die Barra da Tijuca. Andere blieben, weiterhin fasziniert von der komprimierten und nun noch diversifizierten Urbanität des Viertels und im Bewusstsein, dass sie mit ihrem Leben irgendwie am stets vorhandenen, wenn auch brüchigen Mythos teilhatten.

1974 veröffentlichten Vinicius de Moraes und Toquinho, das Duo aus alterndem Dichter und jungem Komponisten an der Gitarre, *Carta ao Tom 74* (Brief an Tom). Der Bossa ist ein einziger Sehnsuchtsseufzer an die herrliche Frühzeit des Bossa, die in ihrer Leichtigkeit und Unbeschwertheit ebenso Vergangenheit sei wie die geräumigen Wohnungen, der schöne Ausblick auf die Christusstatue und die Sicherheit auf den Straßen. Knapp 30 Jahre später trotzten zwei der Bossa-Helden der ersten Stunde dem Defätismus. 2003 sangen Ronaldo Bôscoli und Roberto Menescal *Copacabana de sempre* (Copacabana für immer), ein klassischer Bossa in klassischer Harmoniefolge mit einem Text, der von 1960 stammen könnte: »Copacabana, goldener Strand, mir wie eingebrannt durch die Sonne, ich kenne Deinen Körper aus Sand … Copacabana, Wiege des Bossa, Dinge, die ganz zu uns gehören, Dein Antlitz ist so wunderschön, bist noch mehr Frau geworden … Lass uns durch die Gassen laufen, zu den Ecken und Bars, die ich bestens kenne; ganz Copacabana wohnt dem indigoblauen Meer zugewandt, es gibt nichts, was mehr Rio de Janeiro wäre als unser Copacabana, als Dein Profil, Copacabana, ganz Meer …«

Wiederaneignung des Mythos

Gestreichelt von Strand und Meer, ist Copa so wieder die Geliebte und nicht nur Wiege des Bossa, sondern der Garant für die ungebrochene Wahrhaftigkeit seiner Werte.

Das war Trotz gegen die Realitäten. Die »Flaschengasse« etwa, auch eine Wiege des Bossa, war lange geschlossen. An der Ecke hat vor einigen Jahren ein edler Plattenladen aufgemacht, der den Mythos Bossa verkauft. Einer der drei Clubs hat als *Don Juan Night Club* wieder geöffnet, ganz im Stil der Gegend um den Lido mit mehr oder weniger offener Prostitution. Dem Gässchen gleich gegenüber warten im *Casablanca Club* die Damen auf Kundschaft. Copacabana ist vielfältig und lebendig, aber kein Ort mehr der Jugend und des Aufbruchs. Wirklich jung sind lediglich die Prostituierten beider- oder dreierlei Geschlechts, die auf der Avenida Atlântica anschaffen. *A velha Copa*, gutes alte Copa, ist heute ganz wörtlich zu nehmen. Copacabana ist gealtert, und seine Menschen mit ihm. Fast ein Drittel der Bewohner ist älter als 60 Jahre. Nirgendwo in Rio gibt es so viele Apotheken und Geschäfte für Orthopädiebedarf wie in Copa. Die Alten haben gerne einen kleinen Hund bei sich, weshalb sich Tierfutterläden und Hundesalons wie der *Cão-rioca* (ein auf die Cariocas gemünztes Wortspiel, *cão* heißt Hund) hier aneinanderreihen. Auf der Praça Serzedelo Correia, gegenüber der in ein Geschäftsgebäude eingepassten modernen Hauptkirche, ließ die Stadtverwaltung das erste öffentliche und kostenlose »Fitnessstudio für das Dritte Lebensalter« Rios einrichten. Es gibt sogar eine Polizeistation speziell für Senioren.

Die Menschen, die heute in Copacabana leben, haben sich den Ort und seine Geschichte auf ihre Weise angeeignet. Indem sie die Straßen füllen und sich begegnen, leben sie erfolgreich gegen die Unwirtlichkeit der menschengemachten Topographie an.

Es gibt eine kleine Besonderheit mitten in Copacabana: das Peixoto-Viertel, fünf kurze Straßen und ein Platz in der Mitte, wie eingemauert von den lotrechten Fronten der Wohnblocks. Aus dem Bairro Peixoto selbst sind Hochhäuser verbannt. Der portugiesische Kaufmann Felisberto Peixoto legte dort Ende des 19. Jahrhunderts Obstgärten an. Bevor er das Areal 1938 religiösen Einrichtungen vermachte, verfügte er, dass dort nicht höher als drei Stockwerke gebaut werden dürfte. Die Stadtverwaltung erhöhte später auf vier Geschosse, und dabei blieb es. Das Peixoto-Viertel ist familiär und ruhig, der Platz ein großes Nachbarschaftshaus. Doch auch zwischen den busdurchtosten Achsen von Barata Ribeiro, Nossa Senhora und Toneleros fächert sich Copa in viele kleine Kieze auf, die den Menschen wie ihr Wohnzimmer sind. Dort kaufen sie nicht nur ein, dort essen sie, betrinken sich, dort schwatzen sie, lesen Zeitung und diskutieren, hören Musik, oft zu laut, tanzen engumschlungen auf dem Bürgersteig. Viele Stunden verbringen die Bewohner unten auf der Straße, ganze Nächte. Überall findet man, noch auf den kleinsten verkehrsumlärmten Gevierten, konzentrierte, zumeist schweigsame Kartenspieler, die fast ein Bild des Dörflichen abgeben und die so ernsthaft bei der Sache sind wie immer, wenn Brasilianer spielen. Es gibt in Rio nichts Beruhigenderes als den Anblick kartenspielender alter Männer.

Und doch haben Bôscoli und Menescal völlig Recht. Denn das Copacabana, das sie besingen, lebt ja im Mythos weiter, und der Mythos in den Menschen. Die Umbrüche der 60er und 70er Jahre haben ihn verändert, die Neubürger eigneten sich den Ort Copacabana mit neuen Praktiken, neuen Zungenschlägen an und luden ihn mit neuer Bedeutung auf. Waren die Zuzügler noch vom Sehnsuchtsort angelockt worden, so verlangte ihre Ankunft eine Umformung des alten Mythos. Vor allem im Tourismus sollte der modifizierte Mythos Copacabana weiterleben – und viele Menschen ernähren. »Wer hier kein Geld verdient, ist selber schuld«, sagt einer der Strandtuchverkäufer am Wellenpflaster. Die Konkurrenz ist groß, aber der Markt auch. 2.900 Geschäfte und Galerien beherbergt das Viertel, das entspricht sieben Prozent des gesamten Einzelhandels (ohne Shopping Center) von Rio. Hinzu kommen 360 Großhändler. Schwerpunkt des Handels sind Bekleidung und Schuhe, Stoffe, Bettwäsche und Handtücher. Viel davon kommt auf kurzem Weg, denn von den mehr als 1.100 Betrieben und Manufakturen im Viertel stellen 840 Kleidung und Schuhe her. Außerdem ist für Copacabana die große Dichte an Antiquitäten- und Schmuckläden typisch.

Die meisten Händler und Kunden kommen von außen und gesellen sich noch zur Wohnbevölkerung des Viertels hinzu, genau wie die Touristen und das Nachtpublikum.

140 Restaurants, 240 Bars, dazu zahlreiche Imbiss- und Saftstuben verweisen darauf, dass das Netz in Copacabana beim leiblichen Wohl engmaschig ist wie an wenigen anderen Orten. Und rund 80 Hotels sind Beleg dafür, dass Rio immer noch Einfallstor des Brasilientouristen ist und Copa die erste Anlaufstation.

Sie kommen also in Scharen, trotz der stets präsenten Crack-konsumenten und der Überfälle auf offener Straße. Die bettelnden und mitunter diebischen Straßenkinder sind in den letzten Jahren verschwunden, das massive Aufgebot an Polizeistreifen und einer speziellen Touristenpolizei, die mit Buggys oder zu Fuß, in Badehosen-Zivil, am Strand patrouilliert, zeigt Wirkung. Überwachungskameras sind mittlerweile entlang des ganzen Strandes installiert.

Zum Tourismusgeschäft gehört auch der Karneval. Copacabana hat ihn früh, in den 1920er Jahren, mit Kostümfesten am Strand adaptiert. Doch es hat wohl mit der ursprünglich aristokratischen Konzeption von Copacabana zu tun, dass der Stadtteil weder eine besondere Straßenkarnevalstradition hervorgebracht hat noch eine Sambaschule von Rang. Copacabana im Karneval bedeutet geschlossene Tanzveranstaltungen wie der Ball am Abend des Karnevalssamstag im Copacabana Palace, bei dem die billigste Karte 500 Euro kostet. Der Straßenkarneval in Rio lag lange darnieder, ist heute aber wieder sehr lebendig. Hunderte von *blocos* – mehr oder minder organisierte kleine Karnevalsclubs mit zumeist einem Thema und einer Kerngruppe in bestimmtem Kostüm, die eine Musikgruppe und einen Lautsprecherwagen mieten – ziehen in verschiedenen Teilen der Stadt durch die Straßen oder erfreuen ihr Publikum auf einer festen Bühne. Es gibt Blocos, die heute in Rio hunderttausende Menschen mobilisieren, ja sogar mehr als eine Million wie der traditionelle *Bola Preta* (Schwarzer Ball) im Stadtzentrum. Copacabana hat etwa 20 Blocos und *bandas*, die »Bettler« sind dabei, die »trockenen Münder«, einer hat »Feuer in der Unterhose«, ein anderer ruft »Bin gleich zurück, Liebes«, und ganz hinten, am Arpoador, spielt das »Mittagshuhn« auf.

Die Bandas, die Kapellen also, heißen dagegen einfach nach dem Kiez oder der Straße, die sie vertreten und in dem sie ihre meist kleine Runde drehen: Lido, Bairro Peixoto, Santa Clara, Sá Ferreira, Bolívar, Paula Freitas.

Für das touristische Marketing des Mythos sind Berühmtheiten essenziell, und da hat Copacabana einiges zu bieten. Wer hat nicht alles in Copacabana gelebt: Staatspräsidenten wie der Erbauer von Brasília, Juscelino Kubitschek, der 1964 von den Militärs gestürzte João Goulart und General Emílio Garrastazu Médici, Diktator von 1969–74, als die Wirtschaft wuchs und die Militärs ihre geheimen Folterkammern füllten; Gouverneure wie Leonel Brizola, Minister und Großindustrielle in großer Zahl, aber auch sehr viele Künstler: Musiker wie Dorival Caymmi, Elis Regina, Maysa, Nelson Motta oder Milton Banana, Schriftsteller wie Drummond de Andrade, Jorge Amado oder Paulo Coelho, Fußballer und Ex-Fußballer, Wissenschaftler wie Darcy Ribeiro und der Architekt Oscar Niemeyer, der bis kurz vor seinem Tod Anfang Dezember 2012 mit 104 Jahren noch nahezu täglich sein Büro an der Avenida Atlântica aufsuchte. Auf diese Liste schaffen es heute nur noch selten neue Namen. Dagegen ist das Copacabana Palace eines der wenigen Elemente des klassischen Copacabana-Mythos, die nahezu ungebrochen fortbestehen und bis heute ihren Ruf nicht eingebüßt haben. Eine kleine Auswahl der illustren Übernachtungsgäste hängt im ersten Stock im Foyer an der Wand. Ein paar Deutsche sind dabei: Helmut Kohl und Roman Herzog, Stefan Zweig, Marlene Dietrich, der Rennfahrer Michael Schumacher. Da sind sie abgebildet neben Jeanne Moreau, Walt Disney, Jean-Paul Sartre und Simone de Beauvoir, Henry Fonda, Mick Jagger, Prinzessin Diana, Nelson Mandela … Es gibt komfortablere Hotels, aber vor allem für internationale Showgrößen und den »echten« Adel ist das Copacabana Palace unangefochten das erste Haus am Platz.

Favelas: Das vergessene Copacabana

Einer ganz anderen Kategorie – obwohl ebenfalls das erste Haus seiner Art am Platz – gehört das »Favela Inn« an, mitten drin in der Favela Chapéu Mangueira. Eine kleine Jugendherberge, drei gefliste Zimmer mit je sechs Schlafplätzen im Doppelstockbett, einfach, aber mit unschlagbarer Aussicht vom Flachdach auf den Strand von Leme, den die jungen Gäste aus aller Welt in gut zehn Minuten zu Fuß erreichen, sofern sie sich nicht im Gewirr der Gässchen verirren. Noch 2008 wurde in diesen Gässchen scharf geschossen, die Polizei lieferte sich Gefechte mit den Drogenhändlern. »Die meisten meiner früheren Schulkameraden sind erschossen worden«, sagt Cristiane, die 40-jährige Inhaberin.

2009 richtete die Polizei in Chapéu Mangueira und der Nachbar-Favela Babilônia, direkt oberhalb des Strandes von Leme, sogenannte *Unidades de Polícia Pacificadora* (Befriedungseinheiten, kurz UPP) ein. Ein neues Konzept: Statt kursorisch die Favela zu stürmen, Drogendealer und durch Querschläger viele Bewohner zu töten, ein paar Kilo Kokain und drei Dutzend Handfeuerwaffen zu beschlagnahmen und sie den Drogenhändlern einen Tag später wieder zu verkaufen, kündigt die Polizei den Tag der »Eroberung« zur dauerhaften Besetzung der Favela in der Zeitung an. In den allermeisten der bisher 28 Fälle haben die Drogenbosse vorher das Quartier gewechselt. Die Polizei konnte kampflos einziehen. Das Ende der Schießereien bedeutet einen enormen Zuwachs an Lebensqualität für die Bewohner der Favelas. Die Regierung von Rio lässt sich in der ganzen Welt für das Konzept feiern, zu dem auch gehört, dass hinter der Polizei Sozial- und Berufsförderungsprogramme für die Bewohner einrücken sollen. Bisher kamen vor allem Hamburgerketten, Kabelfernsehen, Banken und Immobilienmakler.

Menschenrechtsgruppen und Bewohnervereinigungen kritisieren, dass es sich weiterhin um ein Besatzungsregime handelt, Klagen über rigide Kontrollen, Ausgangssperren, Misshandlungen und Schikanierungen durch die Polizei häufen sich. Zudem – wie die Polizei selbst zugibt – ist der Drogenhandel keineswegs verschwunden, er ist nur diskreter und flexibler geworden, und in einigen UPP-Favelas beginnen die Bosse bereits wieder, drohend Loyalität einzufordern.

Die Favelas sind der lange vergessene Teil Copacabanas. Dabei waren sie von Anfang an dabei. Es wurde bereits dargelegt, wie

Asphalt und Hügel: Die Favela Cantagalo-Pavão-Pavãozinho über dem Zentrum von Copacabana

Rios Eliten eingangs des 20. Jahrhunderts daran gingen, ihre Stadt zu »zivilisieren«. Zum Ton der Zeit gehörte es, »Rassen« zu hierarchisieren und Grade von Zivilisation festzulegen. Die herrschende Wissenschaft unterschied zwischen Hoch- und Volkskultur und ordnete die eine dem Fortschritt, die andere der – dem Fortschritt hinderlichen – Tradition zu. Ziel der Reformen war es nicht, das Leben der unteren sozialen Schichten zu verbessern, sondern das Spiegelbild des Landes nach draußen zu optimieren; nicht, die Ex-Sklaven zu qualifizieren, sondern sie durch europäische Einwanderer zu ersetzen. *Branqueamento* (»Aufweißung«) lautete die Teillösung für das vermeintliche zivilisatorische Defizit. Arbeitssuchende gab es genug, und dennoch kamen etwa zwischen 1890 und 1900 1,1 Millionen Einwanderer ins Land. Die europäischen Einwanderer mit offenen Armen zu empfangen hieß zugleich, die Ursprünge des Brasilianischen abzulehnen: die koloniale Vergangenheit und vor allem die unerwünschten Nachfahren der afrikanischen Sklaven.

Erst dieser ideengeschichtliche Hintergrund lässt verstehen, mit welcher Energie und Härte die Bewohner des alten Rio verfolgt wurden. Bürgermeister Pereira Passos verbot den Straßenverkauf von Lebensmitteln, den Milchverkauf von Tür zu Tür direkt ab lebender Kuh, die Schweinezucht innerhalb der Stadtgrenzen, streunende Hunde, nichtgestrichene Fassaden. Er verbot Tänze und Prozessionen afrikanischen Ursprungs. Der Karneval sollte europäisch und zivil werden, mit Harlekins, Pierrots und Columbinen, aber ohne den Zé Pereira mit seinen enormen Pauken vor dem Bauch, überhaupt ohne diese wilde Trommelei, ohne die maskierten Gruppen, die in wüstem Spiel und Tanz durch die Straßen zogen, und ohne das beliebte Indianerkostüm. Gitarre spielen war gleichfalls verboten, Sambas, *modinhas*, *pastorinhas* – alles, was die Menschen gerne hörten und sangen, war hier fehl am Platz. Volksreligiöse Formen jenseits der Kontrolle der katholischen Kirche, vom Heiler bis zum afro-brasilianischen Candomblé, wurden polizeilich verfolgt. Und natürlich machte die Polizei auf Bettler Jagd. Ein Gesetz verbot unangemessen Bekleideten den Zutritt zum Stadtzentrum. Angemessen hieß für Männer: Schuhe, Socken, lange Hosen, Hemd mit gestärktem Kragen, Rock und Hut. Und das war sehr viel verlangt, denn selbst für die nicht ganz Armen waren allein Schuhe ein kaum erreichbares Luxusgut. Brasilien ging eigentlich barfuß, aber das sollte das Ausland nicht wissen. Nie wieder sollten ein Debret oder ein Rugendas wie noch im 19. Jahrhundert Bilder malen können, auf denen die Herren an nackten Sklaven und halbnackten Arbeiterinnen vorbeigehen.

Ein Gewächs namens Favela

Die aus dem alten Stadtzentrum Vertriebenen erhielten weder eine Entschädigung, noch boten die Behörden ihnen andere Wohnungen an. Sie wurden sich selbst überlassen. Viele wichen auf die Hügel rund um das Zentrum aus. Die steilen Hügel waren eigentlich kaum zu bebauen, aber es gab wenigstens Raum für eine Hütte. Noch hatte sich die Bezeichnung nicht durchgesetzt, aber den Favela-Hügel gab es schon, gleich hinter dem wichtigen Bahnhof. Dort hatten sich ausgemusterte Rekruten des großen Canudos-Feldzuges von 1897 eingerichtet. Sie hofften auf den noch ausstehenden Sold und auf Arbeit in der Hauptstadt. Den Hügel benannten sie nach der Anhöhe vor dem Weiler Canudos im Hinterland von Bahia, auf der während des Krieges die Artillerie postiert gewesen war: *Alto da Favela*. Dieser war wiederum benannt nach einer dornigen Pflanze, die dort reichlich wuchs. Aus »Kerosinkanistern und Wellblech, aus Lehm und Stroh« waren die Hütten, wie ein Politiker zu berichten wusste, und er wusste auch, warum die Menschen dort hausten. Sie wurden »vertrieben aus ihren alten Hütten, die wir durch die Paläste ersetzt haben, auf die wir so stolz sind, und wir haben vergessen, dass diese elenden Zwangsvertriebenen sich auf die Hügel geflüchtet haben ... Wir reden hier nicht nur von Arbeitern, sondern von der großen Mehrheit der Bevölkerung, die nun in Häusern lebt, die diesen Namen nicht verdienen, in denen zwanzig leben, wo vier nicht hineinpassen, die dort verkümmern und vergehen und eine Rasse von Rachitikern hervorbringen, die zu richtiger Arbeit nicht mehr taugt und im erwerbsfähigen Alter stirbt.«

Auch auf dem Babilônia-Hügel in Copacabana waren viele der ersten Siedler Ex-Soldaten, wie eine Reportage der Tageszeitung *Correio da Manhã* vom 2. Juni 1907 beschreibt. José Carlos de Andrade erzählte dem Reporter, er sei schon seit 1893 auf dem Hügel. Viele der Bewohner arbeiteten unten in Copacabana; er selbst verkaufe Spazierstöcke, außerdem Kartoffeln, Maniok und Obst. Der Aufstieg, so der Reporter, sei beschwerlich, die Hütten elend, die herumlaufenden Schweine mager, doch die Aussicht großartig.

Ganz oben auf dem Babilônia-Hügel kann man noch heute Ähnliches finden. Wer sich durch das Betonlabyrinth gewunden hat, steht plötzlich im Grünen. Unter meterhohen uralten Bäumen überwuchern Pflanzen die Restmauern verlassener Wohnstatt. Am Ende eines schmalen Lehmpfads glänzt ein kleines in den Fels gehauenes Bassin: die Endstation einer Bergquelle, deren Wasser absolut trinkbar ist. Ein paar Kleinbehausungen aus unverputztem Mauerwerk und Wellblechdach sind bewohnt und halten das Grün auf Distanz. Nebenan in Chapéu Mangueira bieten sie mittlerweile Öko-Dschungeltouren an.

Doch man sollte sich nicht täuschen lassen: In Rio wohnt (noch) die Armut auf der Höhe. Und auch innerhalb der Favela leben die ganz unten oft ganz oben. Wer aufsteigt, steigt ab. Weiter unten im Betonlabyrinth ist es viel hässlicher, aber teurer, der Lebensstandard höher. Im unteren Teil gibt es asphaltierte Straßen, man kann ein Motorrad-Taxi nehmen, zumindest für einen Teil des Wegs.

Ganz oben wohnen Menschen wie Francisco Canindé, Bauarbeiter, Fischer und was sonst so anliegt. Mit seiner Frau Lourdes und einigen der acht Kinder lebt er in einer Hütte mit Lehmwänden und Ziegeldach, gebaut wie die Häuschen seiner Kindheit in Paraiba. Einen Kubikmeter Sand oder eine Stiege Ziegelsteine hierher ins »Ganz oben« von Pavão-Pavãozinho bringen zu lassen, kostet 40 Euro, davon leben die acht eine gute Woche. Also ist es in 45 Jahren nichts geworden mit dem Haus aus Stein.

Lange Zeit verpflanzten die Favelados die kleinbäuerliche Subsistenzwirtschaft, die viele von ihnen auf der Parzelle ihrer Eltern kennengelernt hatten, in die obere Etage der Großstadt. Sie bauten Bauernhütten, hielten Kleinvieh, pflanzten ihre Bananen, ihren Maniok, wo immer sich noch ein Fleck fand. Aber nicht nur deshalb, und nicht nur, weil die Favelas in Rios Süden an ihren oberen Rändern ganz plötzlich in Wald übergehen, sind sie Rückzugsorte des ländlichen Lebens. Die Favela-Bewohner selber unterscheiden gerne zwischen *morro* und *asfalto*: sie oben auf dem Hügel und die Wohlhabenden in ihren Apartments unten auf dem Asphalt bilden ein Begriffspaar, das die Diskrepanzen der Urbanisierung, aber auch unterschiedliche Formen städtischen Lebens beschreibt. Die quasi-dörfliche Gemeinschaft des Morro, die der anonymen Vereinzelung des Asphalts gegenübersteht, ist ein sozialer Wert ländlichen Ursprungs. Und irgendwie passt das autoritäre, auf Klientelbeziehungen und einem auch tödlichen, mafiösen Verhaltenskodex fußende Regime des Drogenhandels hier hinein, denn nicht anders waren die Beziehungen zwischen Landarbeitern und Grundherr. Nicht zufällig heißt die lange Zeit größte Favela Brasiliens, ein Agglomerat aus Beton, unverputztem Ziegel und wohl 200.000 Menschen oberhalb des Reichenviertels São Conrado, *Rocinha* – der kleine Acker.

Dona Odília ist 1920 auf Babilônia geboren und seit ihrer Heirat 1938 in ihrem Häuschen oben im Grünen wohnhaft. Früher war sie oft unten, denn sie musste ja das Wasser für die Wäsche der Herrschaft holen und die Eimer die vielen Höhenmeter hinaufächzen, Brennholz gleichermaßen, zu Fuß und auf dem Kopf. Im Meer baden war sie nie, denn für den Strand blieb keine Zeit. »Meine Arbeit, zehn Kinder, alle hier drin geboren, der Haushalt, das verstehen Sie doch?« Freizeit kannte sie nicht, weder dem Begriff noch der Praxis nach.

Dona Odília wollte nie weg aus ihrer »Baracke«, wie sie ihr Häuschen zärtlich nannte, auch nicht nach ihrer Krebsoperation im Alter von 90 Jahren. Mehrere ihrer Kinder wohnen unten »auf dem Asphalt«, aber die Mutter blieb oben, strebte nicht nach der »Glückseligkeit der Wolkenkratzer«, denn auf ihrem Hügel wohnte sie ja bereits »ein bisschen näher am Himmel«, wie es Herivelto Martins 1942 in seinem Samba-Canção *Ave Maria no morro* (Ave Maria auf dem Hügel) sang.

Paradigmatischer Ort von Gewalt und Kriminalität

Ganz oben auf Babilônia sieht es tatsächlich in etwa noch so aus wie in Marcel Camus' Filmklassiker *Orfeu Negro* von 1959, der hier spielt und teilweise auch hier gedreht wurde. Erstaunlicherweise kopieren das brasilianische Kino und das Kino im Kopf all der Brasilianer, die noch nie einen Fuß in eine Favela gesetzt haben, immer noch die Bilder von *Orfeu Negro*. Vor 50 Jahren gewann der Film in

Cannes die Goldene Palme. Camus verlegte den Orpheus-Mythos in den Karneval von Rio. Der Film bedeutete für die meisten europäischen Kinobesucher sicherlich den Erstkontakt mit einer Favela und prägte damit das Favela-Bild beim europäischen und auch beim brasilianischen Publikum. Favela verbindet bei Camus Hüttenarmut, Samba und Gewalt. Der romantisch-pittoreske Überschuss von *Orfeu Negro* wich dann allerdings in späteren Schockerfilmen wie *Cidade de Deus* (dt.: City of God) oder *Tropa de Elite*, dem Berlinale-Gewinner von 2008, einer hektisch geschnittenen Bilderfolge in Blutrot. Die Favela war spätestens seit den 1990er Jahren der von Gott und Staat verlassene Ort permanenter Kriminalität und Gewalt, Quell der Bedrohung für eine ganze Gesellschaft, Anti-Normalität schlechthin, kurz: Hölle. Praktisch keinem Medienbericht aus dieser Zeit gelang es, an der Polarisierung von Paradies und Hölle vorbeizusteuern, wenn es um Rio de Janeiro ging. In fünfzig Jahren haben sich die Favelas und die brasilianische Gesellschaft stark verändert, der Blick des Mainstream darauf kaum.

Der Daseinsgrund einer Favela ist die Nähe zum Arbeitsplatz. Arbeit gibt es, wo sich viele Menschen, die Geld haben, aufhalten oder wohnen – in der Südzone der Stadt. Favelas sind Siedlungen, die aus rein ökonomischem Überlebenskalkül entstanden sind. Auf den Hängen war Platz, die Immobilienfirmen mochten dort am steilen Fels nicht bauen.

Erst in den 1940er Jahren erkannte die Stadtverwaltung offiziell an, dass es Favelas gab. Die erste Zählung von Favelas ergab 34.500 Hütten mit offiziell knapp 139.000 Bewohnern, oder sieben Prozent der Stadtbevölkerung. Dort wohnten Bauarbeiter und kleine Dienstleister, die Bereiche, in denen die ungelernten Binnenmigranten aus dem armen Nordosten des Landes traditionell ihr Auskommen suchten.

1950 wohnten etwa zehn Prozent der Bevölkerung Copacabanas in Favelas. 1960 gab es in der Südzone 33 Favelas (Copacabana: 14) mit fast 66.000 Bewohnern (Copa: 10.700), das entsprach 22 Prozent aller Favelas und 20 Prozent aller Favelados der Stadt.

Selbstverständlich gehörten die Bretter- und Lehmhütten dieser Neubürger offiziell nicht zu Copacabana. Bis in die 90er Jahre des 20. Jahrhunderts ließ die Stadtverwaltung von Rio de Janeiro Stadtpläne drucken, die für die Favelas schlicht weiße Flecken auswiesen: Nicht-Teile der Stadt und daher auch Nicht-Objekt einer Stadtentwicklungspolitik. Und ihre Bewohner: Nicht-Bürger, allenfalls ein Ärgernis. Die Geschichte der Favelas von Rio de Janeiro ist jahrzehntelang – und vielfach bis heute – eine Geschichte zwischen Ignoranz und Repression gewesen. Etwas überspitzt gesagt: Der Staat machte entweder nichts, sorgte nicht für Kanalisation, nicht für Elektrizität, nicht für Schulen. Oder er schickte die Polizei, um die Favela zu bekriegen, und immer wieder ließ er die Bewohner vertreiben und die Hütten niederreißen.

In den Favelas lebt eine übergroße Mehrheit – beinahe alle – in dem Bemühen, einer ordentlichen Arbeit nachzugehen, die ein Auskommen garantiert und den Kindern Bildungschancen eröffnet. Im Mittelpunkt steht der Wunsch, ein sicheres, von stabilen Sozialbeziehungen geprägtes Leben zu führen. Dass sich außerhalb der Favelas hartnäckig das Bild hält, hier lebten vor allem Drogendealer und andere Kriminelle, trägt allerdings wesentlich dazu bei, dass der Traum der Favelados, nicht nur in einem offiziellen Teil der Stadt, sondern als Teil der bürgerlichen Gesellschaft zu leben, für viele eben nur ein Traum bleibt.

Die Favela boomt

Doch heute sind Favelas nachgerade in Mode und in aller Munde. Menschen, die das früher nie in Erwägung gezogen hätten, wagen sich die Hügel hinauf. Und zum ersten Mal in der Geschichte Rios verändern sich langsam, ganz langsam, ihre Wahrnehmung und auch das staatliche Handeln.

Wer sich heute in Cantagalo oder Babilônia an den Aufstieg macht, erfährt wenig Ökologisches. Da wird asphaltiert und gebaut, was die Dieselmotoren hergeben. Die Stadtverwaltung hat ein neues Sozialwohnungsprogramm für Favelas aufgelegt. Das bedeutet, dass Menschen durch Zwangsräumungen in anderen, erdrutschgefährdeten Lagen oder wegen des Baus einer Straße durch die Favela umsiedeln mussten. Andernorts in der Stadt werden komplette Favelas geräumt und eingeebnet, weil sie Autobahnen oder Hotels im Wege stehen. Bei Favelas sind die Behörden nicht zimperlich. Die Umsiedlungsquartiere liegen oft weit außerhalb. Das aber zerstört zumeist die Lebensgrundlage der Familien.

Auch für Projekte wie den Aufzug in Cantagalo oder Seilbahnen wie in Providência hinter dem Hauptbahnhof (jene Favela, die einstmals *favella* hieß) mussten Häuser weg, und um Entschädigung und Umsiedlung gab es viel Streit. Sicher, gerade für die Älteren sind die Höhenmeter eine Art Fußfessel, und da helfen Aufzüge durchaus. Aber die Erfahrung zeigt: Es sind hauptsächlich Touristen, die diese teuren Transportmittel nutzen. Die Gondelbahn im Favela-Komplex Alemão etwa verbindet seit 2011 die Spitzen von sechs Hügeln miteinander. Die Fahrt liefert eine atemberaubende Innenansicht von oben der heute größten Favela Rios. Die Bewohner aber müssen ihren jeweiligen Hügel hinauf- oder hinunterkommen. Dabei hilft ihnen die Seilbahn nicht, da sind sie weiterhin auf die alten VW-Busse, Motorradtaxis oder die eigenen zwei Beine angewiesen. Die Kosten sind enorm hoch für den Staat, auch die Folgekosten. 30.000 Fahrten täglich hat die Betreibergesellschaft kalkuliert, 10.000 sind es bisher. Die Differenz zwischen den umgerechnet 40 Cent Fahrpreis und den tatsächlichen Kosten von 5,60 Euro zahlt der Staat dem Betreiber. Und zwar für die 30.000 Fahrten täglich.

Das Wohnungsamt macht sich bei Zwangsräumungen in Favelas bisher nur selten übermäßiger Bürgerbeteiligung oder einer sensiblen Vorgehensweise verdächtig. Die Prioritäten aller Favela-Bewohner wie eine anständige, geschlossene Abwasserentsorgung und eine flächendeckende funktionstüchtige Müllabfuhr sind weitaus weniger publicityträchtig als solche Seilbahnen und lassen daher auch weiter auf sich warten.

Favelas waren auch vor der Befriedung schon sozial differenzierte Gebilde. Hauptsächlich wohnen Arbeiter dort, und unbestreitbar sind viele Menschen richtig arm, ja sie leben im Elend. Es wohnen aber auch viele Menschen mit Hochschuldiplom in Favelas oder Aussteiger mit Bankkonto in Europa. Und auch ohne Diplom verdienen einige nicht schlecht, wie wir bei den Strandverkäufern gesehen haben.

Gerade in Richtung Tal drängen sich auf den Dächern die Satellitenschüsseln, in der Küche fehlt der Kühlschrank nicht, und auch eine Mikrowelle ist oft vorhanden. In älteren und größeren Favelas stehen vierstöckige Gebäude, solide gebaut und verklinkert. Von der Videothek bis zum Pizzaservice ist alles da. Der Kunde kann mit Kreditkarte zahlen. Schon vor der Befriedung waren in der Rocinha etwa 2.100 Unternehmen ansässig, auch Filialen multinationaler Firmen oder US-amerikanischer Hamburgerketten. Die anderen Favelas wie die in Copacabana holen in großen Schritten auf. In Babilônia hat Ende 2012 die erste Bankfiliale eröffnet. Eine vollkommen rationale Entscheidung, denn hier oben hat so mancher mehr zur Verfügung als die unten in ihren Mini-Apartments. Eine längst überfällige Entscheidung ist es obendrein, denn bisher waren es die Banken, die den Favelados ein Konto und damit den Anschluss an die moderne Volkswirtschaft verwehrt hatten, nicht umgekehrt! Internetanschluss ist in vielen Haushalten heute selbstverständlich.

Am Strand ist der Quadratmeter Gold wert, aber auch hier oben ist das Wohnen keineswegs umsonst. Die Mieten sind hoch und steigen seit der »Befriedung« von Monat zu Monat. Brasilianische und ausländische Investoren ziehen durch die Gassen und kaufen Häuser auf – obwohl nach wie vor den meisten ein ordentlicher und gültiger Besitztitel fehlt. Es herrscht ein regelrechtes Gründerzeitfieber. Die Gentrifizierung ist bereits in vollem Gange. Rita de Cassia vom Cantagalo nennt es »weiße Räumung«: »In der alten Favela zog man sich seinen Strom illegal vom Mast und zahlte auch sonst keine Steuern. Jetzt kommen sie nicht mehr mit dem

Bagger, sondern mit der Strom-, Wasser- und Fernsehrechnung zu Marktpreisen, der Grundstückssteuer, den hohen Mieten.«

Diese »Entdeckung« der Favelas ist wie so viele Entdeckungen in und um Copacabana eine zutiefst ambivalente. Am Ende, so steht zu befürchten, wird Rio de Janeiro jene klare Segregation vollzogen haben, die in so vielen anderen Städten typisch ist: Die Wohlhabenden wohnen nahe des Zentrums und am Meer, die Armen weit draußen an der Peripherie. Zum ersten Mal nimmt die Mittelklasse, wenn sie denn bereit ist, die Favelas in Augenschein und entdeckt die Normalität hinter dem Monster, das sie so lange als Inbegriff von Kriminalität und als Bedrohung ihres Lebensstils gefürchtet hat. Und andererseits müssen sie sich, wie auch die Touristen, die jetzt mit Landrovern durch die Favelas gefahren werden, beeilen, wenn sie noch »echte« Favelados besichtigen wollen. Die, das sei noch dazugesagt, kommen sich bei diesen Besuchen häufig wie im Zoo vor – wieder einmal wie hinter Gittern.

Porteiros, die wahren Helden Copacabanas

Der Bauboom in Rio – und nicht zuletzt in Copacabana – der 1960er und 1970er Jahre zog arme Arbeitsmigranten aus dem Nordosten des Landes an. Zu Tausenden strömten junge Männer mit dem eigenartigen Singsang in der Stimme nach Rio. Als die Baubranche ihnen keine Arbeit mehr bot, blieben die meisten trotzdem, holten ihre Ehefrauen nach und gründeten Familien. In allen un- oder halbgelernten Berufen wie den Strandverkäufern findet man in Rio *nordestinos* aus Bahia, Sergipe, Alagoas, Pernambuco, Paraiba, Rio Grande do Norte, Piauí oder Maranhão. Die Nordestinos erwarben sich den Ruf, vergleichsweise zuverlässig zu sein und viel Arbeit klaglos zu ertragen. So wundert es nicht, dass sie insbesondere zwei Berufsfelder bis heute dominieren: das Kellnern sowie die Sicherung und den Unterhalt der großen Wohngebäude der Mittelklasse. Viele derer, die die Wohnblöcke in Copacabana hochmauerten, verdingten sich danach in denselben Gebäuden im Erdgeschoss als *porteiros* (Hausmeister). Je nach Funktion – Reinigungskraft, Gärtner, Pförtner, Nachtwache oder Aufseher (hier wird eine abgeschlossene Volksschulbildung verlangt) – verdienen Porteiros in der Regel zwischen dem einfachen und dem doppelten Mindestlohn, heute also etwa zwischen 260 und 520 Euro. Porteiros kontrollieren, wer reinkommen darf und wer nicht. Sie garantieren die Sicherheit der Bewohner. Außerdem verteilen sie die Post, rufen den Fahrstuhlmonteur oder reparieren das alte Ding auch mal selbst. Die ganz unten auf der Hierarchieleiter fegen, schrubben, putzen, wienern die innen gerne verspiegelten Aufzüge, leeren die Papierkörbe, schleppen den Müll auf den Bürgersteig. In den älteren Gebäuden mit kleiner Tiefgarage manövrieren sie die Autos hin und her, wenn ein Bewohner wegfahren will – was angesichts der Enge auf den Parkplätzen oft nachgerade eine Kunst ist.

Lange Zeit war es der Traum eines jeden Nordestino, sich mit 18 gleich nach Rio oder São Paulo abzuseilen, erzählt Antonio Sampaio Lima. Er kam 1987. Den Job in der Bäckerei gab er gerne auf, die zahlten 50 Euro im Monat, weit unter dem gesetzlichen Mindestlohn. Vor der Ausreise heiratete er noch schnell die Freundin, »das ist so üblich«. Zunächst brachte ihn ein Verwandter bei sich unter, dann fand er schnell Arbeit und ein Zimmer. Das Städtchen Ipu im Sertão von Ceará, wo Antonio geboren wurde, hat viele ihrer Söhne nach dem Südosten entsandt. Antonio hat eine Zeitlang in dem Gebäude gewohnt, in dem er auch arbeitete. Das ist zunächst ein Privileg, doch manche Gebäudeverwalter sahen kein Problem darin, junge Porteiros in fensterlosen Räumen in der Tiefgarage unterzubringen, hinter den Mülltonnen und mit den Autos als Nachbarn und Hitze, Faulgestank und Abgase sozusagen gratis noch dazu. Andere Porteiro-Wohnungen sind zwar klein, aber in ordentlichem Zustand, und bieten den enormen Vorteil der unmittelbaren Nähe zum Arbeitsplatz. Weil er die nicht verlieren wollte, ist Antonio in die Rocinha gezogen, als man ihm den Job und damit die Wohnung kündigte. Dann holte er endlich die

Familie nach, 2005, die Älteste war schon 14, die beiden Söhne auch keine Kleinkinder mehr. Jahrelang hatte Antonio immer wieder gekündigt und war für Monate nach Ipu gefahren, so lange die Rücklagen reichten. Für einen erfahrenen Porteiro hatte Copacabanas Häuserheer immer Arbeit. Weniger selten ist, dass die Auswanderer aus demselben Land nicht wieder zurückkehren in die Heimat. Einer von Antonios vielen Onkeln ist in 40 Jahren in Rio nicht einmal nach Ipu gefahren. Zwischen diesen Extremen liegen die vielen, die die Familienbande halten, denen aber die Reisen nach der Heimat zu weit – nach Ipu sind es 50 Stunden mit dem Bus – und zu teuer sind, um sie jährlich zu unternehmen.

Nach Feierabend und an seinen freien Tagen ist Antonio auf eigene Rechnung in seinem Gebäude und denen der Nachbarschaft unterwegs. Er ist geschickt, hat sich Grundbegriffe der Elektrik und Hydraulik beigebracht und versteht sich auf einen exakten Pinselstrich. Daher sind seine Dienste bei Wohnungsbesitzern gefragt. Mittlerweile verdient er damit mehr als mit seinem Hauptjob, und das ist auch gut so. Denn die Kinder sollen mal auf die Uni, »damit sie nicht das mitmachen müssen, was ich mitgemacht habe«.

Porteiros wohnen in der Favela. Sie sind der Normaltyp eines Favela-Bewohners, einer, der hart arbeitet, 12-Stunden-Schichten schiebt – tags wie nachts –, sich an den freien Tagen noch hier und da verdingt, aber von seinem kargen Lohn nicht verreisen kann. Man sorgt sich um die Familie, wenn die Drogengangs um ihr »Territorium« kämpfen oder wenn die Polizei anrückt, um gegen die Dealer zu kämpfen. Beides ist gleichermaßen gefährlich.

Kämen die Porteiros auf die Idee, alle am selben Tag die Hände in den Schoß zu legen, Copacabana würde sofort zusammenbrechen. Copacabana hat in Geschichte und Gegenwart stets von den Bildern gelebt. Sie sind die Währung, die ein Sehnsuchtsort umsetzt. Doch das solide Gerüst, das den komplexen Alltag des Stadtteils trägt, sind seine Heinzelmännchen, die allenfalls am Bildrand auftauchen, die durch die Grotten der Tiefgaragen, die

Schächte und die fensterlosen Flure wuseln, die immer da sind, die alles sehen und doch nur von wenigen wahrgenommen werden.

Die revolutionären Leutnants von 1922 gelten heute als die Helden von Copacabana. Im Museum des Forts und in der offiziellen Geschichtsschreibung wird ihr Andenken bewahrt. Doch sein stehendes, sein unsichtbares Heer – und wohl seine wahren Helden – hat Copacabana in seinen Porteiros.

Danksagung

Ein solches Buch entsteht nicht ohne die Unterstützung vieler Menschen, umso mehr, wenn es mehrere Jahre gebraucht hat. Ihnen möchte ich danken. Zuerst und zuvorderst Stephan Lahrem in Berlin, der in all den Jahren immer an das Projekt geglaubt und geholfen hat, es zu schärfen, mich in Konzeption und Text unterstützt und nicht nur viele, sondern auch den entscheidenden der Kontakte hergestellt hat; ohne ihn wäre es wohl nicht fertig und sicher nicht veröffentlicht worden. Lothar Müller in Berlin hat Entwürfe mehrfach gelesen und kommentiert und sich für mich verwendet. Stefan Fuchs in Baden-Baden hat mir Einsicht in Interviews gewährt, die er für ein sehr schönes Radiofeature mit Altstars des Bossa Nova gemacht hat. Susanne Schüssler und Linus Guggenberger vom Wagenbach-Verlag sind mir mit einer großen Überraschung, viel Vertrauen und einem umsichtigen, produktiven Lektorat begegnet. In Rio de Janeiro haben mich vielfältig und hilfsbereit mit Hinweisen und Material versorgt: Vicente Saul Moreira dos Santos, dem ich für seine Promotion über die Südzone Rios in der brasilianischen Popmusik viel Erfolg wünsche; Paulo Francisco Donadio Baptista, Julia Galli O'Donnell, Claudia Braga Gaspar, Álvaro Maciel, Rita de Cássia, Aida Couto Peres, Maria Couto, Carlos Perez und George Ermakoff. Und die vielen Zitierten und nicht Zitierten, die mir bereitwillig von ihrem Leben erzählt und mir Copacabanas Orte gezeigt haben. Ihnen allen gebührt mein herzlicher Dank.

Schließlich danke ich Elena Couto Peres, Darius und Thaïs Bartelt für ihre Liebe, Unterstützung und Geduld, vor allem an den vielen Wochenenden, an denen sie wenig von mir hatten außer einem in Papier und Dateien verkrochenen Schweiger.

Rio de Janeiro, im März 2013
Dawid Danilo Bartelt

Auswahlbibliographie

In dieses Buch ist eine Vielzahl von Texten eingegangen. Diese kleine Auswahl führt lediglich die für die Erstellung des Buches wichtigsten Werke auf sowie solche, die den meisten Lesern sprachlich zugänglich sein dürften.

Afflerbach, Holger: *Das entfesselte Meer. Die Geschichte des Atlantik*. München: Malik 2001

Agassiz, Louis/Cabot Cary Agassiz, Elizabeth: *A Journey in Brazil*. Chur: Plata Publishing 1975 (Reprint der Originalausgabe von 1879)

Baptista, Paulo Francisco Donadio: *Théo-Filho, o Intelectual da Praia. História Balneária de Copacabana, 1925–1940*. Rio de Janeiro 2008/2009 (unveröffentlichte Magisterarbeit)

Benchimol, Jaime Larry: *Pereira Passos. Um Haussmann Tropical*. Rio de Janeiro: Secretaria Municipal de Cultura, Turismo e Esportes 1992

Berger, Eneida/Berger, Paulo: *História dos Subúrbios: Copacabana*. São Paulo: Dep. Revista dos Tribunais 1959

Cardoso, Ciro Flamarión/Araujo, Paulo Henrique: *Río de Janeiro*. Madrid: Ed. Mapfre 1992

Cardoso, Elizabeth Dezouzart et. al. (Hg.): *Memória Urbana: Copacabana*. Rio de Janeiro: Ed. Index 1986

Castro, Ruy: *Chega de Saudade. A História e as Histórias da Bossa Nova*. São Paulo: Companhia das Letras, 3. Aufl. 2006 (dt.: *Bossa Nova: Eine Geschichte der brasilianischen Musik*. Planegg: Hannibal 2006)

Corbin, Alain: *Le territoire du vide. L'Occident et le désir du rivage (1750–1840)*. Paris: Aubier 1988 (dt.: *Meereslust. Das Abendland und die Entdeckung der Küste 1750–1840*. Berlin: Wagenbach 1990)

Ermakoff, George: *Rio de Janeiro 1840–1900, 1900–1930, 1930–1960. Uma Crônica Fotográfica*. Rio de Janeiro: Ed. G. Ermakoff (Drei Bände) 2003–2009)

Gaspar, Claudia Braga: *Orla Carioca: História e Cultura*. São Paulo: Metalivros 2004

Goldenberg, Mirian (Hg.): *Nu & Vestido. Dez Antropólogos Revelam a Cultura do Corpo Carioca*. Rio de Janeiro: Ed. Record, 2. Aufl. 2007

Graham, Maria: *Journal of a Residence in Chile, during the Year*

1822 and a Voyage from Chile to Brazil in 1823. New York: Frederick A. Praeger 1969 (Reprint des Originals von 1824)

Jacques, Norbert: Neue Brasilienreise. München: Drei Masten 1925

Katz, Richard: Begegnungen in Rio. Zürich: Rentsch 1945

Kidder, Daniel Parish/Fletcher, James Cooley: Brazil and the Brazilians, Portrayed in Historical and Descriptive Sketches. Philadelphia/Boston: Childs & Peterson/Philips, Sampson & Co. 1857

Lencek, Lena/Bosker, Gideon: The Beach. The History of Paradise on Earth. London: Diane Publishing 1998

Lessa, Carlos: O Rio de Todos os Brasis. Uma Reflexão em Busca de Auto-estima. Rio de Janeiro/São Paulo: Record 2000

Michelet, Jules: La mer. Paris: Hachette 1861 (dt.: Das Meer. Frankfurt/M./New York: Campus 2006)

Needell, Jeffrey D.: A Tropical Belle Epoque. Elite Culture and Society in Turn-of-the-century Rio de Janeiro. Cambridge: Cambridge University Press 1987

Nohara, Wilhelm Komakichi: Brasilien Tag und Nacht. Berlin: Rowohlt 1938

O'Donnell, Julia Galli: A Invenção de Copacabana. Culturas Urbanas e Estilos de Vida no Rio de Janeiro (1890–1940). Rio de Janeiro: Zahar 2013

Parker, Richard: Bodies, Pleasures and Passions. Sexual Culture in Contemporary Brazil. Nashville: Vanderbilt University Press, 2. Aufl. 2009

Riotur (Hg.): Copacabana 1892–1992. Subsídios para a sua História. Rio de Janeiro: Riotur 1992

Schlichthorst, Carl: Rio de Janeiro wie es ist. Hannover: Verlag der Hahn 1829

Shaw, Lisa: The Social History of the Brazilian Samba. Aldershot: Ashgate 1999

Théo-Filho: Praia de Ipanema. Rio de Janeiro: Livraria Ed. Leite Ribeiro 1927

Urbain, Jean-Didier: Sur la plage. Mœurs et coutumes balnéaires (XIX–XX siècles). Paris: Petite Bibliothèque Payot, 2. Aufl. 1996

Valladares, Lícia do Prado: A Invenção da Favela. Rio de Janeiro: Ed. FGV 2005

Velho, Gilberto: A Utopia Urbana. Um Estudo de Antropologia Social. Rio de Janeiro: Zahar Editores 1973

Werner, Heike: Rio de Janeiro für Architekten. München: Heike Werner Verlag 2003

Zaluar, Alba/Alvito, Marcos: Um Século de Favelas. Rio de Janeiro: Ed. FGV 1998

Dawid Danilo Bartelt,
1963 geboren, studierte in Bochum, Hamburg, Recife (Brasilien) und Berlin, wo er als Historiker über den Canudos-Krieg 1897 im Nordosten Brasiliens promovierte. Danach arbeitete er acht Jahre lang als Pressesprecher der deutschen Sektion von Amnesty International. Seit 2010 leitet er das Brasilienbüro der Heinrich-Böll-Stiftung in Rio de Janeiro, wo er mit seiner Familie lebt.

Brasilien und Südamerika
bei Wagenbach

Popcorn unterm Zuckerhut *Junge brasilianische Literatur*

Am berühmtesten Strand Brasiliens, der Copacabana, wimmelt es nur so von Popcornverkäufern – und gleich mehrere der jungen brasilianischen Autoren der hier versammelten Erzählungen wählen den weltberühmten Stadtteil Rio de Janeiros auch als Schauplatz ihrer Geschichten.

Herausgegeben von Timo Berger
WAT 707. 144 Seiten

Rachel de Queiroz   Die drei Marias

Rachel de Queiroz hat mit »Die drei Marias« einen der besten und kurzweiligsten Frauenromane der brasilianischen Literatur geschrieben. Bereits 1939 erschienen, bereitete er den Grund für die emanzipatorischen Romane Clarice Lispectors.

Aus dem brasilianischen Portugiesisch von Ingrid Führer
WAT 704. 176 Seiten

Graciliano Ramos   Karges Leben

Im dürren Landesinneren des brasilianischen Nordostens zieht der Viehhirte Fabiano von einem Ort zum nächsten – immer auf der Suche nach Arbeit, immer in Sorge um seine Familie, die ihn auf seiner Wanderschaft notgedrungen begleitet, und immer mit der vergeblichen Hoffnung, sein Los würde sich eines Tages zum Besseren wenden.

Aus dem brasilianischen Portugiesisch von Willy Keller
WAT 703. 144 Seiten

João Ubaldo Ribeiro   Sargento Getúlio

»Sargento Getúlio« ist ein sprachliches Meisterwerk, ein großartiger innerer Monolog seines obrigkeitshörigen und überforderten Titelhelden, der sich zum Handlanger eines stumpfsinnigen Regimes macht.

Aus dem brasilianischen Portugiesisch von Curt Meyer-Clason
WAT 706. 176 Seiten

João Guimarães Rosa Miguilim

João Guimarães Rosa, der wichtigste Romancier Brasiliens des 20. Jahrhunderts, hat mit »Miguilim«, dem Auftakt zu seinem großartigen Romanzyklus »Corps de ballet«, eines der bis heute populärsten Bücher des Landes geschrieben.

Aus dem brasilianischen Portugiesisch von Curt Meyer-Clason
WAT 705. 144 Seiten

José María Arguedas Die tiefen Flüsse

Wer Peru literarisch kennenlernen will, muss Arguedas lesen: Sein Meisterwerk »Die tiefen Flüsse« ist ein interkultureller Bildungsroman, ebenso indianisch wie westlich geprägt.

Aus dem peruanischen Spanisch von Suzanne Heintz
WAT 670. 288 Seiten

Juan José Saer Die Gelegenheit

Als ihn Pariser Wissenschaftler öffentlich bloßstellen, macht sich der Ex-Spion und Löffelbieger Bianco 1855 auf nach Argentinien, um in der Pampa ein neues Leben als Viehhändler zu beginnen: Saers Roman bietet die einmalige Gelegenheit, die Anfänge des modernen, multikulturellen Argentiniens hautnah mitzuerleben.

Aus dem argentinischen Spanisch von Erich Hackl
WAT 638. 208 Seiten

Sergio Pitol Drosseln begraben
Die schönsten Erzählungen

Erstmals auf Deutsch: Sergio Pitols beste Erzählungen aus fünf Jahrzehnten sind eine Offenbarung für alle Leser, für die Literatur mehr ist als bloße Unterhaltung. Sie sind lakonisch, weltläufig und universell – glänzende Beispiele dafür, wie bilder- und erfindungsreich die kurze Prosaform im 20. Jahrhundert sein konnte.

Aus dem mexikanischen Spanisch von Angelica Ammar
Gebunden mit Schildchen und Prägung. 160 Seiten

Ricardo Piglia   Ins Weiße zielen

Ein Mordopfer, das mit Zwillingsschwestern unter einer Decke steckt, ein Japaner als Tatverdächtiger, ein zwielichtiger Staatsanwalt, ein Jockey, der sein Pferd mehr liebt als sein Leben, und ein Kommissar im Irrenhaus – in der Pampa ist die Hölle los.

Aus dem argentinischen Spanisch von Carsten Regling
Gebunden mit Schutzumschlag. 256 Seiten

Ricardo Piglia   Brennender Zaster

Piglia erzählt die wahre Geschichte der Verbrecherbande um Nene Brignone, Gaucho Dorda, Cuervo Mereles und Malito – und macht daraus einen packenden Roman.

Aus dem argentinischen Spanisch von Leopold Federmair
WAT 635. 192 Seiten

Ricardo Piglia   Der Goldschmied *Erzählungen*

Raffinierte Detektivgeschichten, Liebeskummer und -freuden, mysteriöse Tauchgänge vor der argentinischen Küste – diese Sammlung zeigt den Facettenreichtum Piglias und führt ein in das Werk des großen argentinischen Autors.

Ausgewählt und aus dem argentinischen Spanisch übersetzt
von Carsten Regling
SVLTO. **Rotes Leinen. Fadengeheftet. 144 Seiten**

Ricardo Piglia   Künstliche Atmung

Eine Familiengeschichte über mehrere Generationen, die durch die Landschaften des Exils bis nach Europa führt.

Aus dem argentinischen Spanisch von Sabine Giersberg
Gebunden. 224 Seiten

Wenn Sie mehr über den Verlag oder seine Bücher wissen möchten, schreiben Sie uns eine Postkarte (mit Anschrift und ggf. E-Mail). Wir verschicken immer im Herbst die *Zwiebel*, unseren Westentaschenalmanach mit Gesamtverzeichnis, Lesetexten aus den neuen Büchern und Photos. *Kostenlos!*
Verlag Klaus Wagenbach   Emser Straße 40/41   10719 Berlin
www.wagenbach.de